MW00884004

¡OH PODER PENTECOSTAL!

Adolescencia, temprana madurez e impacto social del pentecostalismo puertorriqueño - 1926-1966

2 Denominaciones

Iglesia de Dios Pentecotal

y las Asambleas de Dios

Concilio de las Asambleas

Serie

100 Años Después

¡OH PODER PENTECOSTAL!

Adolescencia, temprana madurez e impacto social del

pentecostalismo puertorriqueño - 1926-1966

Wilfredo Estrada Adorno

Tercer Volumen

Primera Edición

ediciones
GUARDARRAYA

Cleveland, TN

2017

Ediciones Guardarraya

Derechos Reservados © 2017 Wilfredo Estrada Adorno

ISBN: 978-1546517900

Identificación Librería del Congreso: 2017907333

Primera Edición

Todos los derechos son reservados. La reproducción total o parcial en cualquier formato es prohibida sin previo consentimiento del Centro para Estudios Latinos.

Impreso en Estados Unidos.

Citas bíblicas son tomadas de la versión Reina Valera de Estudio - 1995 Copyright © 2000 by United Bible Societies

Editor General: Wilfredo Estrada Adorno

Diagramación & Arte: Wilmer Estrada-Carrasquillo

La foto de portada: Campaña con Roberto Fierro en el parque Luís Muñoz Rivera en Puerto Rico (1950). Cortesía de Flower Pentecostal Heritage Museum.

Agradecemos a Flower Pentecostal Heritage Museum por ayudar con algunas de las fotos en este libro, ver las siguientes páginas: 50, 67, 68, 92, 93, 113, 115, 116, 124, 138, 139, 150, 151 7 187.

Agradecemos a Colección Puertorriqueña de la Biblioteca Juan M. Lázaro de la Universidad de Puerto Rico por ayudar con algunas de las fotos en este libro, ver las siguientes páginas: 103, 107, 117, 198 7 200.

Dedicatoria

A

Mis pastores (que ya no están físicamente conmigo) pero que forman parte de esa "gran nube de testigos" que me acompañan todos los días y me guiaron como dechados de la grey en mis caminos en la Iglesia de Dios *Mission Board*:

Vicente Villegas y su esposa Josefina Lind

Flor[1]

Juan Sierra y su esposa Inocencia

Marcos Villafañe y su esposa Petra

Sergio Torres y su esposa Sara Báez

Vicentito Valcárcel y su esposa María Luisa Rivera

Alberto Camacho y su esposa María del Rosario Figueroa

Y

A mis padres Clotilde Adorno Flores(Mamita) e Isaías Estrada Estrada (Papito), ya en las mansiones celestiales, quienes nos enseñaron a mi hermano Miguel Ángel, a mi sobrino-hermano Eleazar y a mis hermanas Elsa, Ruth, Marina y Emma, el camino de esperanza del evangelio pentecostal.

---

[1] No he podido recordar el apellido de mi segundo pastor en el barrio Caimito, en el sector los Olmos. Si alguien que lea esta obra lo recuerda y me lo puede hacer llegar, lo incluiré en la segunda edición de la misma.

Agradecimiento

Como he indicado en los volúmenes anteriores de esta serie, *100 años después*, un proyecto de esta naturaleza requiere la colaboración de muchas personas. En el proceso de reconocimiento, siempre algunas personas, inadvertidamente, quedan en el anonimato, pero son parte de la "nube de testigos" del proyecto.

Quiero, sin embargo, aprovechar este espacio para agradecer a algunas personas su contribución desinteresada con este volumen de la serie, *100 años después*; *¡Oh poder pentecostal!: Adolescencia, temprana madurez e impacto social del pentecostalismo puertorriqueño (1926-1966)*.

Primero, a Rosin Torres, asistente de la biblioteca Juan de Valdés del Seminario Evangélico de Puerto Rico, por toda su ayuda para identificar documentos y libros, relacionados con la investigación, y hacerlos disponibles al autor.

Al equipo de trabajo de la Sección Puertorriqueña de la Biblioteca Juan M. Lázaro de la Universidad de Puerto Rico. La ayuda de este grupo de profesionales fue incalculable.

Al reverendo Gilberto Ramos, historiador de la Iglesia Pentecostal de Jesucristo, por su apoyo incondicional, compartiendo documentación relacionada con la historia de ese Concilio.

A Darrin Rodgers, director del *Flower Pentecostal Heritage Center* de las Asambleas de Dios, y su equipo de trabajo, por su ayuda siempre gentil durante todas mis consultas con este centro de investigación pentecostal.

A José Raúl Febus, joven teólogo pentecostal puertorriqueño, por su ayuda en la revisión de las notas al calce y edición, además de

vi

aceptar la encomienda de ser uno de los que recomienda la lectura de esta obra.

A la doctora Luz M. Rivera, historiadora de la Iglesia de Dios Mission Board, por compartir recursos bibliográficos y expresarme su apoyo durante la investigación para la redacción de esta obra.

Al doctor Luis A. Mateo, pastor de la Iglesia de Dios Pentecostal, M. I., por los diálogos interesantes que sostuvimos durante la etapa de investigación de esta obra y por aceptar ser el prologuista de la misma.

A Reinaldo Burgos y Noemí González por tomar tiempo para las revisiones de rigor del texto. Aunque los errores tipográficos y de sintaxis que hayan permanecido en el texto publicado son de mi entera responsabilidad.

A Wilmer Estrada Carrasquillo, otro joven teólogo pentecostal puertorriqueño, por su trabajo en el diseño de la portada y diagramación de la obra para su publicación.

Al resto de mis hijos, hija, nueras y nietos que forman parte de una u otra manera de todos los proyectos de mi vida ministerial.

Finalmente, a Carmen, que directamente me ha acompañado a muchos de los lugares donde se ha efectuado la investigación para la redacción de esta obra, por ceder de su tiempo para que pudiera hacer la investigación y redacción de la obra y brindar la primera lectura y crítica a este proyecto. ¡Nunca habrá suficientes palabras para agradecerle a Carmen su apoyo incondicional!

Wilfredo Estrada Adorno

21 de febrero de 2017

(Un día como hoy, en el año 2000, se celebró en San Juan Puerto Rico la marcha a favor de la salida de la Marina de Guerra de Estados Unidos de la isla-municipio de Vieques)

Cleveland, Tennessee

vii

Contenido

ix

Prólogo

Al inicio de su Evangelio, Lucas, dice: Puesto que ya muchos han tratado de poner en orden la historia de las cosas que entre nosotros han sido ciertísimas, tal como nos lo enseñaron los que desde el principio lo vieron con sus ojos, y fueron ministros de la palabra, me ha parecido también a mí, después de haber investigado con diligencia todas las cosas desde su origen, escribírtelas por orden, oh excelentísimo Teófilo para que conozcas bien la verdad de las cosas en las cuales has sido instruido. Lucas 1: 1-4.

Cuando Lucas le escribe a su amigo Teófilo, le preocupa en gran manera, que la historia que Teófilo reciba, sea lo más acertada posible, por lo tanto, la metodología empleada por él se va a distinguir por dos características particulares: investigar con diligencia las cosas desde su origen y escribirlas en orden. La primera característica encierra un ejercicio de razonamiento y análisis responsable de toda aquella información que estaba circulando relacionado con la figura de Jesús. La segunda característica implica, el saber ordenar dicha información en una forma agradable y cronológicamente sistemática.

Estas mismas dos características son las que yo puedo notar en el trabajo investigativo del Dr. Wilfredo Estrada Adorno en su libro, ¡Oh poder pentecostal!: Adolescencia, temprana madurez e impacto social del pentecostalismo puertorriqueño (1926-1966). El Dr. Estrada ha leído una vastísima cantidad de fuentes relacionado con el pentecostalismo puertorriqueño, relacionadas con el período de tiempo (1926-1966) el cual él denomina "adolescencia y temprana madurez". En dicha investigación, analiza su contexto histórico, tomando en consideración la influencia en el pentecostalismo de aquellos aspectos socio-económicos, políticos y religiosos en aquel momento en particular.

El Dr. Estrada, ha tenido el cuidado de cotejar la literatura que ha tenido disponible sobre el desarrollo del movimiento pentecostal en la isla de Puerto Rico para esas cuatro décadas. Al leer sus comentarios, al escuchar sus argumentos, y al reflexionar sobre los diversos incidentes que confrontó esta nueva fe en nuestra querida patria, uno se queda maravillado de que el evangelio compartido en estas décadas sea denominado verdaderamente "poder pentecostal". Era un poder que superó las preferencias y sentimientos políticos, rebasó los problemas económicos de aquel momento, fue un poder que logró la unidad en medio de la diversidad denominacional y adelantó la causa de Jesucristo, pese a toda circunstancia adversa. En su investigación el Dr. Estrada, no solo examina la literatura sobre el tema, sino que al hacerlo prácticamente hace un acto presencial en muchos de los escenarios del pentecostalismo en esas décadas. La primera sensación al leer su escrito, es que vive y siente, como si estuviera presente en aquel momento histórico.

Podemos señalar que el pentecostalismo de estas décadas se vino a convertir en lo que podría denominarse, un modelo religioso de liberación; dicho modelo tiene una identificación muy especial con los pobres de la ruralía puertorriqueña y con todos aquellos que fueron oprimidos por los poderes políticos y económicos del momento. Si Martin Lutero trae una reforma teológica en el 1517, el pentecostalismo hace lo mismo en estas décadas, le brinda al puertorriqueño en desventaja social, el poder conocer y participar de la fe cristiana desde su propio contexto particular. Es gracias a esta liberación, cuando el pueblo común puede interpretar por sí mismo la Biblia, la cual, hasta ese momento, era un privilegio exclusivo del clero romano. Gracias a esta liberación que ofreció el pentecostalismo, el campesino ahora es teólogo, puede defender y debatir su fe, y lo hace con una convicción profunda y de una forma vívida. Sin tener una educación teológica formal, el nuevo creyente ahora es maestro, predica con poder, se convierte en pastor y con entusiasmo comienza a pastorear las congregaciones que empiezan a establecerse y desarrollarse por todos los campos y ciudades de la Isla. El pentecostalismo trajo una nueva forma de sistema pastoral. La mayoría de los pastores en estas décadas eran jóvenes llenos del poder pentecostal, Juan L. Lugo, Panchito Ortiz y Salomón Feliciano, son un vivo ejemplo de lo que se señala en esta historia. Al surgir una nueva iglesia, en muchas ocasiones se elegía a uno del mismo grupo para que fuera el pastor, siendo esto el modelo utilizado por el apóstol Pablo en el Nuevo

Testamento. Muchos de estos pastores, y a pesar de su escasa preparación intelectual y teológica, fueron apoyados por el Espíritu Santo, el cual de forma maravillosa les ayudaba a resolver la mayoría de las dificultades ministeriales encontradas en el camino.

El movimiento pentecostal, con su nuevo modelo pastoral, viene a caracterizarse por tener un profundo respeto de la autonomía cultural puertorriqueña. El respeto al idioma, la consideración por los modos particulares de hablar, la estima por los diversos instrumentos musicales autóctonos, como parte integral del culto pentecostal y otros tantos elementos culturales más, fueron el éxito del rápido crecimiento del movimiento pentecostal puertorriqueño para ese entonces. Cualquier miembro de la congregación podía aspirar a cualquier posición o labor, ya que en ese momento los requisitos para diferentes posiciones en la iglesia eran mínimos. La iglesia no era considerada como una institución jerárquica, sino más bien como un organismo viviente que estaba lleno del poder pentecostal.

En esta investigación, los nombres de Francisco Olazábal en el área del evangelismo, los nombres de Juan L. Lugo, su esposa Isabelita Lugo, la hna. Julia Camacho, Antonio Collazo y Juan (Johnny) Pérez Hernández, quien se destacó significativamente como maestro del Instituto Bíblico Mizpa y otros más, quedan debidamente señalados en el espacio y tiempo, como pioneros de la educación bíblica del pentecostalismo puertorriqueño. Fue el Mizpa, la institución que preparó y continúa preparando los líderes y pastores de la mayoría de las iglesias que pertenecen al movimiento pentecostal, es como dice su lema "Puesto para la defensa del Evangelio".

Tomando como fundamento la historia que el Dr. Estrada nos narra, y habiendo él declarado a estas cuatro décadas, como el período de mayor crecimiento tanto numérica como denominacional, podemos señalar que las implicaciones e influencia del pentecostalismo, ha sido algo extraordinario. Durante los últimos cien años, y gracias al pentecostalismo, la iglesia tanto en Puerto Rico como en Latinoamérica, ha dejado de ser un grupo minoritario para convertirse en una fuerza arrolladora sorprendente, convirtiéndose de esa forma en el ala más prometedora de la fe cristiana para el siglo veintiuno. La influencia del pentecostalismo puertorriqueño sobre otros grupos religiosos dentro del cristianismo es bien notable. En el caso de Puerto Rico, se podría calcular moderadamente que aproximadamente el setenta por ciento de las iglesias protestantes denominadas "históricas" en la Isla, están experimentando algún tipo de avivamiento pentecostal, e inclusive, en la Iglesia Católica Romana, se ha desarrollado un avivamiento de renovación carismática, el cual está presente en la mayoría de las parroquias en toda la Isla. Por otro lado, y gracias a todo este fundamento, la conciencia política está muy presente en muchas iglesias del movimiento pentecostal, haciéndose oír y entender entre las estructuras políticas. A tales efectos, la iglesia se ha dado cuenta de su poder político como un instrumento profético para lograr cambios sociales.

Deseo concluir diciendo, que el Dr. Estrada ha sido muy oportuno en la recopilación de toda esta historia del pentecostalismo puertorriqueño durante estas cuatro décadas, porque nos confronta con la realidad de lo que nuestro movimiento pentecostal alcanzó en ese momento y lo que debemos conquistar en el futuro para el Reino de Dios en nuestra querida isla de Puerto Rico. Invito a todo hermano y hermana pentecostal y a aquellos simpatizantes de este movimiento a poseer esta obra tan inspiradora y que confío con toda certeza, que le será de mucha bendición y estímulo en su vida. Esta investigación nos lanza al reto de tener una entrega más apasionada por cumplir la Gran Comisión que nos comisionó el Señor, expresada en el evangelio de Mateo 24:14 "Y será predicado este evangelio del reino en todo el mundo, para testimonio de las naciones, y entonces vendrá el fin". Creo que la iglesia pentecostal puertorriqueña debe estar muy agradecida del Dr. Estrada por haber investigado con diligencia todas las cosas desde su origen, y escribírnoslas por orden. Que el Señor le bendiga abundantemente junto a su familia y su querida esposa Carmen.

Luis A. Mateo Colón, PhD
San Juan, Puerto Rico
Marzo de 2017

Introducción

La obra, *¡Oh poder pentecostal!: Adolescencia, temprana madurez e impacto social del pentecostalismo puertorriqueño* (1926-1966), representa mi tercer volumen de una historia sobre la llegada y desarrollo de la misión pentecostal en Puerto Rico. Mi recuento histórico intenta describir el crecimiento del pentecostalismo puertorriqueño, usando la tipología del crecimiento del ser humano. Para desarrollar este proyecto teológico-histórico he usado la tipología de uno de mis profesores de la Universidad de Emory de hace casi cuarenta años. Me refiero al profesor James Fowler.

James W. Fowler III, fue profesor de Teología y Desarrollo Humano en la Universidad de Emory. Su obra: *Stages of Faith: The Psychology of Human Development and the Quest for Meaning*, ha sido clave en la configuración de mi metodología para el desarrollo de mi serie: *100 años después*. En su obra Fowler desarrolló una teoría sobre seis (6) etapas por las que pasan las personas mientras van madurando en su fe. Él las identifica de la siguiente forma: (1) *Fe intuitiva* (2-7 años); (2) *Fe mítica* (7-12 años); (3) *Fe sintética-convencional* (12-+); (4) *Fe reflexiva* (21+); (5) *Fe conjuntiva* (35+) y (6) *Fe universalizadora* (45+).

Siguiendo el modelo de las etapas de fe de Fowler, desarrollé mi tipología para aplicarla al crecimiento de la obra pentecostal en Puerto Rico. Esta incluye las siguientes etapas: (1) *100 años después: La ruta del pentecostalismo puertorriqueño* (Volumen I); (2) *El fuego está encendido: La infancia del pentecostalismo puertorriqueño* (Volumen II); (3) *¡Oh poder pentecostal!: La adolescencia y temprana madurez del pentecostalismo puertorriqueño (1926-1966)* (Volumen III); (4) *La madurez del pentecostalismo puertorriqueño* (Volumen IV) y (5) *Pasión, amor y justicia: El desafío pentecostal*

¡Oh Poder Pentecostal!

para vencer la división, opresión y la violencia (Volumen V). Los volúmenes IV y V todavía representan un proyecto en el futuro.

La historia de la llegada del evangelio pentecostal a Puerto Rico es una extraordinariamente exquisita. Pero, al mismo tiempo, como ya hemos visto, una tachonada de sinsabores, lágrimas, dolor y desesperanzas; que se va develando en tiempo y espacio de forma asombrosa. En este volumen les ofrezco un recuento del período de mayor crecimiento de la obra pentecostal en la Isla. De igual manera, es el periodo de mayor diversificación en la expresión conciliar de la *misión pentecostal* en Puerto Rico. Creo, también, que no me equivoco al afirmar que es el período de mayor influencia de la expresión sobrenatural del mensaje pentecostal en la vida cotidiana de sus fieles y de aquellos que no compartían la fe del pueblo pentecostal. Espero que puedan descubrir la veracidad de estas afirmaciones en la lectura de esta obra.

Este volumen cubre el período entre el 1926 al 1966 de la historia del crecimiento del pentecostalismo puertorriqueño. Como he afirmado en los volúmenes anteriores de esta obra, es importante analizar el contexto político, social, económico y religioso del periodo de la vida puertorriqueña donde se estudia el desarrollo del crecimiento de la *misión pentecostal,* para entender correctamente su desarrollo y crecimiento en Puerto Rico. Otra vez, este período de la vida puertorriqueña está afectado por una nueva ola migratoria y una lucha incansable por lograr gobierno propio, educación de excelencia, buena salud pública y un desarrollo económico sustentable para el pueblo puertorriqueño.

En el capítulo 1 de esta obra se analiza en forma somera el trasfondo político, socioeconómico y religioso de la vida puertorriqueña en el período comprendido entre el 1926 hasta el 1966. En el mismo se destaca que durante las primeras dos décadas de este período, especialmente la década de los treinta, el pueblo puertorriqueño políticamente estaba influenciado por un fuerte sentimiento independentista. Sin embargo, en ese mismo período, el liderazgo político del partido unionista comenzaba a coquetear con la idea de desarrollar un Estado Libre Asociado. Este relato histórico detalla, además, que las próximas dos décadas -la de los cuarenta y la de los cincuenta- marcan un giro claro en el espectro político puertorriqueño hacia la predilección por la afirmación de la colonia, en lugar de la independencia o la estadidad para la Isla.

En el capítulo 2 de esta obra se examina brevemente el contexto religioso en donde se da el crecimiento y desarrollo de la adolescencia y temprana madurez del pentecostalismo puertorriqueño. En el análisis se sondea la situación de la obra de la Iglesia Católica y la de la misión protestante en la ruralía puertorriqueña en donde se expande vertiginosamente el mensaje pentecostal.

Por un lado, en el análisis de la Iglesia Católica se da especial atención a los movimientos laicos de la iglesia, tanto los femeninos como los masculinos. Los dos movimientos de predicadores laicos católicos más destacados de la época fueron: (1) El de la "Madre Elenita" en las montañas de San Lorenzo, que tuvo una fuerte influencia en las áreas centro-oriental y sur de la Isla (San Lorenzo, Caguas, Yabucoa, Las Piedras, Patillas, Arroyo y Guayama). (2) El otro fue conocido como el movimiento de "Los Hermanos Cheos". Estos dos movimientos del catolicismo popular se examinan como un reavivamiento fundamentalista de la Iglesia Católica en la ruralía de la Isla. Por otro lado, en el análisis de la *misión protestante,* se examina muy someramente la intensión de los componentes de esta *misión* por desarrollar una unidad eclesiástica que evitara los conflictos entre las denominaciones que hacían labor misionera en la Isla.

En el capítulo 3 se inicia el estudio del crecimiento y desarrollo del pentecostalismo puertorriqueño entre las masas necesitadas de las áreas rurales y en los bolsillos de pobreza en las ciudades y pueblos. Se estudia cómo en esa precariedad económica, social y de pobre salud pública, continuaba adquiriendo significado y trascendencia el mensaje pentecostal de esperanza. Se examina, además, cómo el poder transformador de este evangelio se mostraba en todas las manifestaciones de la vida de este nuevo grupo de creyentes que enfatizaba, como parte de su prédica, un cambio radical en la vida cotidiana de sus adeptos.

En el capítulo 4 se analiza el crecimiento del pentecostalismo durante la década de los treinta. La década de los treinta inicia con lo que se conoció como la Gran Depresión en Estados Unidos. En términos económicos y sociales, este desastre económico afectó la vida de todo el pueblo puertorriqueño. De igual manera, este fue el momento de mayor agitación política en la Isla. Por lo tanto, el pueblo vivía en angustia social, sufría estrechez económica y lo perturbaba la incertidumbre política. Sin embargo, la situación económica social y política no fue impedimento para que el evangelio pentecostal avanzara durante esta década En medio de la carestía de alimentos y servicios gubernamentales la "iglesia seguía caminando."[2]

El capítulo 5 se le dedica al ministerio del evangelista Francisco Olazábal y su impacto en el movimiento pentecostal puertorriqueño. Luego de una breve biografía de los primeros años de la vida del evangelista y su conversión al evangelio pentecostal, se estudia el impacto de su ministerio en la vida del pueblo pentecostal puertorriqueño, tanto en Estados Unidos como en la Isla. La decisión de Francisco Olazábal de viajar a Puerto Rico estuvo precedida de una bonita y extraordinaria relación con los puertorriqueños y puertorriqueñas de las ciudades alrededor de la Bahía de San Francisco y la ciudad de New York. Olazábal comenzó su relación con el pueblo pentecostal puertorriqueño en el 1917 en la ciudad de Danville en la Bahía de San Francisco y posteriormente en el verano de 1931 en la ciudad de New York.

En el capítulo 6 se relata la historia de la creación del Instituto Bíblico Mizpa. No es una historia de la Institución; es un recuento de los eventos importantes que marcaron el comienzo de la misma. En este recuento menciono los esfuerzos realizados por el reverendo Juan L. Lugo, y sus colaboradores más cercanos, para establecer esta prestigiosa institución para la formación ministerial pentecostal. Como parte de esta narrativa, se presta atención especial a algunos de los miembros de la primera facultad del Instituto Bíblico Mizpa. Evidentemente, el Instituto Bíblico Mizpa tendría a su cargo la formación de los pastores y pastoras de la Iglesia de Dios Pentecostal, Inc., primero en su relación con el Concilio General de las Asambleas de Dios y, luego de 1957, como el concilio pentecostal autóctono más numeroso de Puerto Rico.

En el capítulo 7 se estudia el crecimiento de la obra pentecostal durante el período de la época de "pan, tierra y libertad". Durante este período la obra pentecostal en la Isla continuó su crecimiento con sus diferentes grupos pentecostales. La Iglesia de Dios Pentecostal Distrito de Puerto Rico de las Asambleas de Dios, proyecto misionero que había

---

[2] La expresión "la iglesia sigue caminando" la tomé de un querido amigo pastor, ya en los brazos del Señor, Dámaso Acevedo, que acostumbraba a cantar ese coro cada vez que tenía una oportunidad.

dado origen al movimiento pentecostal puertorriqueño, continuaba con el crecimiento que había experimentado en la década de los treinta. Junto a la Iglesia de Dios Pentecostal, la Iglesia de Dios *Mission Board* y los otros concilios que se nutrieron de las campañas de Francisco Olazábal, también se desarrollaron raudamente durante esta época. El impacto de las campañas de Francisco Olazábal fue indudablemente fructífero en la creación de nuevos grupos pentecostales independientes de la obra realizada por la Iglesia de Dios Pentecostal Distrito de Puerto Rico del Concilio General de las Asambleas de Dios.

El capítulo 8 lo dedico a analizar uno de los momentos más dolorosos de la historia del pentecostalismo puertorriqueño. En el mismo, examino con detenimiento y profunda responsabilidad, los eventos que propiciaron la separación de la Iglesia de Dios Pentecostal Inc., del Concilio General de las Asambleas de Dios. Este análisis se hizo con todo el rigor académico que ameritaba el estudio del evento histórico, pero al mismo tiempo, con un alto grado de respeto y sensibilidad por los que tuvieron que manejar un asunto muy complicado, que sacudía la raíz misma de la razón de ser de la Iglesia de Dios Pentecostal, Inc. y el Concilio General de las Asambleas de Dios. La decisión final de la separación permanente, se tomó el sábado 24 de agosto de 1957 en Cleveland, Ohio. Para llegar a esa dolorosa decisión hubo más de diez años de conversaciones infructuosas. Esas conversaciones y sus repercusiones son las que analizo en el capítulo 8 de esta obra.

El capítulo 9 lo dedico a examinar lo acontecido al pentecostalismo camino a la celebración de su cincuentenario. En este relato examino los concilios pentecostales que llegaron al cincuentenario como iglesias bien organizadas, más allá de la Iglesia de Dios Pentecostal, Inc. Desafortunadamente, el pentecostalismo llega al cincuentenario no como un grupo monolítico, sino como un concierto de concilios pentecostales que mantenían una relación de hermandad aceptable, pero tachonada de tensiones y resquemores, para describir la relación de alguna manera elegante.

Finalmente, como es mi costumbre, incluyo una posdata como reflexión final de la obra. En ésta ofrezco una evaluación sobre la visión de la autoridad y poder del pentecostalismo camino a su cincuentenario y la comparo brevemente con la visión de la autoridad y poder del pentecostalismo camino a su centenario. En ese análisis, destaco, por un lado, que los milagros que acompañaban al mensaje pentecostal camino a su cincuentenario, en sus campañas evangelísticas en templos, lugares públicos y carpas, eran una clara demostración de que este grupo poseía algo sobrenatural en la celebración de sus cultos y en la vida cotidiana de sus fieles. Por otro lado, también destaco, que cuando llegó la celebración del centenario de pentecostés, la iglesia pentecostal estaba muy consciente, no sólo del poder transformador del evangelio sino, también, de su poder político electorero.

La obra incluye, además, una serie de documentos como parte de sus anejos que ofrecen apoyo a mi proceso de investigación. Los comparto con mis lectores en mi deseo de llevarlos al tiempo y espacio de los que hicieron posible la historia de los eventos que narro y analizo en este recuento histórico.

Disfruten la lectura de esta obra y, de ser posible, compartan con este autor sus coincidencias y diferencias. No creo que haya una mejor manera de mejorar el proyecto literario de un compañero o compañera de peregrinaje, que el diálogo intenso, sincero y respetuoso. ¡Paz!

Wilfredo Estrada Adorno
14 de febrero de 2017 (Día de la Amistad)
Cleveland, Tennessee

Capítulo 1

Trasfondo político y socio-económico

Al iniciarnos en esta nueva etapa de la jornada que comenzamos -hace tres años- con la salida de Juana María Caraballo, Carmen (Carmela) Lugo Caraballo y Juan L. Lugo Caraballo el 23 de noviembre de 1900[3], rumbo a Hawái en busca de *la vida mejor*, es necesario revisar el contexto político, económico y social del período donde se desarrolló la adolescencia y temprana madurez del pentecostalismo puertorriqueño. Este volumen cubre el período entre el 1926 al 1966 de la historia del crecimiento del pentecostalismo puertorriqueño. Es importante analizar este periodo de la vida puertorriqueña, para entender correctamente el desarrollo del pentecostalismo en la Isla. Otra vez, este periodo está afectado por una nueva ola migratoria y una lucha incansable por lograr gobierno propio, educación de excelencia, buena salud pública y un desarrollo económico sustentable para el pueblo puertorriqueño.

El ambiente político del período bajo estudio

Las décadas de los veinte y los treinta estuvieron caracterizadas por un sentimiento independentista en el pueblo puertorriqueño. Ya para el 1922 se había activado de forma clara y precisa ese sentimiento independentista. Sin embargo, para esa misma fecha el partido unionista, que

---

[3] Wilfredo Estrada-Adorno, *100 años después: La ruta del pentecostalismo puertorriqueño*, vol. 1, 100 años después (Cleveland, TN: CEL Publicaciones, 2015).

tenía en su plataforma la independencia como solución al estatus político de la Isla, comenzaba a coquetear con la idea de desarrollar un Estado Libre Asociado.

Como parte de la estrategia política para conseguir la aprobación de un Estado Libre Asociado en el Congreso Federal, el 19 de enero de 1922 los líderes máximos del Partido Unionista, Antonio R. Barceló y Miguel Guerra Mondragón, lograron que el congresista, Phillip Pitt Campbell, republicano de Kansas, presentara el proyecto de ley HR 9995 que intentaba crear el Estado Libre Asociado de Porto Rico[4] (*the Associated Free State of Porto Rico*). El senador William King (demócrata por Utah) presentó en el Senado Federal el proyecto de ley S 3137 con las mismas especificaciones.

El 11 de febrero de 1922 en una asamblea en San Juan, el Partido Unión de Puerto Rico aprobó lo siguiente:

> Resuélvase por la Unión de Puerto Rico, reunida en Asamblea Soberana: que la creación en Puerto Rico de un Estado, Pueblo o Comunidad, que sea libre y que sea asociado a los Estados Unidos de América, es el desiderátum de las aspiraciones de los puertorriqueños, y resolverá de una manera honrosa, satisfactoria y definitiva el problema pendiente aún de solución de las relaciones entre ambos pueblos;[5]

> En tal virtud: la Asamblea declara que la creación del Estado Libre Asociado de Puerto Rico es desde hoy el Programa de la Unión de Puerto Rico; y que a la conversión de ese programa en realidad viva consagrará desde hoy sus redoblados es-

---

[4] "Porto Rico" fue el nombre impuesto por el imperio estadounidense después de su invasión para substituir el nombre de Puerto Rico. El nombre fue restituido de nuevo a Puerto Rico en el 1932.

[5] Es interesante anotar que 94 años más tarde (2016) todavía no se ha resuelto el problema de las relaciones entre los dos pueblos. En el verano de 2016, Estados Unidos desenmascaró a Puerto Rico como "la colonia más antigua del mundo". Sobre el tema de la "colonia más antigua del mundo" vea a José Trías Monge, *Puerto Rico: Las penas de la colonia más antigua del mundo* (San Juan, PR: La Editorial, UPR, 1999).

fuerzos el glorioso partido que fundaron en hora solemne pró-
ceres inmortales de nuestra patria, y sigue siendo el llamado a
crear en ella una obra, como ellos, inmortal.[6]

El proyecto respaldado por el Partido Unionista en su asamblea
en San Juan el 11 de febrero de 1922, incluía en resumen las siguientes
disposiciones: Ese Estado Libre Asociado era un proyecto que disponía
la elección popular de las dos Cámaras Legislativas, las cuales, al cons-
tituirse, elegirían al gobernador de Puerto Rico, quien a su vez nombraría a los jueces del Tribunal Supremo y a los miembros del gabinete. Se
aumentaría a dos Comisionados Residentes en Washington y el Presidente de Estados Unidos nombraría a un Comisionado de Estados Unidos en Puerto Rico con facultades para supervisar y suspender medidas
legislativas que afectaran los derechos de la soberanía estadounidense
en Puerto Rico.[7]

El Partido Unión de Puerto Rico se sintió muy complacido con
el nombre de Estado Libre Asociado. Bolívar Pagán acotó lo siguiente
relacionado al nombre Estado Libre Asociado: "Tal designación estaba
en boga entonces, con la creación del llamado Estado Libre de Irlanda y
el llamado Estado Libre del Congo, aunque tenían distintas implicaciones en los derechos y la libertad de Irlanda y de la colonia africana del
Congo belga."[8]

---

[6] Bolivar Pagán, "Historia de los partidos políticos puertorriqueños (1898-
1956)," accessed April 19, 2016, http://www.estado51prusa.com/?p=506. Todas estas aspiraciones políticas del pueblo puertorriqueño basadas en la buena fe del gobierno de Estados Unidos, siempre han caído en oídos sordos. Es interesante anotar que 94 años más
tarde (junio de 2016) de la fecha de esta afirmación, Estados Unidos le impone al Pueblo
de Puerto Rico una Junta de Control Fiscal, invalidando la creación del Estado Libre
Asociado de 1952 y regresando a Puerto Rico al estado político prevaleciente bajo la Ley
Foraker del 1 de mayo de 1900.

[7] Ángel Collado Schwarz, "Discurso con motivo de la conmemoración del natalicio del Dr. Antonio Fernós Isern," accessed July 3, 2016, http://asociacionysobera-
nia.blogspot.com/2009/05/discurso-con-motivo-de-la-conmemoracion.html; Pagán,
"Historia de los partidos políticos puertorriqueños (1898-1956)." Siempre el poder colonial se aseguraba de que su poder estuviera en todo momento protegido y sin posibili-
dades a interpretaciones confusas.

[8] Pagán, "Historia de los partidos políticos puertorriqueños (1898-1956)."

Como era de esperarse las medidas presentadas en la Cámara y Senado federal enfrentaron la oposición del Partido Republicano de Puerto Rico, bajo la conducción de José Tous Soto. El liderato Republicano combatió el proyecto porque el mismo:

> [N]o definía una norma conducente al Estado clásico de la Unión Norteamericana, y contra el aspecto que creaba un Comisionado de Estados Unidos en Puerto Rico con poderes interventores en la legislación y el gobierno de la Isla. A los Unionistas, el proyecto Campbell dentro de la crisis política del momento, les proporcionaba una salida airosa para justificar el cambio de programa y acallar con sordina la demanda de independencia, y ponerse a tono con las aparentes tendencias de la política de la [a]dministración norteamericana hacia Puerto Rico.[9]

El historiador y comunicador Ángel Collado Schwarz dice sobre esta iniciativa lo siguiente:

> El proyecto, de todas formas, no tenía futuro pues no fue una iniciativa estadounidense, sino puertorriqueña. Aunque Puerto Rico era administrado por un gobernador civil estadounidense nombrado por el presidente de Estados Unidos, Puerto Rico era responsabilidad del Departamento de Guerra, lo cual dramatizaba la prioridad militar de la ocupación estadounidense de su territorio. Nada trascendental sucedería en Puerto Rico sin la anuencia de las Fuerzas Armadas estadounidenses.[10]

Como resultado del coqueteo del Partido Unión de Puerto Rico con un estatus político autonómico, se activaron las fuerzas políticas independentistas dentro del Partido Unionista. Este sector del Partido Unionista quedó muy "insatisfecho" y "disgustado" con la decisión del partido en el 1922 de aspirar a un Estado Libre Asociado.[11] En consecuencias, en abril de 1922, en Ponce, se tomó un acuerdo de organizar el Par-

---

[9] Ibid.

[10] Ibid.

[11] Ibid.

tido Nacionalista de Puerto Rico. El mismo quedó constituido en el Teatro Nuevo en Río Piedras el 17 de septiembre de 1922, bajo la presidencia de José Coll Cuchi. La declaración de principios del Partido Nacionalista de Puerto Rico al quedar constituido fue la siguiente:

> El Partido Nacionalista aspira a constituir a Puerto Rico en una República libre, soberana e independiente, de acuerdo con el principio de las nacionalidades. Acudirá a los comicios con el propósito de regir los intereses del pueblo de Puerto Rico, y para hacer realizable nuestra suprema aspiración. Declaramos que el Partido Nacionalista de Puerto Rico existe para asegurar un gobierno responsable y ejecutar la voluntad del pueblo.[12]

Así transcurrieron los años de la década de los veinte en términos políticos. Puerto Rico dividido -como siempre- entre las tres opciones políticas: estadidad, autonomismo e independencia. Los partidos Republicano y Socialista, promovían la estadidad; el partido Unionista, promovía la autonomía y el Partido Nacionalista, la independencia.

En ese período, curiosamente, los tres partidos representados en la asamblea legislativa -el Unionista, el Republicano y el Socialista- y el gobernador Horace M. Towner se unieron para suplicarle al Congreso estadounidense que les concediera el derecho a los puertorriqueños de elegir a su gobernador. Una Comisión tripartita salió para Washington el 8 de enero de 1924 a hacer la solicitud formal, sin embargo, el 6 de marzo de 1924, regresaron con las manos vacías. Los diferentes comités congresionales y el presidente Calvin Coolidge fueron muy corteses, pero no expresaron ningún compromiso concreto. El secretario de guerra, John W. Weeks expresó abiertamente su oposición al proyecto. En una extensa carta que el comisionado residente en Washington, Félix Córdova Dávila, le dirige el 31 de agosto de 1926 a Antonio R. Barceló, le indica que entre las razones que esbozó John W. Weeks para oponerse al proyecto, "[a]rguyó que nuestros partidos políticos vivían una vida incierta, de indecisión y dedujo que no podíamos establecer todavía un gobierno responsable."[13] Finalmente, el proyecto fue enmendado en los

---

[12] Ibid.

[13] Ibid.. De la respuesta que Antonio R. Barceló le envió -el 3 de septiembre de 1926- a Félix Córdova Dávila, sobre la declaración del Secretario de la Guerra John W. Weeks, en torno "al pretendido desastre de nuestra situación económica, la llamada

comités con algunas restricciones. Dos de éstas declaraban, una, por un lado, que el Presidente se reservaba el derecho de destituir al Gobernador que eligiera el pueblo de Puerto Rico[14] y, otra, por otro lado, que la medida entraría en vigor en 1932 -que fue finalmente la posición de John W. Weeks- en lugar de 1928. La medida finalmente, aunque aprobada por el Senado no pasó el crisol de la Cámara de Representantes. Así concluyó, con penas y sin gloria, este esfuerzo de lograr un gobernador electivo para el pueblo puertorriqueño.

El gobierno aliancista (unionistas y republicanos) no se dio por vencido y volvió a la carga para solicitar del Congreso estadounidense el Gobernador electivo para Puerto Rico. Para mayo de 1927 se organizó una nueva comisión legislativa aliancista para ir a Washington a solicitar el Gobernador electivo. Esta comisión legislativa compareció otra vez ante los comités del Congreso y el presidente Calvin Coolidge en demanda de dicha reforma. Desafortunadamente, no recibió aliento del Congreso ni del Presidente para sus demandas. Por otro, lado, el jefe del Negociado de Asuntos Insulares del Departamento de Guerra, General McIntyre, los maltrató, señalando –públicamente- que "la visita a Washington de la comisión legislativa puertorriqueña era inoportuna."[15] Nuevamente, el proyectó del Gobernador electivo no prosperó en el

---

extravagante o impropia legislación de nuestra Asamblea Legislativa, y la necesidad de imponerle el correctivo del veto, por conducto del gobernador, que representa aquí el poder de la administración federal, todo lo cual equivalía en aquellos momentos a declarar que éramos incapaces para el ejercicio de nuestro gobierno; que necesitábamos aún el freno de un gobernador de nombramiento presidencial, y que, por consiguiente, no se nos debía conceder el derecho de elegir nuestro propio gobernador", se puede afirmar, claramente, que la Secretaría de la Guerra buscaba retener el control sobre el gobierno de Puerto Rico. Para Antonio R, Barceló los verdaderos causantes de la situación económica eran "los portentados de Puerto Rico, las grandes corporaciones acaparadoras de nuestras tierras y de nuestras riquezas, las mismas llamadas Fuerzas Vivas, que actuaron presentando el memorial, y que, burlando nuestras leyes, valiéndose de subterfugios, y de la poderosa influencia de su dinero, se negaron al pago de las contribuciones...".

[14] En 94 años el poder del Congreso y del Presidente de Estado Unidos sobre Puerto Rico no ha variado en un ápice. Un ejemplo crudo de esta realidad es la ley que acaba de aprobar el Congreso estadounidense y que firmara el presidente Barak Obama (junio de 2016), sobre la Junta de Control fiscal para Puerto Rico.

[15] Pagán, "Historia de Los Partidos Políticos Puertorriqueños (1898-1956)."

Congreso. La comisión regresó desalentada a la Isla, y los líderes de la Alianza, no disimularon su estado de insatisfacción y frustración con las autoridades de Washington.

En los años de 1926 hasta el 1928, previo a las elecciones del 1928, se desarrolló una dura y agria disputa entre los líderes gubernamentales y políticos puertorriqueños y el Presidente y el Congreso estadounidense. La lucha iba dirigida a conseguir el Gobernador electivo y más gobierno propio para la isla.[16] Esta lucha de esos años parecía que el liderazgo político de la Isla, había entregado su aspiración por la estadidad o independencia en favor de mayor gobierno propio, para preparar al pueblo para que luego se decidiera por una de las dos opciones de relaciones políticas con Estados Unidos. Lo cierto fue que las voces estadounidenses se tornaban más y más a favor de la independencia que de la estadidad. Lo realmente interesante es que, a pesar de las luchas de los líderes puertorriqueños por ampliar las libertades para el pueblo de Puerto Rico, durante este período, no hubo una respuesta positiva de las autoridades estadounidenses a las aspiraciones de mayor gobierno propio del liderazgo puertorriqueño.

A la llegada del año 1930 Puerto Rico se encontraba en un atolladero político y gubernamental que impedía la formación de un gobierno que condujera responsablemente los asuntos públicos del país. El 7 de octubre de 1929 había llegado a la Isla el nuevo gobernador Theodore Roosevelt, Jr., nombrado por el presidente Herbert Hoover. Luego de enormes desavenencias y acuerdos políticos frágiles,[17] en la mañana del 20 de febrero de 1930, se eligió como *Speaker* de la Cámara de Representantes a Manuel F. Rossy del Partido Republicano Puro y en la tarde

---

[16] Tengo que aceptar que me sorprende la actitud del liderazgo político puertorriqueño -a lo largo de su historia- de posponer siempre la decisión final del estatus político por un estado intermedio que siempre busca lo mejor de dos mundos. Esa indecisión ha mantenido al pueblo rehén de la indecisión, del "no se puede" y lo ha inhabilitado para forjarse un futuro digno de acuerdo a sus capacidades y recursos incuestionables.

[17] Estas prolongadas desavenencias se desarrollan con la intención de sacar de la presidencia de la Cámara de Representantes a José Tous Soto y de la presidencia del Senado a Antonio R. Barceló. Luego de las elecciones generales de 1928 el liderato del la Alianza en la Asamblea Legislativa había quedado magullado y los adversarios políticos de Tous Soto y Barceló querían deshacerse de ambos.

del mismo día, a Luis Sánchez Morales, aliancista, como presidente del Senado.

El Partido Republicano Puro, bajo la presidencia de Rafael Martínez Nadal, celebró en Aguadilla su Asamblea General, el 20 de septiembre de 1930. Martínez Nadal aprovechó esta Asamblea para exponer ampliamente toda la gestión pública e iniciativas realizadas para organizar el grupo denominado: "Grupo de Buen Gobierno". Este grupo fue necesario para echar a andar el gobierno de la Isla que se encontraba en un tranque que no le permitía organizar la Asamblea Legislativa. La Asamblea aprobó todas las gestiones dirigidas a la formación y logros del "Grupo de Buen Gobierno", y le dio un voto de confianza Martínez Nadal como su presidente.

Por otro lado, Pedro Albizu Campos, concluyó la Asamblea del Partido Nacionalista de 1930 "con una enérgica y ardorosa alocución para luchar sin miedo y combatir implacablemente a los enemigos de la independencia."[18] Con igual vehemencia anunció "que la patria estaba en guerra y había que defenderla."[19] El discurso de Albizu Campos fue tan contundente y fervoroso, que finalizada su alocución "todos los delegados de la asamblea se pusieron en pie, y con la mano en alto prestaron el siguiente juramento: 'Juramos aquí solemnemente que defenderemos el ideal nacionalista y que sacrificaremos nuestra hacienda y nuestra vida si fuera preciso por la independencia de nuestra patria.'[20] Luego de las elecciones generales de 1932 –donde el Partido Nacionalista fracasó electoralmente- Pedro Albizu Campos, dirigiría al Partido Nacionalista por el rumbo de la confrontación armada contra el imperio estadounidense.

El 9 de junio de 1931 se reunió en asamblea el sector de la Alianza que se había separado para a formar el viejo Partido la Unión de Puerto Rico. Por el entusiasmo independentista de esta asamblea, algunos la describieron -quizás en tono despectivo- como la Asamblea de Manolo el Leñero.[21] Esta Asamblea finalmente se alejó de los acuerdos de la

---

[18] Pagán, "Historia de Los Partidos Políticos Puertorriqueños (1898-1956)."

[19] Ibid.

[20] Ibid.

[21] "Manolo el Leñero" es el apodo que se le dio a Manuel Rosado, uno de los

mártires del Grito de Lares. Este luchador, herido de muerte en la gesta del Grito de Lares, en medio del dolor todavía portaba una bandera blanca con una inscripción patriótica. Luis Lloréns Torres inmortalizó y eternizó esa gesta patriótica de Manuel Rosado con el poema *Manolo el leñero*.

Montaña, montaña mía
montaña mía, tan altiva y tan tallada
y en la potente mirada
¡Ay mirada! que tronchó la tiranía.
En tu limpidez un día
¡Ay! un día cruzó el alba un lucero
que trazó su derrotero
Su derrotero en la sangre que arremete
sobre el filo del machete
¡Ay! el machete que uso Manolo el leñero.

Cuando suena el caracol,
el caracol y rompe el trueno en la montaña
ve y búscame en mi cabaña
a mi cabaña, antes de que salga el sol
Cuando veas el arrebol
el arrebol del sol que en oriente sale
cuando escuchas mis cantares
¡ay! mis cantares y oigas un pueblo que grita
¡+*#@, despierta boricua!
oye boricua y ven a buscarme a Lares.

Coro:

Oye boricua yo te canto esta canción
¡Viva la Patria, viva la revolución!

Y no me llames por mi nombre,
¡Ay por mi nombre! que no te responderé.
Llámame por Guarionex,
por Guarionex aunque te retumbe el orden.
Cuando veas que se desborden,
que se desborden quebradas y manantiales,
si escuchas los atabales,
los atabales de un Guajataca que grita:
¡ +*#@, despierta boricua!,
oye boricua y ven a buscarme a Lares.

Lares significa el paso,
¡Ay el paso! que dimos a la alborada,
cuando aquella madrugada

29

asamblea del 24 de octubre de 1930 -que mantenía en su programa las tres soluciones para el estatus de la Isla: independencia, estadidad federada y gobierno propio inmediato y transitorio- y cambió su programa político, conservando únicamente la demanda de independencia. La resolución aprobada sobre el proyecto político de la Unión en ese momento fue la siguiente:

La Unión de Puerto Rico, reunida en Asamblea Magna, y expresando la soberana voluntad del partido por medio de sus legítimos representantes, declara:

• Que el régimen de gobierno que durante un tercio de siglo ha imperado en Puerto Rico, impuesto por el Gobierno de Estados Unidos contra la voluntad y sin la intervención de nuestro pueblo, ha fracasado, porque ha tenido y tiene el propósito de anular la personalidad puertorriqueña y someter a Puerto Rico a una situación colonial deprimente y vejaminosa en la que el dominador ejerce omnímodamente su poder, anulando por completo la iniciativa y la intervención de los puertorriqueños, y que tal régimen es indigno de las instituciones del pueblo norteamericano y de la capacidad y el honor del pueblo puertorriqueño. La Unión de Puerto Rico consigna, por tanto, su más alta y vigorosa protesta

---

ay madrugada, rompimos el negro lazo.
Lares también es zarpazo,
es zarpazo que al invasor clavaremos,
cuando a este pueblo le echemos
oiga le echemos sangre de nuestra pasión
y grite el corazón,
el corazón: ¡Patria o muerte venceremos!

Betances me está llamando
me está llamando, y ya Ruiz Belvis me hace seña.
Manolo prende la leña,
oiga la leña y Brugman la está soplando.
Ya Mariana está bordando
está bordando, bandera en mis cafetales,
y ya por todos los lugares
ay los lugares, se escucha un pueblo que grita
¡ +*#@, despierta boricua!,
oye boricua y ven a buscarme a Lares.

contra el sistema imperante, y enérgicamente demanda el remedio justo al pueblo de los Estados Unidos para emanciparnos de una oligarquía que en su nombre se ejerce y que su espíritu rechaza.

- Que es para Puerto Rico motivo de dolor y de sonrojo el hecho de ser, entre las demás comunidades hispanoamericanas, la única que vive privada de su libertad y de su soberanía. Y es nuestro deber, al consignar esta protesta, hacer que la misma llegue al corazón del pueblo norteamericano y repercuta en el de todos los pueblos de nuestra raza, para que sea motivo de la justa consideración que a todos los pueblos debe merecer la humillante condición política en que nos encontramos los puertorriqueños.

- Que el ideal supremo de la Unión; como el de todos los pueblos dignos a través de la historia, es la fundación de una patria libre y dueña de su soberanía. Dentro de esta finalidad, la Unión de Puerto Rico proclama la constitución de Puerto Rico como una república independiente.[22]

Después del reclamo de la Asamblea del 9 de junio de 1931, Antonio R. Barceló se dirigió al presidente Herbert Hoover para comunicarle la decisión del Partido Unión de Puerto Rico. Barceló le indicó al Presidente que la Unión de Puerto Rico, "acordó solicitar, como solución única para fijar nuestro status final, la concesión de nuestra Independencia."[23] Le indicaba, además, Barceló al presidente Herbert Hoover que:

La política que han trazado las distintas Administraciones y el Congreso con olvido de las promesas adelantadas por los comisionados americanos durante la tramitación del Tratado de París, así como las hechas por el General Miles, Comandante en Jefe del ejército de ocupación al desembarcar en nuestras playas, unido todo ello al sometimiento de nuestro pueblo

---

[22] Pagán, "Historia de Los Partidos Políticos Puertorriqueños (1898-1956)."

[23] Ibid.

31

a un gobierno autoritario e imperialista en sustitución del liberal y autonómico que España nos había otorgado, han matado nuestra fe en todo modus vivendi que no dependa de nuestra propia voluntad soberana e independiente.... Preferimos, señor, llevar una vida pobre pero digna, antes que aceptar nuestra presente servidumbre.... Nos dijo usted, señor Presidente, cuando honró nuestra Isla con su presencia, que nuestros problemas eran más bien económicos que políticos. La convención del partido que tuve el honor de presidir declaró ayer que sin independencia política no podrá lograrse la independencia económica de Puerto Rico.[24]

El proyecto independentista de esto años tenía apoyo de los unionistas y de los nacionalistas. Sin embargo, no se pudieron aglutinar todos en un solo partido. Pedro Albizu Campos le solicitó al liderato unionista que cesara con toda colaboración con el gobierno imperial, pero no encontró oídos amigables a su propuesta. Ambos grupos se encaminaron por senderos diferentes. Previo a las elecciones de 1932 el partido Unión de Puerto Rico comenzó a revisar su énfasis en la independencia y dedicó esfuerzos significativos a luchar por conseguir más gobierno propio.

De otra parte, los aliancistas en el 1931 decidieron fusionarse con los Republicanos Puros para establecer una coalición con los socialistas para las elecciones del 1932. El proyecto político al que se abrazaron una vez fusionados establecía el siguiente compromiso con el futuro político para Puerto Rico:

> Constitución de Puerto Rico en un Estado de la
> Unión, o plena soberanía interna y externa en armonía

---

[24] Ibid. A veces se me hace imposible pensar cómo es que el liderato político de nuestro país todavía patina en el mismo pantano que hace tanto tiempo otros líderes políticos vieron con suma claridad. Antonio R. Barceló le dice al Presidente de Estados Unidos en el 1931 que, para solucionar los problemas económicos de Puerto Rico, había que solucionar primero el problema político. Hoy, 2016, el liderato presente de nuestro país quiere solucionar el problema económico, manteniendo las pesadas cadenas del coloniaje. Sostengo que es imposible establecer un desarrollo económico sustentable sin los poderes políticos para sostener el mismo.

y fraternidad con Estados Unidos. Pedir primero la Estadidad, y si se niega ésta, laborar por la Independencia interna y externa y mientras tanto laborar por y aceptar como régimen transitorio una medida de mayor gobierno propio, con gobernador electivo. También demandar que se excluya a Puerto Rico de la aplicación de las leyes federales de cabotaje.[25]

El 15 de febrero de 1932, en asamblea celebrada en el estadio de San Juan en Puerta de Tierra,[26] se materializó finalmente la fusión de los aliancistas con los Republicanos Puros y se organizó el Partido Unión Republicana.

El 12 de marzo de 1932 se creó el Partido Liberal Puertorriqueño. En esta asamblea, bajo el liderato de Antonio R. Barceló el Partido Unión de Puerto Rico se convierte en el nuevo Partido Liberal Puertorriqueño. En esa asamblea Luis Muñoz Marín, hace entrada al Partido Liberal y es nombrado parte del Comité de Programa del partido. El programa del partido incluyó –entre otras- las siguientes disposiciones[27]:

- Demandar el reconocimiento inmediato de la soberanía de Puerto Rico y hacerla efectiva por los medios más rápidos, más prácticos y más directos, llegando así a establecer la independencia absoluta de Puerto Rico en la confraternidad de las naciones.

- Considerar aceptables y gestionables todas aquellas medidas económicas, sociales y culturales, y considerará aceptables aquellas medidas políticas que, siendo inherentes a la autoridad moral soberana de Puerto Rico, carezca éste de autoridad efectiva para establecer, por residir esta autoridad

---

[25] Ibid. La disponibilidad del liderazgo político puertorriqueño, a lo largo de su historia, a tranzar por la prebenda de mayores logros en el gobierno propio han retrasado, desafortunadamente, hasta el día de hoy la solución final del estatus político de la Isla. Esta actitud de conformarse con migajas ha perpetuado, lastimosamente, el colonjiaje burdo de nuestra nación.

[26] Este estadio años más tarde se bautizó con el nombre del renombrado boxeador puertorriqueño Sixto Escobar.

[27] Pagán, "Historia de Los Partidos Políticos Puertorriqueños (1898-1956)."

temporalmente en el poder que de hecho ejerce su soberanía.

- Dedicar sus fuerzas, ejercitando todas las funciones y prerrogativas del Gobierno, a crear la independencia económica de Puerto Rico, a descolonizar y a nacionalizar la economía de Puerto Rico, adaptándola asimismo al momento en que, desapareciendo la colonia, Puerto Rico entre en sus plenas funciones de nación soberana e independiente.

En síntesis, se puede afirmar que en el seno de este nuevo partido se vuelven a anidar los sentimientos independentistas y los autonomistas. Aunque había mucha retórica independentista, el deseo de lograr un mayor gobierno propio dentro de la colonia, daba pasos a desarrollos autonomistas que coartaban la verdadera lucha por liberarse del yugo del coloniaje. En ese momento el deseo de lograr ganar la campaña electoral del 1932 era más importante para este partido que hacer realidad en su lucha diaria su ideal independentista. En esa lucha intestina del Partido Liberal entre autonomistas e independentistas, se escuchaba la voz de Luis Muñoz Marín afirmar en el 1931 lo siguiente:

> En primer lugar, la libertad no se vende... la libertad entre hombres dignos no se discute. Pero, desde luego, es falsa la conclusión de que la Independencia sería económicamente perjudicial a Puerto Rico... No se puede observar de cerca la vida política de Puerto Rico sin llegar a la conclusión de que todo tutelaje es degradante en el sentido moral. Mientras la soberanía no reside en nosotros, habrá genuflexiones y degradaciones ante aquéllos en quienes reside. Esta es la enfermedad política del Puerto Rico colonial, y no tiene más cura que una dosis de soberanía sin adulterar.[28]

El 30 de agosto de 1932 los partidos Socialista y Unión Republicana formaron lo que se llamó la Coalición para comparecer unidos a los comicios electorales de 1932. Este proyecto llamado, Pacto Libre Elec-

---

[28] Ibid.

toral, no eliminaba las personalidades de ambos partidos, por el contrario, creaba un cuerpo rector para el convenio de los dos partidos llamado, Comité Supremo de la Coalición.[29]

En las elecciones de 1932, aunque el partido liberal sacó más votos como partido individual, los partidos vinculados, que formaron la Unión Republicana-Socialista obtuvieron una mayoría de votos y lograron el control del Senado y la Cámara de Representantes y eligieron al comisionado residente en Washington Santiago Iglesias Pantín. Rafael Martínez Nadal es elegido por sus homólogos como presidente del Senado y -de igual manera, por sus homólogos- Miguel Ángel García Méndez es elegido *Speaker* de la Cámara de Representantes. El Partido Nacionalista, con Pedro Albizu Campos a la cabeza sólo obtuvo un insignificante número de votos.

La Coalición Unión Republicana-Socialista tuvo control de la Asamblea Legislativa hasta el 1940. Hay que recordar que el poder ejecutivo, estaba en manos del Gobernador[30] nombrado por el Presidente de Estados Unidos. Durante este período, advino al poder en Estados Unidos, una administración demócrata, bajo la presidencia de Franklin Delano Roosevelt. Durante la administración Roosevelt -iniciada en plena dificultades económicas de Estados Unidos, lo que se conoció

---

[29] Es interesante notar que dos partidos con programas económicos y sociales totalmente opuestos, se unen para lograr alcanzar el gobierno de la Isla. En este extraño maridaje de la época, un partido –el Socialista- que decía representar los intereses económicos y sociales de la clase trabajadora, establece una coalición con el partido -Unión Republicana- que representaba los intereses de las grandes corporaciones y la clase adinerada del Puerto Rico de entonces. Como siempre, el anhelo de obtener el poder para administrar el gobierno sacrifica los principios, las convicciones personales y los programas institucionales.

[30] Sin embargo, don José Trias Monje señaló que el Negociado de Asuntos Insulares funcionó como el verdadero poder administrativo de la Isla. Este Negociado asesoraba al Presidente sobre nombramientos, iniciaba y monitoreaba legislación, tanto federal como local, supervisaba la labor del Gobernador [Eso es lo que hará la Junta de Control Fiscal del 2016 en adelante], y "en general actuaba como intermediario de Puerto Rico en Washington" y tenía mayor presencia en la capital federal que el Gobernador, "que rara vez tenía acceso al Presidente o al Congreso". Trias Monje resumió sus palabras sobre este asunto de la siguiente manera: "En suma, el Gobernador y otros nombrados por el Presidente, fueron cada vez más, con raras excepciones, subordinados al Negociado, y era principalmente ante el Negociado donde los partidos políticos tenían que defender su causa". Trías Monge, *Puerto Rico*, 112–13.

como la Gran Depresión- se promueve el programa de recuperación económica y social conocido como el Nuevo Trato.[31] Después del 1933 – año en que asume la presidencia de Estados Unidos, Franklin Delano Roosvelt- se inician dos programas de ayuda para la reconstrucción de Puerto Rico conocidos: uno, por las siglas PRERA[32] (*Puerto Rican Emergency Relief Administration*) y, el otro, PRRA[33], por sus siglas en inglés, (*Puerto Rico Reconstrution Authoriy*).[34]

---

[31] En general, esta visión de la Administración Roosevelt procuraba salvaguardar la conveniencia que proporcionaba la regulación del mercado para tratar de disminuir los efectos negativos y la severidad de crisis futuras. Se implantaron proyectos de carácter social para mejorar la calidad de vida del pueblo trabajador. Es como parte de este proyecto de seguridad económica para las masas trabajadoras que se crea el seguro social.

[32] La PRERA se estableció en 1933 por medio de una cooperación estatal-federal. El objetivo de la PRERA era aliviar la crisis y el estado de miseria que se vivía en la Isla a través de estímulos económicos. Sin embargo, su vida fue muy corta. Los líderes de la Coalición en la Asamblea Legislativa no se mostraron muy entusiasmados con el proyecto, porque lo veían como un apoyo al Partido Liberal, que representaba la oposición en la Asamblea Legislativa. La Coalición consideraba que "las facultades del Comité Coordinador de miembros del Gobierno Insular eran nominales, sin poderes ejecutivos, y que las designaciones del personal por el director de la PRRA se habían hecho sin consulta ni consentimiento de las autoridades oficiales de Puerto Rico." Su parecer era que se había ignorado "a los organismos del Gobierno constituido en Puerto Rico, especialmente a la mayoría legislativa electa por el pueblo." Alegaban, además, que con la creación de esta agencia, "se creaba un supergobierno en Puerto Rico por encima de la autoridad del Gobierno Insular." (Bolívar Pagán). Me llama la atención que el gobierno de la Coalición se opuso tenazmente a la creación de un supergobierno por encima del gobierno electo por el pueblo puertorriqueño; sin embargo, en el 2016, el gobierno de turno no se opuso a la creación de una Junta de Control Fiscal, nombrada por el Presidente de Estados Unidos, que dejaba sin poderes reales al gobierno que elegiría el pueblo puertorriqueño en las elecciones generales el 8 de noviembre de 2016.

[33] La PRRA se organizó por la Oden Ejecutiva 7057 del Presidente Roosevelt el 6 de mayo de 1935. A la agencia se le asignó, según la Orden Ejecutiva, las siguientes tareas: "Para iniciar, formular, administrar y supervisar un programa de proyectos aprobados para proveer socorro y trabajo de ayuda y para aumentar el empleo en Puerto Rico". El presidente nombró para dirigir la misma al Dr. Ernest Henry Grueing, director de Territorios y Posesiones Insulares del Departamento de lo Interior de Estados Unidos. Por su parte, Grueing nombró al Dr. Carlos Eugenio Chardón Palacios para la posición de director regional en Puerto Rico.

[34] Algunos observadores con el correr del tiempo, miraron estos dos programas como dañinos a la creatividad y dignidad de pueblo puertorriqueño. Por ejemplo,

Los años del 1932 al 1940 fueron años muy agitados en la política puertorriqueña. Las desavenencias entre los líderes de la Colación Republicana-Socialista, coalición que controlaban la Asamblea Legislativa y los líderes del Partido Liberal, partido minoritario en la Asamblea Legislativa, hacía muy difícil la gestión de gobierno en la Isla. De igual modo, ya para el 1935 el Partido Nacionalista había decido que no acudiría más a las elecciones coloniales y le reclamó al gobierno estadounidense que terminara con la ocupación de Puerto Rico por la vía pacífica o, de lo contrario, se recurriría a las armas.

Para añadir más leña al fuego, el 23 de febrero de 1936 dos jóvenes nacionalistas, Hiram Rosado y Elías Beauchamp asesinaron a E. Francis Riggs, jefe de la Policía de Puerto Rico. Esta acción se identificó como una respuesta violenta por los asesinatos de los nacionalistas a manos de la policía en la Masacre de Ponce. Tanto Hiram Rosado como Elías Beauchamp fueron ajusticiados por la fuerza policíaca en el cuartel de la policía en la calle San Francisco. Como era de esperarse, estos sucesos desafortunados -por la muerte del jefe policíaco como por la de los dos jóvenes nacionalistas- consternaron a toda la Isla. Durante las exequias fúnebres de ambos jóvenes, Pedro Albizu Campos prometió que

---

el senador Chester Bowles de Connecticut, señaló en 1955: "[L]a Puerto Rico Reconstruction Administration [PRRA] pronto demostró la inefectividad de una planificación rígida, preparada y supervisada benevolentemente por un gobierno al margen del contexto inmediato de las necesidades locales.... [S]i un pueblo ha de salvarse de cualquier peligro que lo amenace... debe salvarse a sí mismo mediante su fuerza, orgullo y responsabilidad propios. Si los forasteros han de ser útiles, su ayuda ha de ser la forma de un apoyo amistoso y discreto." (Earl Parker Hanson, *Transformation: The Story of Modern Puerto Rico* (New York: Simon and Schuster, 1955).citado por Trías Monge, *Puerto Rico*, 122–23. En un lenguaje mucho más crudo Rexford G. Tugwell, presidente de la Universidad de Puerto Rico y también gobernador, dijo: "Esto es lo que el colonialismo era e hizo: distorsionó todos los procesos normales de la mente, hizo mendigos de hombre honestos, sicofantes de cínicos, odiadores de estadounidenses que hubieran estado trabajando a nuestro lado para mejorar el mundo- y lo hubieran hecho si los hubiéramos alentado.... [E]l Congreso hacía que Puerto Rico mendigara, dura, y en las formas más repugnantes, como lo hace el mendigo en los escalones de la iglesia, sombrero inmundo en mano, mostrando úlceras, suplicando y gesticulando con exagerada humildad. Y este fue el crimen real de Estados Unidos en el Caribe, hacer de los puertorriqueños algo menos que los hombres que nacieron para ser." Ver Rexford G. Tugwell, *Stricken Land: The Story of Puerto Rico* (Garden City, NY: Doubleday & Company, Inc., 1947), 42–43., citado por Trías Monge, *Puerto Rico*, 123.

las muertes de estos dos jóvenes no quedarían sin vengarse y emitió declaraciones, responsabilizando al gobierno y a la policía por los mismos.

Inmediatamente después de estos sucesos –el 23 de abril de 1936- el senador Millard Tydings, demócrata por Maryland, presentó un proyecto de ley para concederle la independencia a Puerto Rico. Como Tydings y Riggs eran amigos muy cercanos la teoría que prevaleció en Puerto Rico, por muchos años, fue que este proyecto de independencia para Puerto Rico era una venganza de Tydings por el asesinato de su amigo por los nacionalistas puertorriqueños.[35] Recientemente, Néstor Duprey Salgado, historiador y analista político, ha esbozado una nueva teoría sobre los proyectos de independencia para Puerto Rico del senador Tydings que dan al traste con la teoría del castigo. En su libro: *A la vuelta de la esquina: el proyecto Tydings de independencia para Puerto Rico y el diseño de una política colonial estadounidense,*[36] Néstor, desarrolla una interesante teoría, muy bien documentada, para interpretar el rechazo de los proyectos de independencia para Puerto Rico del senador Tydings. Su tesis plantea que:

> Tydings no actuaba movido por consideraciones personales o sentimentales. Su actuación no era un arrebato irracional movido por ocultas motivaciones. Lo hacía desde una visión expresada pública y privadamente sobre el rol de los Estados Unidos como potencia colonial que debía promover el tránsito de sus territorios hacia la independencia a la vez que aseguraba sus intereses estratégico-militares a través de condiciones de transición que convirtieran el antiguo súbdito en un aliado agradecido.

> En ese esfuerzo Tydings se colocaba como un interlocutor pragmático entre ambas realidades. En el Congreso de los Estados Unidos defendía con argumentos de ventaja económica y deber moral la necesidad de un trato justo en la transición ha-

---

[35] Sobre esta teoría ver: Trías Monge, *Puerto Rico.*

[36] Néstor R. Duprey Salgado, *A la vuelta de la esquina: el Proyecto Tyding de independencia para Puerto Rico y el diseño de una política colonial estadounidense* (Humacao, PR: Model Offset Printing, 2015).

cia la independencia para las Filipinas, mientras que, en la Convención Constituyente Filipina, llamaba al liderato de la emergente nación a reconocer la realidad de que la independencia era eso y no un arreglo pseudo autonómico. Era un intento dentro de su visión como legislador estadounidense de mirar al justo balance entre ambos intereses, sin dejar de priorizar los intereses de su nación.[37]

De una parte, Néstor señala, citando de un discurso del senador Tydings -pronunciado en la Convención Constituyente de las Filipinas- lo que la nación estadounidense consideraba su política nacional con relación a las posesiones ultramarinas. Dijo en ese discurso el senador Tydings lo siguiente:

> [D]esde el mismo comienzo de nuestra soberanía, se declaró una política nacional de que nuestro control y posesión de las islas serían sólo temporero; que eventualmente después de establecer ley y orden y gobierno propio por un período de tiempo, nosotros regresaríamos todos los derechos, control y soberanía al pueblo filipino. Esta política nacional establecida hace treinta años, ha sido reiterada por cada presidente de Estados Unidos desde la administración del presidente McKinley. En el 1916, el Congreso de Estados Unidos la proclamó, formalmente, por medio de la aprobación del Acta Jones.[38]

Néstor afirma que es dentro del marco de esa política definida de la nación estadounidense que Tydings enmarca la acción del Congreso que impulsaría la independencia para las Filipinas, en primer lugar y, luego, para Puerto Rico. La tesis de Néstor es que en las Filipinas el Congreso encontró interlocutores que estuvieron dispuestos a trabajar la aprobación de la Ley de independencia para su país, aun sin contar con las mejores condiciones económicas para la misma, mientras que en Puerto Rico ese no fue el caso. Como resultado de esta realidad histórica, el 4 de julio de 1946 las Filipinas consiguieron su independencia y se

---

[37] Ibid., 130.

[38] Address delivered December 22, 1934 by Senator Millard Tydings before the Phillipines Constitutional Convention, Series II.1. Box 3, folder 23,"Philipines Islands 1934-1945", Tydings Papers, citado por Ibid., 119. La traducción es de este autor.

convirtieron en una nación libre y soberana y Puerto Rico, setenta años después, sigue siendo *la colonia más antigua del mundo.*[39]

Consecuentemente, finalizada la década de los treinta,[40] época de la mayor efervescencia de la independencia en Puerto Rico, comienza una nueva época –la década de los cuarenta- con unas características geopolíticas diferentes que han de cambiar dramáticamente el rumbo de la independencia para Puerto Rico. Así describe Néstor R. Duprey Salgado su posición sobre este tema:

> [L]as circunstancias geopolíticas habían condicionado en otra dirección la administración estadounidense. El valor estratégico de la isla en el nuevo contexto de confrontación entre la Unión Soviética y Estados Unidos, así como la evolución ideológica de Luis Muñoz Marín, quien se había convertido a partir del 1940 en el principal líder político de Puerto Rico a la cabeza del Partido Popular Democrático (PPD), hicieron que ambos

---

[39] Sobre este tema se debe examinar la obra de Trías Monge, *Puerto Rico.*

[40] La década de los treinta fue una muy violenta en la Isla. El 24 de octubre de 1935, en la calle Brumbaugh de Río Piedras, la policía insular asesinó a cuatro nacionalistas y un civil –don Ramón S. Pagán- en lo que se conoce como la "Masacre de Río Piedras". El 23 de febrero de 1936, como respuesta a lo ocurrido en Río Piedras, Hiram Rosado y Elías Beauchmp asesinaron al coronel Elisha Francis Riggs, jefe de la Policía. El 21 de marzo de 1937, Domingo de Ramos, ocurrió lo que en la historia de Puerto Rico se conoce como la "Masacre de Ponce". En esta "masacre" murieron 19 personas en un enfrentamiento entre la Policía Insular y los cadetes de la República del Partido Nacionalista. El 25 de julio de 1938 un comando de los cadetes de la República del Partido Nacionalista -bajo la dirección de Tomás López de Victoria, sobreviviente de la "Masacre de Ponce" intentó asesinar al gobernador Blanton Winship. Para López de Victoria, el gobernador Winship había sido el autor intelectual de la "Masacre de Ponce". Tomás López de Victoria, Elifaz Escobar y Esteban Antongiorgi fueron identificados como los Cadetes de la República que dispararon contra el Gobernador. El ataque de los cadetes fue repelido con disparos de la policía desde la tribuna. Como resultado del enfrentamiento, cerca de 100 civiles resultaron heridos. En el ataque fue muerto el coronel de la Guardia Nacional Luis A. Irizarry, quien intentaba salvar la vida del Gobernador con su cuerpo.

40

proyectos[41] no tuviesen el respaldo de la administración Roosevelt como tuvo el intento de conducir a Puerto Rico hacia la independencia en los años 1933 a 1936.[42]

Así concluye una época interesante en la política puertorriqueña, donde los esfuerzos encaminados a llevar a Puerto Rico hacia la independencia parecían que habían concluido. Otra vez cito a Néstor R. Duprey Salgado que describe este periodo con la siguiente sentencia: "Sin duda este fue el período de la relación entre Puerto Rico y los Estados Unidos donde más cerca estuvo la conjugación de voluntades estadounidenses y puertorriqueñas hacia la independencia."[43] Néstor, usando una frase que se le atribuyó a Luis Muñoz Marín, añade, además, lo siguiente: En ese período "[l]a independencia estuvo a la vuelta de la esquina."[44] Nos queda por puntualizar la situación política puertorriqueña de los años 1940 al 1966 para enmarcar el cuadro político donde se da el desarrollo de la adolescencia y temprana madurez del pentecostalismo puertorriqueño.

La década de los cuarenta

El desarrollo político de Puerto Rico en los primeros ocho años de la década de los cuarenta, estuvo matizado por los desarrollos de los últimos cinco años de la década de los treinta. Esos últimos cinco años de la década de los treinta vio una lucha sin cuartel en el Partido Liberal entre Antonio R. Barceló y la nueva estrella política, Luis Muñoz Marín. El 14 de julio de 1938 Luis Muñoz Marín funda el Partido Popular Democrático[45] en Arecibo y se separa finalmente de Antonio R. Barceló y el Partido Liberal. El 15 de octubre de 1938, falleció, en Santurce, Antonio R.

---

[41] Néstor se refiere en esta cita a los proyectos de independencia para Puerto Rico de 1946 y 1947.

[42] Duprey Salgado, *A la vuelta de la esquina*, 392–93.

[43] Ibid., 393.

[44] Ibid.

[45] El 22 de julio de 1938, quedó inscrito el Partido Popular Democrático en Luquillo y Barranquitas.

Barceló. A la muerte del caudillo del Partido Liberal muchos de los integrantes de ese partido se refugiaron en las tiendas del nuevo partido dirigido por Luis Muñoz Marín. Tres años más tarde, el 6 de julio de 1941, murió Rafael Martínez Nadal, luego de una prolongada enfermedad. Esto dejó el panorama político puertorriqueño huérfano de dos de los líderes políticos que habían dominado el espectro político de la Isla por más de tres décadas.

Ante la ausencia de Antonio R. Barceló y Rafael Martínez Nadal del panorama político de la Isla, Luis Muñoz Marín[46] se convierte en el nuevo caudillo político de Puerto Rico. En las elecciones generales del 1940[47] logró, con el Partido Popular Democrático, el control del Senado y se convirtió en su Presidente. Samuel R. Quiñones fue electo *Speaker* de la Cámara de Representantes con los tres votos de los representantes del Partido Unificación Puertorriqueña -Rafael Rodríguez Pacheco, Gaspar Rivera y Julio Reguero González- después de una larga negociación, ya que el Partido Popular Democrático no logró con sus representantes electos el control de la Cámara de Representantes.

---

[46] En sus primeros años, como miembro de la minoría del Senado -1932-36- Luis Muñoz Marín había conseguido acceso cercano a la administración del presidente Franklin Delano Roosevelt. Durante esos años logró adquirir camino expedito a los fondos de la PRRA y se convirtió en un senador de minoría muy poderoso. Sin embargo, luego del asesinato del coronel Elisha Francis Riggs -el 23 de febrero de 1936, por dos jóvenes nacionalistas- las relaciones amistosas entre el director de la PRRA, Ernest Gruening y Luis Munoz Marín se resquebrajaron. Se aduce que la razón para el distanciamiento de ambos funcionarios fue la negativa de Luis Muñoz Marín para condenar el asesinato del Jefe de la Policía, E. Francis Riggs. Aquél rehusó hacerlo, señalando que tendría que condenar igualmente la muerte de los dos jóvenes nacionalistas, Hiram Rosado y Elías Beauchamp, en el cuartel policíaco de la calle San Francisco en San Juan.

[47] A los 42 años Luis Muñoz Marín, se convierte en el líder político principalísimo de la Isla hasta fines de los años sesenta. Don José Trias Monge lo describe como una persona "que pasó parte de su infancia, su niñez, y adolescencia en Estados Unidos y hablaba con fluidez el inglés y el español.... Altamente articulado, agudo, imaginativo, conversador ingenioso, con una presencia física que llamaba la atención apenas entraba a algún sitio, atrajo de inmediato muchos seguidores y pronto se convirtió en el político puertorriqueño más respetado en Washington, con acceso personal al presidente Franklin Delano Roosevelt, Eleonor Roosevelt y al jefe del Negociado de Asuntos Insulares." Ver Trías Monge, *Puerto Rico*, 116.

Luis Muñoz Marín y su Partido Popular Democrático copan las elecciones de 1944 y de ahí en adelante se mantiene en el poder por los próximos 24 años. Es durante los años del 1942 al 1946 que se recrudece la lucha por conseguir la legislación sobre el gobernador electivo, que había comenzado desde 1919. Finalmente, el Congreso aprueba la ley del gobernador electivo en el 1947 y el presidente Harry S. Truman la firma el 5 de agosto de 1947. En 1948 Luis Muñoz Marín es elegido gobernador de Puerto Rico.

El contexto económico, político y cultural predominante en las décadas de los cincuenta y los sesenta

Finalizada la década de los cincuenta, Puerto Rico había vivido un periodo dominado por lo que podría identificarse como "el proyecto para Puerto Rico" de Luis Muñoz Marín. En este proyecto se puede identificar, fácilmente, tres componentes que trataron de darle dirección al desarrollo de Puerto Rico. El primero fue el componente económico: La "Operación Manos a la Obra". El segundo fue un componente político: La creación del "Estado Libre Asociado" (ELA). El tercero fue un proyecto cultural: El desarrollo de la "Operación Serenidad". Uno puede estar o no de acuerdo con la dirección que Luis Muñoz Marín le impartió al desarrollo de Puerto Rico, pero no puede negar que tenía una brújula clara hacia donde dirigía al país. Y, no sólo tenía una dirección clara hacia donde dirigía al país, sino que propulsó programas y legislación para conseguir su futuro soñado para Puerto Rico.

El primer componente del proyecto para Puerto Rico: "Operación Manos a la Obra".

Revisemos someramente el primer componente del proyecto para Puerto Rico de Luis Muñoz Marín. Como indiqué en el párrafo anterior este se conoció como la "Operación Manos a la Obra". Se considera que uno de los más cercanos colaboradores de Luis Muñoz Marin, Teodoro Moscoso, fue el ideólogo de este proyecto. La "Operación Manos a la Obra" comenzó en el año 1947 y buscaba modernizar a Puerto Rico, sustituyendo su economía agrícola y ganadera por una economía basada en la industrialización de la Isla. La estructura de este proyecto económico se sostenía sobre el capital extranjero y las exenciones contributivas.

Ambos ejes de anclaje del proyecto económico, no eran controlados plenamente por el gobierno de Puerto Rico. Al capital extranjero había que atraerlo con una serie de concesiones especiales otorgados en la Ley de incentivos industriales, aprobada en Puerto Rico en el 1947, que dependían de los códigos del Servicio de Rentas Internas federal, aplicables a Puerto Rico.

Ciertamente, hubo un periodo de crecimiento económico por espacio de veinte años. El mismo termina a mediados de los años setenta. Sobre el aspecto positivo de la industrialización, María Elena Carrión dice:

> Hubo aspectos sociales positivos como resultado de la industrialización. Ocurrió un descenso en las tasas de mortalidad que resultó en un aumento en la expectativa de vida de 46 años en 1940 a 73 en 1980. La tasa de alfabetización aumentó de 68.5% en 1940 a 91.3% a mediados de los setenta. Así también, como un reflejo de la prosperidad económica de las dos décadas anteriores, a mediados de los setenta, un 80% de las familias puertorriqueñas era dueña de su hogar.[48]

Sin embargo, en el proceso también hubo efectos muy negativos. Se señalan entre estos los siguientes: (1) aumento de la dependencia de la Isla en el capital estadounidense, frenando el desarrollo de una economía criolla sostenible y sustentable; como resultado de esta dependencia, se incrementa en la mentalidad colonial puertorriqueña la actitud de que para la supervivencia económica del país se necesita la ayuda de Estados Unidos; (2) caída en la participación laboral; (3) decadencia en la industria agrícola y ganadera y (4) el desarrollo de una creciente ola migratoria hacia Estados Unidos. En adición, (5) se desarrolla una casi insaciable conducta consumista en el pueblo puertorriqueño.

---

[48] María Elena Carrión, "Economía: Operación manos a la obra (1947)," accessed January 4, 2017, http://enciclopediapr.org/esp/article.cfm?ref=06102003&page=4.

El segundo componente del proyecto para Puerto Rico: "Estado Libre Asociado"

Examinemos brevemente el significado de la creación de la forma política conocida como Estado Libre Asociado (ELA). Desde mediado de la década de los cuarenta, en medio de la "Guerra Fría" –la competencia ideológica, estratégica, económica, científica y cultural entre Estados Unidos y la Unión Soviética- Estados Unidos comienza a dar pasos encaminados a presentar a Puerto Rico con cierto grado de gobierno propio. Como resultado de ese plan, el 25 de julio de 1946, el presidente de Estados Unidos, Harry S. Truman, nombró a Jesús T. Piñero como primer gobernador puertorriqueño de la Isla. En esa misma dirección, un año más tarde, fue aprobada en el Congreso estadounidense una enmienda a la Ley Jones, la Ley 362 del 5 de agosto de 1947, autorizando a los puertorriqueños a elegir a su Gobernador.

Luis Muñoz Marín, caudillo indiscutible del Partido Popular Democrático, resultó electo Gobernador de Puerto Rico en las elecciones generales de 1948 con el 61.2% (392, 386)[49] de los votos emitidos por el pueblo puertorriqueño. Muñoz Marín, abiertamente ya había declarado su rechazo a la independencia –su antiguo ideal- como solución al tema del status político de Puerto Rico y comenzó a desarrollar públicamente la idea de la creación de un proyecto autonomista que mantuviera fuertes vínculos con Estados Unidos y, a la misma vez, promoviera el mayor grado de gobierno propio posible dentro de esa relación con la metrópoli estadounidense.

El 3 de julio de 1950, el Congreso estadounidense aprobó la Ley 600 para "proveer para la Organización de un Gobierno Constitucional por el Pueblo de Puerto Rico"[50]. La Ley 600 requería que, en primer lugar, el pueblo de Puerto Rico refrendara la misma en un referéndum.

---

[49] Estadísticas de la Comisión Estatal de Elecciones para las elecciones generales de 1948.

[50] "Ley Pública 600 del 3 de julio de 1950 de Puerto Rico en www.LexJuris.com," accessed December 30, 2016, http://www.lexjuris.com/LEXLEX/lexotras/lexleypublica600.htm.

Éste se celebró el 4 de junio de 1951. El 76.5% (387,016) de los votos emitidos (506,185) favorecieron la Ley 600.[51] Más tarde, el 27 de agosto de 1951 se realizó un segundo referéndum para escoger a los noventa y dos delegados de la Convención Constituyente. En esta votación el Partido Popular Democrático eligió 70 delegados, el Partido Estadista Republicano 15 delegados y el Partido Socialista 7 delegados. El Partido Independentista Puertorriqueño se negó a participar en el referéndum. Las deliberaciones de la Convención Constituyente se extendieron del 17 de septiembre de 1951 hasta el 6 de febrero de 1952. En un tercer referéndum, celebrado el 3 de marzo de 1952, el pueblo de Puerto Rico aprobó la constitución redactada por la Convención Constituyente en su trabajo de casi cinco meses. El 82% de los votos emitidos (374,649) favorecieron la aprobación de la Constitución.[52] Luego de aprobarse la Constitución, la misma se le remitió al Presidente y al Congreso de Estados Unidos. Al examinar el documento aprobado por el pueblo puertorriqueño, el Congreso, antes de aprobar el mismo, eliminó la sección 20 del artículo II, que abordaba los derechos humanos. Esta sección incluía las siguientes disposiciones:[53]

- El derecho de toda persona recibir gratuitamente la instrucción primaria y secundaria.
- El derecho de toda persona a obtener trabajo.
- El derecho de toda persona a disfrutar de un nivel de vida adecuado que asegure para sí y para su familia la salud, el bienestar y especialmente la alimentación, el vestido, la vivienda, la asistencia módica y los servicios sociales necesarios.
- El derecho de toda persona a la protección social en el desempleo, la enfermedad, la vejez o la incapacidad física.
- El derecho de toda mujer en estado grávido o en época

---

[51] Estadísticas de la Comisión Estatal de Elecciones para el Referéndum del 4 de junio de 1951.

[52] Estadísticas de la Comisión Estatal de Elecciones para el Referéndum del 3 de marzo de 1952.

[53] "Constitución del Estado Libre Asociado de Puerto Rico," accessed December 31, 2016, http://www.constitution.org/cons/puertorico-spa.htm.

de lactancia y el derecho de todo niño, a recibir cuidados y ayudas especiales.

- Los derechos consignados en esta sección están íntimamente vinculados al desarrollo progresivo de la economía del Estado Libre Asociado y precisan, para su plena efectividad, suficiencia de recursos y un desenvolvimiento agrario e industrial que no ha alcanzado la comunidad puertorriqueña.

- En su deber de propiciar la libertad integral del ciudadano, el pueblo y el Gobierno de Puerto Rico se esforzarán por promover la mayor expansión posible de su sistema productivo, asegurar la más justa distribución de sus resultados económicos, y lograr el mejor entendimiento entre la iniciativa individual y la cooperación colectiva. El Poder Ejecutivo y el Poder Judicial tendrán presente este deber y considerarán las leyes que tiendan a cumplirlo en la manera más favorable posible.

Esta acción del Congreso de eliminar la sección 20 del artículo II de la Constitución, aprobada por el pueblo de Puerto Rico, dejaba bien claro que la soberanía del pueblo de Puerto Rico, todavía residía en el Congreso estadounidense. Además, por el hecho de que La Ley 600 no eliminó la Ley de Relaciones Federales, retenía incólume el poder del Presidente y del Congreso de Estados Unidos sobre la Isla. Con todo y la aprobación de la Ley 600, el gobierno federal podía actuar unilateralmente e intervenir en los asuntos internos de la Isla.[54]

---

[54] Si alguien tenía duda alguna sobre el poder absoluto del Presidente y el Congreso de Estados Unidos sobre Puerto Rico, el 9 de junio de 2016, la Cámara de Representantes federal aprobó el proyecto de Ley para establecer una Junta de Supervisión, Manejo y Estabilidad Económica Para Puerto Rico o PROMESA *(Puerto Rico Oversight, Management, and Economic Stability Act,* PROMESA). Luego, el 29 de junio de 2016, el Senado Federal refrendó este proyecto de ley. Finalmente, el 30 de junio de 2016, el presidente Barak Obama, firmó el proyecto del Congreso Federal, convirtiéndolo en la Ley 114-187 que estableció una Junta Federal de Control Fiscal para fiscalizar el desarrollo de presupuestos y planes fiscales para el gobierno de Puerto Rico y sus instrumentalidades. De esta manera, le otorgó a esta Junta Federal de Control Fiscal, poderes de un súper gobierno, por encima de la Constitución de Puerto Rico, sus funcionarios electos y con

Luego que el Congreso eliminara la Sección 20 del Artículo II, la Asamblea Constituyente aceptó la modificación al documento original sometido, tanto al presidente Truman -quien no tuvo reparos con el documento original- como al Congreso. Después de todo este trámite, el 25 de julio de 1952, fue proclamado el Estado Libre Asociado de Puerto Rico (ELA). Esa tercera opción política –Estado Libre Asociado- se convertiría en el proyecto político del Luis Muñoz Marín y el Partido Popular Democrático (PPD) para enfrentar la independencia y la estadidad como posibles soluciones al problema político de Puerto Rico. Para Luis Muñoz Marín y sus seguidores la creación del Estado Libre Asociado:

> Sentó la zapata jurídico-política para la nueva política económica del PPD. Desde la perspectiva de la nueva clase dirigente en Puerto Rico, el ELA significaba la eliminación de los últimos obstáculos para el establecimiento de su hegemonía local. Los poderes concedidos por el Congreso eran suficientes para el desarrollo de su proyecto dentro de los límites de su asociación con el capital norteamericano. Además, la celebración de una Asamblea Constituyente fue utilizada como un arma ideológica en la lucha contra aquellos sectores que seguían insistiendo en la independencia, de manera que se planteó ante el pueblo que el problema colonial quedó resuelto y por lo tanto la independencia no era necesaria.[55]

---

autoridad general para reestructurar la deuda pública. Ver "Por la Junta Fiscal," accessed January 2, 2017, http://www.porlajuntafiscal.com/promesa-ndash-iexclnueva-versioacuten-en-espantildeol.html.

[55] Iván R. Buxeda Díaz, "Iglesias y modernidad en Puerto Rico: Conflictos entre la Iglesia católica romana y protestante, 1952-1968" (PhD Dissertation, University of Puerto Rico, 2009), 138. Tesis doctoral sin publicar, sometida a la Facultad de Humanidades de la Escuela graduada de Historia de la Universidad de Puerto Rico, recinto de Río Piedras, (citando a Edgardo Meléndez Vélez, *Partidos, política pública y status en Puerto Rico*, San Juan: Ediciones Nueva Aurora, 1968).

El tercer componente del proyecto para Puerto Rico: "Operación Serenidad"

Analicemos ahora, brevemente, el tercer componente del proyecto para Puerto Rico de Luis Muñoz Marín y el Partido Popular: La "Operación Serenidad". Las consecuencias de la "Operación Manos a la Obra" y la creación del "Estado Libre Asociado" produjeron en la población de la Isla, una insaciable actitud consumista de bienes materiales y la masificación del modelo modernista estadounidense. En medio de esa disyuntiva materialista, Muñoz Marín y sus más cercanos colaboradores, buscaban la manera de balancear el desarrollo económico y político con el cultural y espiritual. El fin de Luis Muñoz Marín era proteger al pueblo de los males que el progreso traía y lograr un espíritu de serenidad en el pueblo en medio de su novedoso desarrollo socioeconómico y político.

Como resultado de la "Operación Serenidad", el 14 de mayo de 1949, se aprobó la Ley 372 creando la División de Educación de la Comunidad (DIVEDCO). Luego, con la Ley número 89 del 21 de junio de 1955, se creó el Instituto de Cultura Puertorriqueña (ICP). Sobre el Instituto de Cultura, Mario R. Cancel Sepúlveda ha dicho:

> El ICP era responsable de preservar y promover la cultura para que la gente no dejara de sentirse "puertorriqueña". El Estado que lo creó no tenía problema alguno con la americanización política, jurídica y económica del país, pero insistía en no ceder ante la americanización cultural. Por otro lado, un nacionalismo administrado desde el poder [desde arriba] resultaría menos peligroso que un nacionalismo en manos de activistas [desde abajo] que pudieran politizarlo de un modo agresivo.[56]

Además de lo ya mencionado, como parte de la "Operación serenidad", en 1955 se creó el Festival Casals y en 1958 la Wonderful Island of Puerto Rico (WIPR por sus siglas en inglés). Lamentablemente, la "Operación Serenidad" fracasó en lograr su cometido. El pueblo siguió en su consumismo desenfrenado. Las luchas socioeconómicas y polí-

---

[56] Mario R. Cancel Sepúlveda, "El debate sobre la cultura hoy: Una opinión," accessed December 3, 2017, https://historiapr.wordpress.com/tag/operacion-serenidad/.

tico-partidistas del proyecto para Puerto Rico, promulgado por Luis Muñoz Marín y el PPD ahogaron el componente de la "Operación Serenidad". ¿Por qué fracasó la "Operación Serenidad"? La respuesta a esta pregunta es muy compleja. Sin embargo, quiero compartir tres posibles razones que he encontrado en el artículo de Mario R. Cancel Sepúlveda[57] que he citado en las páginas anteriores de este capítulo.

Primero, el componente del poder desde arriba, del Estado, determinaba por medio del Instituto de Cultura Puertorriqueña (ICP) cuáles eran las expresiones culturales auténticas y cuáles no. De esta manera el ICP se convirtió en el legitimador "oficial" en cuando a lo que era cultura e identidad puertorriqueña. Para Mario R. Cancel Sepúlveda, "la cultura es un pensar/hacer de todos los días.... La creatividad, lo mismo en una colonia que en un país que no lo es, siempre ha sido un arma de resistencia al orden en el cual se encuentra enclavado". Por consiguiente, el dirigismo cultural desde arriba arruinó la creatividad cultural tan necesaria para la "Operación Serenidad".

Segundo, señala Cancel Sepúlveda, "las políticas ligadas a "Operación serenidad" separaban las manifestaciones de la expresión de la cultura popular y las de elites [universitarios] de una manera tajante, animando tensiones que todavía hoy son palpables en la discusión pública". Por otro lado, afirma Cancel Sepúlveda: "La contradicción es que el ICP, inventado por un universitario llamado Ricardo Alegría, siempre ha sido administrado por académicos y los campus universitarios siguen siendo terreno fértil para la cultura nuestra de cada día".

Tercero, declara Cancel Sepúlveda: "La identidad, la puertorriqueñidad, y la nacionalidad, no son un monumento resguardado en una cápsula al vacío que lo preserva en su pureza anacrónica". No es así; es un caminar diario que va creando cultura en la medida en que se vive la cotidianidad de la vida en comunidad. Para Cancel Sepúlveda, "[p]reservar es inmovilizar, promover es caminar".

---

[57] Ibid.

Sin lugar a dudas éstas y otras contradicciones entre el nacionalismo político y el nacionalismo cultural abortaron la "Operación Serenidad" en el altar de los burócratas y tecnócratas que dominaron la plantilla de dirigentes políticos y gubernamentales del Partido Popular Democrático durante este periodo.

Así concluyo el resumen de la situación política y socio-económica del país donde se desarrolló la adolescencia y temprana madurez del pentecostalismo puertorriqueño. Sin lugar a dudas, este contexto político tiene importantes repercusiones en la forma y manera como se va a desdoblar el crecimiento y desarrollo de la fe pentecostal durante los años de 1926 hasta 1966. Sólo me resta invitarles a que pasen la página, para ver en detalles el crecimiento y desarrollo del pentecostalismo puertorriqueño durante este período. ¡Adelante!

Capítulo 2

El Contexto religioso de la época de la adolescencia y temprana madurez del pentecostalismo puertorriqueño

Del contexto político y socio-económico de la época, pasamos a examinar brevemente el contexto religioso en donde se da el crecimiento y desarrollo de la adolescencia y temprana madurez del pentecostalismo puertorriqueño. En este capítulo examinaremos la situación de la obra de la Iglesia Católica y la de la *misión protestante* en la ruralía puertorriqueña en la que se expandió vertiginosamente el mensaje pentecostal. Aunque hay otros desarrollos religiosos en la Isla, dedicaremos el análisis principalmente a los dos grandes enclaves religiosos que incidían en la vida del pueblo puertorriqueño del período que estudiamos.

La Iglesia Católica

Como he dicho antes en otro lugar,[58] la obra de la Iglesia Católica en Puerto Rico se mantuvo en el área de los pueblos y las ciudades. Su práctica religiosa estaba dominada por "una pastoral muy sacramentalista sin darle debida atención a la instrucción religiosa".[59] Según el doctor Luis J. Torres Oliver "desde Alonso Manso [primer obispo católico en la

---

[58] Estrada-Adorno, *100 Años Después*. Sobre la obra de la Iglesia católica en Puerto Rico durante el siglo XIX y XX, desde la perspectiva protestante, ver la obra de Samuel Silva Gotay, *Catolicismo y política en Puerto Rico bajo España y Estados Unidos: Siglos XIX y XX*, (Río Piedras: La Editorial de la Universidad de Puerto Rico, 2005); desde la perspectiva católica ver: Luis J. Torres Oliver, *Estampas de nuestra iglesia*, (San Germán, 1989).

[59] P. Esteban Santaella Rivera, "Historia de los Hermanos Cheo: Recopilación de escritos y relatos" (Master thesis, MB Publishers de Puerto Rico, 2003), 16.

Isla] hasta el último obispo español, Monseñor Toribio Minguela, [la Iglesia Católica en la Isla], fue muy pobre, siempre escasa de clero y muy poco ilustrado, carente de una pastoral adecuada -especialmente en las zonas rurales- empeorado por los efectos nefastos del Patronato Real y la falta de clero y obispos puertorriqueños, en el pasado y al momento de la invasión".[60] La ruralía de la Isla quedó desprovista del clero católico y éste dejó el espacio vacío para el desarrollo del laicado religioso católico. Sobre este tema en particular el padre Esteban Santaella Rivera dice lo siguiente:

> El estado de la Iglesia Católica en Puerto Rico se agravó con el cambio de soberanía en 1898. Muchos sacerdotes creyeron que, con la entrada de los americanos, nación eminentemente protestante en aquel entonces, la causa de la religión Católica en Puerto Rico estaba perdida. De ahí que, desde el 15 de septiembre de 1898 hasta el 21 de julio de 1900, muchos pueblos de la Isla se quedaran sin pastor y tuvieran que ser atendidos dos y hasta tres pueblos a la vez por un solo sacerdote..."[61]

Es en ese contexto que se desarrollan grupos de predicadores laicos católicos en la ruralía puertorriqueña. Los dos movimientos de predicadores laicos católicos más destacados de la época fueron: (1) El de la "Madre Elenita" en las montañas de San Lorenzo, que tuvo una fuerte influencia en el área centro-oriental de la Isla (San Lorenzo, Caguas, Yabucoa, Las Piedras, Patillas, Arroyo y Guayama). (2) El otro fue conocido como el movimiento de "Los Hermanos Cheos". Estos dos movimientos del catolicismo popular se miraron como un reavivamiento fundamentalista en la ruralía de la Isla de la Iglesia Católica. Algunos lo miran, también, como un movimiento religioso que desafió la "americanización cultural y religiosa" de Puerto Rico.[62] De los "Hermanos Cheos", Samuel Silva Gotay dice: "Este movimiento de religiosidad popular se expandirá a partir de 1898 por toda el área sur y centro de la Isla,

---

[60] Luis J. Torres Oliver, *Estampas de nuestra iglesia* (San Germán, P.R.: L.J. Torres Oliver, 1989), 118.

[61] Santaella Rivera, "Historia de los Hermanos Cheo," 19.

[62] Mario R. Cancel-Sepúlveda, "Historia de Puerto Rico: Economía y cultura 1898-1917," accessed December 9, 2016, https://historiapr.wordpress.com/category/madre-elenita-de-jesus/.

hacia el este en las áreas de plantaciones azucareras, y en las montañas del café de esa mitad de la Isla que va desde Peñuelas hasta San Lorenzo y desde Ponce a Corozal."[63] Sin embargo, debo afirmar que este movimiento se consolidó en Arecibo y Jayuya entre los años 1902 al 1907.

La "Madre Elenita"

El movimiento de la Madre Elena de Jesús se desarrolla en San Lorenzo y Cayey entre los años 1899 y el 1909. Es un movimiento de una figura femenina carismática, identificada con el culto mariano, con una "fuerte tendencia mesiánica"[64] Este movimiento carismático laico de la Iglesia Católica, se describe como uno de renovación espiritual y moral en la ruralía centro-oriental de la Isla. Sobre el mismo el padre Jaime Reyes[65] dice lo siguiente:

> Elenita de Jesús, Vuestra Madre Redentora, según decía llamarse, organizó una propaganda en pro de la religión Católica, Apostólica y Romana, congregando un gran número de personas por espacio de ocho años o más del Barrio Espino de San Lorenzo y del Barrio Real de Patillas. Este es un aspecto de la obra realizada por Elenita según el juicio que hiciera Joaquín Crespo al escribirle el Señor Obispo de Puerto Rico el sábado 9 de octubre de 1909, apenas ocho días después del "entierro" de Elenita. En dicha carta pedía autorización para continuar con los mismos propósitos, mediante misiones que se diesen por los barrios de la jurisdicción.

Joaquín describe el estado espiritual en que se encontraban esos barrios y el efecto que tuvieron las misiones de Elenita. Esos barrios eran un zarzal y la Madre Redentora los convirtió

---

[63] Samuel Silva Gotay, *Catolicismo y política en Puerto Rico: Bajo España y Estados Unidos, siglos XIX y XX* (La Editorial, UPR, 2005), 317.

[64] Ibid., 313.

[65] Al sacerdote benedictino Jaime Reyes, el obispo emérito de la Diócesis de Caguas, monseñor Enrique Hernández, le encargó conducir la investigación de lo sucedido en La Santa Montaña a finales del Siglo 19 y principios del Siglo 20. Éste fue el primer rector del Santuario Diocesano Nuestra Señora del Carmen en San Lorenzo.

en un jardín de ricas y perfumadas flores; los convirtió de hombres perversos, de instintos criminales, a hombres virtuosos y honrados, por medio de sus sanas explicaciones, sus virtudes y su prédica moral. Por ser imposible de describir los beneficios que esa santa mujer realizó en aquellas montañas, Joaquín sugiere al señor Obispo que se informe sobre el hecho por medio del párroco de San Lorenzo, el padre Pedro Puras.

La situación de zarzal tenía en parte su causa por el abandono espiritual de la parroquia ya desde antes del 1899. Al entonces párroco P. Joaquín Saras, se le describía como un comerciante. Tenía una hacienda de café en todos los términos de la jurisdicción de San Lorenzo, expropiando a personas que por casualidad llegaban a poseer una cuerda de terreno, para lo cual se valió de no menos de cien juicios en la municipalidad. De las doce fiestas religiosas que congregaban anualmente a los fieles decaían algunas y otras habían desaparecido. Por una partida de Bautismo exigía indiscriminadamente 18 o 20 reales. Se le tildó además de politiquero. Esta es la descripción que da un feligrés de Caguas sobre la conducta pública del P. Saras. Esta fue la mentalidad eclesiástica que encontró Elenita cuando vino a San Lorenzo.

La misma situación de decadencia espiritual en San Lorenzo la describe el P. Puras al señor Obispo en su carta del 6 de septiembre de 1911. "Antes de venir Vuestra Madre la Misionera, a San Lorenzo, eran todos unos bárbaros en los Barrios del Espino, de Jagual y de Quebrada Honda. Vivían amancebados, no se bautizaba, se la pasaban en el juego, en la borrachera y en el crimen. Las muertes y las puñaladas eran diarias. Ni un Cuartel de la Guardia Civil Española pudo arreglarlos, aun viviendo entre ellos. La Madre Redentora les dio la luz, los convirtió y les enseñó el camino. La gratitud y el afecto hacia Vuestra Madre fue tan sentido por los que la conocieron que María Fonseca quería levantar una capilla donde Elenita dio el cambio, no para adorarla, sino para reunirse allí miles de católicos de varios pueblos con el fin de escuchar la Palabra Divina, confesarse y comulgar. P. Puras fue testigo ocular de una multitud de más de

6,000 almas que se congregó en la Santa Montaña el 20 de agosto de 1911. El hermano Cheo Francisco (Pancho) Núñez había continuado la prédica por esos barrios, lo que hacía bajo la dirección del mismo P. Puras.

La situación espiritual de la parroquia de Patillas no era muy diferente a la de San Lorenzo. Obdulia Velázquez contaba que los campos de Patillas estaban abandonados espiritualmente. El párroco apenas salía del pueblo. En el campo se vivía amancebado, sin Bautismo, sin Confesión, sin Comunión. Obdulia resumía la situación del Sudeste de Puerto Rico como una de pobreza y de injusticias. El que más podía se llevaba al que menos podía. Los campesinos regularmente no usaban zapatos, andaban con ropa modesta y se trabajaba continuamente. Había personas que arrebataban las cuerdas de terreno a quienes menos poseían. El pobre era un agregado del rico, quien hasta les deshonraba a sus hijas. La Madre Redentora protegió a los pobres y les enseñó a defenderse cristianamente, les preparaba para el matrimonio, les enseñó a trabajar honestamente; a las niñas que tenía a su alrededor les enseñó a vivir totalmente para Dios, a algunas y para el bien de la sociedad en el matrimonio, a las demás." [66]

Ciertamente, los relatos sobre el trabajo religioso de Elena Huge, la "Madre Elenita" o la "Madre Redentora" estuvieron rodeados de un gran misterio. El padre Esteban Santaella Rivera señaló en su obra lo siguiente:

No se conoce su procedencia. Como usaba con frecuencia el hábito de la Virgen del Carmen, algunos han llegado a pensar que pudo ser una monja del convento de las Carmelitas Claustradas de San Juan que se salió para hacer apostolado en la montaña, pero no hay constancia en los archivos de este con-

---

[66] Jaime Reyes, "La santa montaña de San Lorenzo, Puerto Rico y el misterio de Elenita de Jesús 1899-1909," accessed September 11, 2016, http://nuestramadre.org/libro-padre-jaime.pdf.

El contexto religioso

vento sobre semejante persona. Otros creen que era una sirvienta del susodicho convento que se retiró con el mismo propósito".[67]

Lo que es verdaderamente constatable fue su muerte. Murió muy joven, a los 35 años de edad, el día 28 de septiembre de 1909. El padre Santaella Rivera incluye en su obra una transcripción sobre el acta de defunción de Elena Huge.[68]

Sin lugar a dudas, la descripción de la obra de la "Hermana Elenita" demuestra un apego a una vida religiosa con profundo significado para un estilo de vida de entrega a Dios. La respuesta de la ruralía borincana parece haber sido entusiasta. Sin embargo, es posible que, al darse al margen de la estructura férrea de la Iglesia Católica, no tuvo el apoyo oficial y por consiguiente la mayor persecución del movimiento se dio dentro del seno mismo de la Iglesia.[69]

"Los Hermanos Cheos"[70]

La contraparte masculina de la "Madre Elenita", fueron "Los Hermanos Cheos". Este movimiento se identificaba con figuras masculinas carismáticas equiparadas con los Santos, en especial con Juan, el escritor del

[67] Ibid., 33.

[68] Ibid., 45–46.

[69] Hay quienes opinan que la designación de la *Montaña Santa* de San Lorenzo, como santuario de Nuestra Señora del Carmen, el 29 de septiembre de 1985, por monseñor Enrique Hernández Rivera, obispo de Caguas, fue el detonante que usaron algunos de sus críticos en la Diócesis de Caguas para coaccionarlo para que renunciara como obispo de la Diócesis de Caguas. Este lugar ya era visitado por miles de personas durante casi 100 años y era considerado un santuario mariano por la gente religiosa de los lugares cercanos, que continuamente peregrinaban a la Montaña Santa. Los más cercanos a monseñor Enrique Hernández Rivera lo describían como una persona honesta, tolerante y dedicada al trabajo arduo a favor de los desamparados. Personalmente, recuerdo el trato afable que siempre me ofreció durante mis visitas a las oficinas de la Diócesis, durante nuestra participación en la Coalición Ecuménica pro Vieques. Monseñor Enrique Hernández Rivera renunció a la Diócesis de Caguas 28 de Julio de 1998, por motivos de salud, luego que monseñor Álvaro Corrada del Río, fuera nombrado Administrador Apostólico de la Diócesis el 5 de Julio de 1997.

[70] Para un relato detallado de la obra misionera de los "Hermanos Cheos" ver

57

Cuarto Evangelio. Las personalidades más notables fueron los señores José de los Santos Morales[71], natural del barrio Arrozales de Arecibo, y José Rodríguez Medina, natural de Adjuntas, conocidos como "Los Hermanos Cheos", "Los Santos" o "Los Escogidos". Esta expresión de religiosidad popular, identificada a veces como político-religiosa, se originó y creció entre Arecibo y Jayuya en el período que transcurrió de 1902 a 1907. "Los Cheos" eran misioneros católicos entre los campesinos de la ruralía puertorriqueña que llevaban el mensaje de la iglesia a las zonas más necesitadas para consolidar la fe que se bamboleaba, frente a la inacción del clero, ocupado con los acontecimientos históricos, sociológicos y políticos de la época. Para "Los Cheos", había llegado el tiempo para redimir y rescatar al pueblo y guiarlo por senderos luminosos. Sobre "Los Hermanos Cheos", Mario R. Cancel Sepúlveda dice:

> Los Hermanos Cheos actuaron como una asociación semi-secreta rural sincrética y antidogmática. Aquella facción católica fue tolerante con practicantes espiritistas, clarividentes y curanderos, despreciaba el ritualismo y en algún momento manifestó su disposición a la cruzada o guerra santa contra los invasores no católicos. Fueron defensores del culto a los santos de palo tradicional o santería, una artesanía rural muy respetada desde el siglo 16 al 19, que había sido rechazado por la jerarquía católica americana en beneficio de los santos de yeso de factura industrial. Los Cheos veían el evangelismo [de los protestantes] como una agresión al catolicismo y se consideraban mensajeros de una Nueva Era, con toda probabilidad la Reconciliación que anuncia el Fin del Mundo. Esos sectores también

---

Santaella Rivera, "Historia de los Hermanos Cheo." También la obra de padre José Dimas Soberal, *"Los Hermanos Cheos: Apóstoles de Puerto Rico"*.

[71] Ibid., 40. José de los Santos Morales, nació el 1 de noviembre de 1895 y fue discípulo aprovechado del "Hermano Eusebio Quiles". Según el padre Esteban Santaella Rivera, el "Hermano Eusebio Quiles" tomó "como centro de operaciones el sitio Chorreras del Barrio Guayabal de Juan Díaz, donde fundó una capilla Chea, una de las primeras en fundarse en Puerto Rico. Cuando salía a predicar a la isla, se ocupaba de regresar los fines de semanas para predicarle a su gente los sábados, domingos, incluso los días de precepto, ya que para esa fecha no se conocían las misas en los campos. Pasó algún tiempo en el barrio Toíta de Cidra, donde construyó otra capilla, y volvió a Chorreras donde pasó sus últimos días."

El contexto religioso

animaron el nacionalismo de la década de 1920 afirmando el componente ético católico en el diseño de la nación.[72]

De acuerdo al padre Esteban Santaella Rivera, en su obra que he citado en las páginas anteriores, la predicación de los "Hermanos Cheos" era:

[E]scatológica y moralista. Atacaba, de una manera especial, el amancebamiento, la fornicación y las borracheras, que era el plato del día en aquel entonces. Esto dio pie para que no tardaran sus primeras persecuciones de parte de los grandes hacendados a quienes les censuraba sus relaciones ilícitas con las esposas de sus 'arrimados' y las violaciones de cuanta moza se levantaba en el barrio.[73]

Como se puede ver el mensaje de los "Hermanos Cheos" era uno que combinaba elementos moralistas y puertorriqueñistas con un enfoque claramente apocalíptico. Algunos han identificado su obra como una de resistencia antiamericana en la ruralía del centro de la Isla, ya que el inicio de la obra de los "Hermanos Cheos" coincide con la invasión de Estados Unidos a Puerto Rico.[74] Sin embargo, Silva Gotay sostiene que:

El lenguaje de los predicadores [los "Hermanos Cheos"] estaba desprovisto del análisis de las causas políticas y económicas que afectaban sus condiciones de pobreza y opresión. Más bien era un lenguaje dirigido a la condición personal, totalmente desvinculado de las condiciones sociales que creaban la situación de pobreza y desesperanza de su vida interior. Los sermones... constituían llamados a la renovación de la vida católica personal mediante las prácticas de los sacramentos y sacramentales, desprovistos de contenido ideológico.... Lo que sí nos parece claro es que constituyeron una resistencia al proceso de americanización en la medida en que aislaron y protegieron la

---

[72] Cancel-Sepúlveda, "Historia de Puerto Rico."

[73] Santaella Rivera, "Historia de los Hermanos Cheo," 49. Un mensaje al estilo de Juan el Bautista, que era su guía.

[74] Santaella Rivera, "Historia de los Hermanos Cheos," citado por Silva Gotay, *Catolicismo y política en Puerto Rico*, 454.

ruralía del centro sur del país de la evangelización protestante que incluía... un fuerte ingrediente cultural norteamericano.[75]

Sin embargo, Nélida Agosto Cintrón sostiene que hubo un fuerte vínculo entre "Los Cheos" y el partido unionista. Agosto Cintrón lo expresa de la siguiente manera, citando a Rev. P. Esteban Santaella, *Historia de los Hermanos Cheos*:

> El rechazo del Protestantismo también implicaba rechazo al régimen norteamericano, y, aunque en su historia el padre Santaella sólo hace alusiones oblicuas a las posiciones políticas de los Cheos, hay suficientes como para concluir que el Partido Unión encontró en ellos un fuerte aliado en su lucha contra la intrusión del poder de los Estados Unidos en Puerto Rico.[76]

Lo cierto es que el movimiento de "Los Cheos" tenía dos situaciones muy incómodas con la nueva jerarquía americana de la Iglesia Católica. Por un lado, su religión popular estaba llena de elementos religiosos que la Iglesia Católica institucional rechazaba. Elementos carismáticos, espiritistas y pertenecientes a las prácticas de la religiosidad africana todavía presente en el pueblo. Por otro lado, la afinidad política de "Los Cheos" con el Partido Unionista le creaba cierta incomodidad a la jerarquía de una Iglesia Católica americanizante.[77] Finalmente, en el 1927 la Iglesia Católica aceptó el movimiento de los "Hermanos Cheos" dentro de la estructura oficial de la iglesia como la *Congregación Misionera San Juan Evangelista Hermanos Cheos*, una organización de laicos al servicio de la Iglesia Católica. En este desarrollo el obispo William A. Jones fue una pieza clave. Sin embargo, murió (1921) antes de que se aceptara a los "Hermanos Cheos" dentro de la comunión de la Iglesia.

Lo que no pudieron hacer los "Hermanos Cheos" fue impedir que el mensaje de los misioneros pentecostales alcanzara a los jíbaros y

---

[75] Ibid., 455.

[76] Nélida Agosto Cintrón, *Religión y cambio social en Puerto Rico, 1898-1940* (Río Piedras, PR: Ediciones Huracán, 1996), 85.

[77] Sobre este tema ver a Ibid., 85–88.

las jíbaras de la ruralía de la Isla. Es interesante desta
samente en el área donde floreció la obra de "Los Her
creció el mensaje de la *misión pentecostal*. Los pente
la barrera de protección que habían levantado "Los ı.
en contra del protestantismo en esa ruralía pobre y marginadu
Sostengo que el mensaje moralista y de consagración espiritual de ᴗ
Hermanos Cheos", cercano al dolor y desesperanza de los pobres de la
ruralía puertorriqueña, prepararon el camino para la recepción entusiasta del mensaje esperanzador de la *misión pentecostal*. El mensaje pentecostal estaba más cerca de la proclamación de "Los Cheos" que del
mensaje de la *misión protestante* de los misioneros anglosajones. Los ros-
tros, lenguaje y música de los predicadores pentecostales en la ruralía
eran puertorriqueños y compartían el mismo espacio geográfico, cultural, social, económico y sicológico del resto de la población de esa ruralía
del Isla. La única diferencia era su experiencia de conversión radical que
les ofrecía un sentido de seguridad sobrenatural en medio de su desven-
tura inmediata. Ese mensaje moralista, transformador, esperanzador y
escatológico de la *misión pentecostal* encontró un terreno muy fértil en
toda la extensión geográfica donde había florecido la prédica de los
'Hermanos Cheos". Como he dicho en el primer volumen de esta obra,
para mí esto es parte de la que yo entiendo como la multiforme gracia
de Dios. ¡Dios es Dios de la historia!

De este apretado resumen de la obra del laicado de la Iglesia Católica en la ruralía de Borinquén, me muevo a una breve mención de la
obra de la *misión protestante* para de inmediato pasar a describir y analizar el crecimiento de la obra pentecostal durante lo que he llamado su
adolescencia y temprana madurez en la Isla.

La *misión* protestante

La *misión protestante*, por su parte, durante esta época, estaba concen-
trada en desarrollar una unidad eclesiástica que evitara los conflictos
entre las denominaciones que hacían su labor misionera en la Isla. La
idea fundamental era desarrollar un sentido de unidad en la obra misionera de todas las denominaciones protestantes en Puerto Rico. De alguna manera, esta visión era un deseo de hacer realidad el compromiso

...esde un principio habían establecido las denominaciones protestantes a su llegada a Puerto Rico.[78] Aunque el proyecto no contó con un acuerdo unánime[79], sin embargo, en este período se coaguló un deseo de unidad que produjo la fusión del proyecto misionero de tres denominaciones presentes en la Isla. Silva Gotay recoge este sentimiento en la siguiente declaración:

> De esta manera se iniciaba un camino nuevo en la historia del protestantismo de la Isla, que habría de proveer un sentimiento ecuménico de unidad a las iglesias. Éste habría de plasmarse en diferentes empresas ecuménicas y en la eventual integración de tres denominaciones en lo que llegó a ser en 1931 la IGLESIA EVANGÉLICA UNIDA DE PUERTO RICO.[80]

Sin embargo, el compromiso fundamental de la *misión protestante* se desarrollaba en las áreas urbanas de la Isla y no en su ruralía. Las denominaciones protestantes, al igual que la Iglesia Católica, abandonaron las áreas rurales puertorriqueña y esto le dio un espacio libre a la *misión pentecostal* para desarrollarse raudamente en esta área de la Isla.

Luego de este breve resumen del contexto religioso donde floreció la obra pentecostal puertorriqueña, paso a analizar en profundidad el crecimiento y desarrollo de la obra pentecostal puertorriqueña. Los caminos y veredas por donde los invito a transitar conmigo son la mar de reveladores e interesantes. ¡Acompáñenme!

---

[78] Para un estudio detallado de este tema ver Samuel Silva Gotay, *Protestantismo y política en Puerto Rico, 1898-1930: Hacia una historia del protestantismo evangélico en Puerto Rico* (La Editorial, UPR, 1998), 246–70.

[79] Silva Gotay señala que la Iglesia Luterana no apoya el proyecto de unidad, antes, por el contrario, afirmaba que las diferencias denominacionales eran reales y no se podían obviar. Ver Ibid., 248.

[80] Ibid.

Capítulo 3

Desarrollo de la adolescencia y temprana madurez del pentecostalismo puertorriqueño durante el final de la década de los veinte

Durante los últimos cuatro años de la década de los veinte, el crecimiento que había experimentado el pentecostalismo puertorriqueño, en lo que he llamado su *infancia*, continuó en lo que ahora identifico como el período de su *adolescencia y temprana madurez*. Fueron años de un esfuerzo evangelístico poderoso entre las masas necesitadas de las áreas rurales y en los bolsillos de pobreza en las ciudades y pueblos. En ese momento, cerca del ochenta por ciento de la población vivía en áreas rurales que estaban sometidos a una vida de extrema pobreza en todas sus manifestaciones. Ya para esta época se dejaba sentir en todo su vigor los ventarrones huracanados de la "Gran Depresión" que experimentó Estados Unidos en los primeros años de la década de los treinta. No había mucha esperanza de un futuro mejor para la masa desafortunada que no encontraba respiro inmediato en su infortunio social y económico. Sin embargo, en esa precariedad económica, social y de pobre salud pública, continuaba adquiriendo significado y trascendencia el mensaje pentecostal de esperanza.

En una nota a la revista *The Pentecostal Evangel* de 1926, Lena S. Howe le informa lo siguiente:

> Durante los primeros años [1918-1922] éramos un pequeño número de mujeres y niños, pero ahora hay un número de hombres, así como de mujeres y niños. Sentimos la necesidad de tener un edificio ya que, en mi casa, donde efectuamos los servicios, sólo la mitad de los convertidos pueden acomodarse y los inconversos no encuentran espacio. Pero los nuevos conver-

63

tidos se salvan en los cultos al aire libre, en las casas en diferentes lugares. [Como prueba de lo que Dios estaba haciendo en la congregación de Santurce, en el 1926, Lena S. Howe afirmaba]: Una enfermera vino a ridiculizar la obra, y un poco más tarde se encontró con una fuerte prueba; (creo que su esposo le disparó, además de intimidarla con otras amenazas). Como resultado, de inmediato se fue a la playa para ahogarse, pero arrepentida, esa misma noche regresó a la iglesia a convertirse.[81]

En un relato conmovedor de Frank O. Finkenbinder, frente al Concilio General de las Asambleas de Dios de 1927, en representación de la obra en Latinoamérica, describe la misión de las Asambleas de Dios en Puerto Rico de la siguiente manera:

> Me siento muy feliz de decirles que Porto Rico está muy bien alcanzado y con *estaciones* de las Asambleas de Dios muy bien establecidas. La obra comenzó en el 1913 (sic) bajo los auspicios de obreros nacionales que se convirtieron en las islas hawaianas y luego regresaron a su país a predicar el evangelio. En estos catorce años [realmente eran cerca de 10 años, ya que pentecostés había llegado a Puerto Rico a fines de 1916], tenemos 23 asambleas muy bien establecidas y 32 campos de predicación. Tenemos 23 obreros nacionales; quiero decirles que ésta es una obra del Espíritu Santo. Esos dos o tres obreros nacionales que se convirtieron en las islas hawaianas y regresaron a su pueblo para predicarles el evangelio, permanecieron -haciendo obra misionera- por seis años, antes que la hermana Howe se uniera a ellos. Mi esposa y yo llegamos a la Isla tres o cuatro años después de la hermana Howe y hemos estado allí por cinco años.

> Dios se ha movido entre la gente de una manera maravillosa. En esos primeros años, Dios salvó a un hombre poseído de demonios. De hecho, era tartamudo y sin educación. Sólo sabía empujar una carretilla arriba y abajo, vendiendo viandas; esa era toda la educación que poseía. Pero Dios lo salvó, lo sanó de su tartamudez y lo llamó predicar. El hombre todavía sigue

---

[81] Lena S. Howe, "Santurce, Porto Rico," *The Pentecostal Evangel*, April 30, 1921, 10. La traducción es del autor.

en el ministerio y es una maravilla. Deben saber, que tenemos un grupo de obreros nacionales que hacen mejor trabajo que muchos de nuestros predicadores americanos que han tenido más experiencia y oportunidades. Esos obreros pueden predicar la Palabra con poder y de una manera muy aceptable a su pueblo.[82]

En esa misma presentación al Concilio Ejecutivo, Frank Finkenbinder vuelve a enfatizar la necesidad de un instituto bíblico, que años antes había solicitado Juan L. Lugo. Esta es una clara demostración de que la necesidad de la formación bíblica-teológica y ministerial formó parte de la *misión pentecostal* en la Isla desde sus inicios. Las palabras exactas de Finkenbinder fueron las siguientes:

Necesitamos un instituto bíblico en Porto Rico. Tenemos 23 obreros nacionales, pero tenemos que ubicar a la gran mayoría de éstos en los campos porque no tiene entrenamiento adecuado para ministrar en las ciudades. Tenemos un grupo que está maravillosamente equipado y capacitados para echar adelante la obra, pero necesitamos un instituto bíblico donde podamos preparar los obreros. Poseemos una casa de descanso y cuatro acres de terreno. Creemos que debemos convertir la propiedad en un instituto bíblico, pero para hacerlo necesitamos dinero. Actualmente estamos traduciendo al español el libro: *With Signs Following* y confiamos que pronto se terminará el proyecto. Ayúdennos a llevar el evangelio al pueblo de Puerto Rico.[83]

En el esfuerzo de preparar pastores que pudieran desarrollar ministerios significativos en las áreas urbanas, Luis Colón Otero, mejor conocido por Luis C. Otero[84], fue seleccionado por Frank O. Finkenbinder para enviarlo a estudiar a Estados Unidos. Este joven fue uno de los

---

[82] Frank Finkenbinder, "Island Pearls," *The Pentecostal Evangel*, October 29, 1927, 10.

[83] Ibid. La traducción es del autor; énfasis suplido.

[84] La C en el nombre de Luis C. Otero corresponde a su apellido paterno Colón, que lo obtuvo de su padrastro. Luis C. Otero, hijo natural, siempre prefirió usar el apellido Otero de su señora madre como su apellido principal y Colón, el apellido de su padrastro, como una "C" como si fuera su segundo nombre. Esta información la obtuve

primeros convertidos en el ministerio del hermano Finkenbinder en Aibonito. El misionero le tomó cariño a este joven recién convertido y como le vio liderato y pasión por el ministerio lo envió a estudiar a su *alma mater, North Bergen Bible Institute,* en New Jersey. Luis C. Otero regresa a la Isla, graduado de este instituto bíblico, en mayo de 1928. En una breve nota del *The Pentecostal Evangel* se informó lo siguiente:

> Hemos recibido noticias de la llegada del hermano Luis Otero a Aibonito, Porto Rico. El hermano Otero salió de Porto Rico hace algún tiempo para venir a este país a obtener un entrenamiento completo para el ministerio. Se graduó del en *North Bergen Bible Institute* bajo el ministerio del hermano Harold Moss y ya ha retornado al campo para retomar su trabajo nuevamente. Oremos por nuestro hermano para que Dios lo unja ricamente en sus labores en la obra.[85]

Esos testimonios anteriores son prueba irrefutable de las muchas experiencias sobrenaturales que de día a día se repetían en los cultos de las reuniones de los pentecostales y que les ofrecían un elemento sobrenatural a las reuniones diarias del pueblo pentecostal. El poder transformador de este evangelio se mostraba en todas las manifestaciones de la vida de este nuevo grupo de creyentes que enfatizaba, como parte de su prédica, un cambio radical en la vida cotidiana de sus adeptos.

En la foto de 1926 de la iglesia de Santurce, pastoreada por Lena S. Howe (ver a la derecha), me llama la atención la forma en que están vestidas las personas que aparecen en la misma. Aun-que concedo, que puede ser una foto para la cual se preparó a los participantes (hay un niño con corbata), sin embargo, me sorprende, agradablemente, la forma nítida en que están vestidas todas las personas que

---

de su nieta Miriam Lugo.

[85] Lena S. Howe, "Arrives in Porto Rico," *The Pentecostal Evangel,* September 8, 1923, 11. La traducción es del autor.

aparecen en la foto. En medio de la pobreza de esta comunidad de 1926, es interesante ver a los hombres vestidos con corbata y saco, y a las damas con sus elegantes trajes blancos y a los niños y niñas bien arregladitos. Sin lugar a dudas, para el pentecostal, desde sus inicios, el poder transformador del evangelio alcanzaba hasta su forma nítida de vestir. El énfasis en la forma de vestir en estas líneas, no se refiere a la vestimenta como una expresión de santidad, lo cual ha sido cierto entre los pentecostales, especialmente en referencia a las féminas, sino, de igual manera, a la vestimenta como una expresión de progreso social y económico.

El reflejo de las bendiciones del evangelio incluía también el progreso social y económico, la proyección de una autoestima mejorada en el presente y un futuro prometedor, como fruto del encuentro con el evangelio pentecostal. En mi vida personal esa fue la experiencia de cambio social y económico que el evangelio trajo a mi familia. Soy hijo de un cortador de cañas y una madre que sirvió como ama de casa y empleada doméstica, pero nuestra familia, primero, en el sector El Peñón de barrio Jaguas de Gurabo y luego, en el barrio Caimito de Río Piedras, fue impactada por el poder transformador del evangelio pentecostal. Esa experiencia sobrenatural del evangelio pentecostal, no sólo nos ofreció una fe transformadora espiritualmente, sino también un vehículo de esperanza para mejorar nuestra condición social, económica y educativa. Vestir de forma limpia y bien arregladitos era parte de la preparación de los miembros de la familia para asistir al culto, como una demostración de las bendiciones temporales del evangelio pentecostal. No tengo duda alguna que la predicación de ese evangelio pentecostal de esperanza a las masas pobres de la Isla, fue otro elemento fundamental en la transformación social y esperanzadora de nuestro pueblo.

En medio del avance de la evangelización pentecostal en Puerto Rico, a finales de la década de los veinte, los misioneros de obra pentecostal se encontraron con la devastación del huracán San Felipe II. Este huracán de categoría 5 cruzó la Isla de sureste (entró por Guayama) a noroeste (salió por Aguadilla-Isabela), el 13 de septiembre de 1928. Con vientos de 160 mph, a su paso por la Isla, dejó destrucción general, con daños estimados en más de $50 millones y ocasionó la muerte a 312 personas. Sobre los efectos de este huracán en la obra pentecostal en la Isla, por un lado, Juan L. Lugo señaló:

> Trataré de ofrecerles alguna información sobre el huracán que barrió la Isla el 13 de septiembre. Nuestra asamblea en Santurce no sufrió grande daño a pesar de que las paredes quedaron desalineadas. En Admirantito la capilla fue totalmente destruida. De las 183 casas que había en este sector sólo tres quedaron en pie. Veinte de las familias del sector que pertenecían a nuestra misión quedaron sin hogar, incluyendo al pastor. En Bayaney [Hatillo] la capilla recientemente construida fue destruida en su totalidad, sólo los cimientos de concreto permanecieron. En este lugar hubo una pérdida de $850. Los sembrados fueron totalmente destruidos y dos terceras partes de las familias han perdido sus hogares. En Pastales [Utuado] la capilla construida hace tres años fue destruida y aquí también se repite la historia de devastación. Los hijos de Dios al igual que otras familias del sector han perdido sus casas. Después del ciclón el pastor de esta asamblea tuvo que refugiar su familia en una casa y él irse a otra.
>
> En Calambreñas la capilla fue destruida y el pastor milagrosamente salvó su vida. La capilla en Monte Llanos los vientos la volaron; ni siquiera encontraron el techo de la estructura. Los sembrados alrededor de este sector fueron destruidos en su totalidad. El total de daños a nuestra obra sumó la cantidad de $6,500 y cientos de hijos de Dios, alrededor de toda la Isla, se quedaron sin casas y están sufriendo por falta de alimentos.[86]

Por otro lado, el joven pastor Luis C. Otero, apenas regresado de sus estudios en el instituto *North Bergen* y ya ubicado como pastor en Aibonito, describió la caótica situación, luego del paso de San Felipe II por la Isla, de la siguiente manera:

> Creo que ya han sido informados sobre el terrible huracán que barrió a Porto Rico, dejando desolación e indescriptible

---

[86] Mrs. A. Wegner, "Our Visit to Porto Rico," *The Pentecostal Evangel*, April 9, 1932, 11. La traducción es del autor.

sufrimiento en los habitantes de la Isla a
hambre ataca a muchos y sin lugar a dudá
ellos, como consecuencia, morirán. Much
rribados, entre estos la *Casa de Descanso M*
dre y yo vivíamos solos. Nuestro mobiliari
cuando las paredes de la casa se desplomai
de Jericó. Podemos contarles con regocijo ɑ
mos daño alguno, gracias a que pudimos ᴤalɪr ɑe la casa unas
horas antes que ésta se desplomara.

Estamos confiando que el Señor mueva los corazones
de los queridos santos en América, para que ayuden en este
tiempo de necesidad. Estoy a cargo de la iglesia en Aibonito y les
informo con gozo que la obra sigue adelante.[87]

Juan L. Lugo envía un segundo informe, el 17 de noviembre de
1928, sobre lo ocurrido en la Isla como consecuencia del paso del huracán San Felipe Segundo. El informe de Lugo relata lo siguiente:

Porto Rico no se había visto tan precioso, como en el
momento del paso por la Isla del reciente huracán del 13 de septiembre. Lo verde de las montañas y valles ofrecía una vista pa-
norámica hermosa; los campos y las parcelas bien sembradas,
eran una promesa de una gran cosecha de caña de azúcar, café
y frutos menores.... Pero un huracán en las Indias Occidentales,
con sus fuerzas destructoras, en unas pocas horas, acabó con el
trabajo de miles de obreros y dejó a la Isla en total destrucción
y, como consecuencia, en miseria y sufrimiento a su gente.

El huracán fue bautizado con el nombre San Felipe,
como se acostumbraba a nombrar a los recién nacidos, siguiendo los nombres que aparecían en el almanaque. Sucede
que hace cincuenta y tres años, un 13 de septiembre, la Isla fue
visitada por un destructivo huracán que fue denominado San

---

[87] Ibid. La traducción es del autor.

...ipe.[88] Ahora ese se conoce como San Felipe Primero, mientras que el que acaba de pasar, como San Felipe Segundo. Así como muchos hijos sobrepasan la actividad y logros de sus padres, San Felipe Segundo sobrepasó por mucho la destrucción ocasionada por San Felipe Primero y se ha considerado el huracán más devastador en la historia de Porto Rico.

Los informes oficiales demuestran que ya las muertes van por 255 personas, más de 100,000 personas se quedaron sin casas (de éstas 400[89] son de nuestra misión) y pérdidas materiales que ascienden a cerca de $100,000,000.

Cerca del ochenta por ciento de los habitantes de la Isla viven en la zona rural, muchos en casas de construcciones muy frágiles. Éstas fueron las primeras personas que perdieron sus propiedades frente a la furia de los vientos. Se estima que en algunas de las zonas rurales entre el 80% y el 90% de las casas fueron destruidas. Muchas de las ciudades han sufrido un duro embate, algunas de éstas casi eliminadas.

Las condiciones bajo las cuales las personas tienen que continuar viviendo son desgarradoras. Con sus casas, literalmente barridas por los vientos, han recogido alguna de la madera y los techos regados por el área, para construir chozas y protegerse, principalmente de la lluvia. En algunas de estas chozas las personas no pueden entrar de pie; los pisos son de tierra. Aún, se ven algunas madres con sus hijos guareciéndose en el camino debajo de los árboles.

Sin embargo, el espíritu de la gente no se ha apagado por esta gran calamidad. Los queridos santos no han perdido su

---

[88] Ciertamente, el 13 de septiembre de 1876 azotó a Puerto Rico un huracán categoría 3, llamado San Felipe. Entró por Yabucoa-Humacao como a las 7 de la mañana y salió por Mayagüez-Aguadilla alrededor de la 1:30 de la tarde. Se reportó sólo la pérdida de 19 personas. Es posible que el informe de pérdidas, de vida y cosechas, no fuera enteramente correcto. Cincuenta y dos años después, el mismo día, azota a Puerto Rico otro huracán, San Felipe Segundo, esta vez catalogado con fuerza de categoría 5.

[89] El número de 400 personas representaba cerca del 22 % de todos los miembros de la iglesia en ese momento.

fe en Dios. Están celebrando servicios dondequiera que se encuentran. Aquellos que han perdido sus capillas celebran sus servicios en los hogares que han quedado en pie y Dios sigue manifestando su poder como lo hizo en las capillas.

Cinco de nuestras capillas quedaron totalmente destruidas; por este medio, apelamos a la generosidad de los hermanos en el continente para que contribuyan para la reconstrucción. También apreciaremos si nos envían ropa usada. Cuando envíen ropa, identifíquenla en la dirección con la frase: ROPA USADA y así no tendremos que pagar impuestos. De igual modo, no envíen ropa de invierno.[90]

Sin lugar a dudas, este fue un tiempo de necesidades materiales por la situación económica por la que atravesaba la Isla y por los fenómenos naturales devastadores como el huracán San Felipe Segundo. Todavía en enero de 1929 Lena S. Howe, les escribía a sus paisanos y los invitaba a colaborar con la misión en Puerto Rico que necesitaba la ayuda de los creyentes estadounidenses. En un extenso artículo en *The Pentecostal Evangel* ofrecía algunas recomendaciones a los creyentes del Norte. Primero identificó los misioneros del Norte que estaban en Puerto Rico ese año. "Los obreros somos Juan L. Lugo, un puertorriqueño criado en California (sic), Lena S. Howe e hijo John y una joven misionera de las Islas holandesas de Curacao, que lleva varios años en América y cinco años en Porto Rico."[91] Señalaba, además, Howe que en ese momento había cinco ministros puertorriqueños ordenados y un grupo de pastores menos experimentados y añadía: "En total tenemos cerca de veinte congregaciones, cuatro en ciudades grandes y el resto situadas en zonas rurales remotas."[92] Pero su reclamo a su pueblo era que no se olvidaran de Puerto Rico frente a la situación que vivía, luego de los estragos del huracán San Felipe Segundo. Les decía a sus paisanos sobre los isleños lo siguiente:

---

[90] Juan L. Lugo, "The Hurricane in Porto Rico," *The Pentecostal Evangel*, November 17, 1928, 19. La traducción es del autor.

[91] Lena S. Howe, "A Voice from Porto Rico," *The Pentecostal Evangel*, January 26, 1929, 11. La traducción es del autor.

[92] Ibid.

Algunos buscaron cuevas y fosas para protegerse. Pero no había suficientes para servir de refugios. Algunas de las capillas destruidas representaban el sacrificio de diez años de trabajo en la construcción. Eran lugares con una buena asistencia, pero ahora están destruidas.... Espero que aquí, en esta tierra de abundancia, nosotros -los pentecostales- no nos olvidemos de la gente de Porto Rico que son nuestros hermanos y comparten nuestra fe. Ya que ellos están en necesidad, se nos ha presentado la gran oportunidad para manifestarles nuestro amor de hermanos en una forma práctica.[93]

En medio de la situación catastrófica siguen llegando testimonios del avance del evangelio pentecostal. Lena S. Howe informa el 9 de febrero de 1929 que se había organizado por los hermanos de Santurce una nueva obra en Cataño que se sostenía por si sola. Dios había bendecido esta asamblea y muchas personas ya habían sido bautizadas con el Espíritu Santo. Añadía la misionera Howe: "Tenemos mucho placer en informarles que Dios ha bendecido nuestra obra en San Juan, la capital de Porto Rico y se ha despertado un interés especial entre la gente de esta ciudad. También estamos sembrando la semilla en Hato Rey, Río Piedras, Cangrejos, Caguas, Carolina y Buen Consejo [otro sector de Río Piedras]."[94]

Por algún tiempo durante la primavera o verano de 1929, la misionera Lena S. Howe se afectó de salud y regresó por algún tiempo a Estados Unidos. En noviembre de ese mismo año regresó a Puerto Rico y encontró que la obra en Santurce seguía su crecimiento vertiginoso con el liderazgo de los obreros nacionales. Las palabras de encomio de la misionera a su regreso a Puerto Rico fueron: "Me siento mejor que lo que me había sentido los últimos meses, y mientras veo el crecimiento de esta congregación en el conocimiento del Señor, tengo razones para darle gracias a Dios y tomo fuerzas para finalizar la carrera fielmente hasta el final."[95]

---

[93] Ibid.

[94] "The Islands of the Sea," *The Pentecostal Evangel*, September 2, 1929, II. La traducción es del autor.

[95] Lena S. Howe, "Back in Porto Rico," *The Pentecostal Evangel*, November 9,

En el relato aludido arriba, la misionera Howe hace mención de la señorita Rhena Fomey, una misionara procedente de Watertown, New York, que estaba en Puerto Rico en ese momento. Esta misionera llevaba varios meses en Puerto Rico, ya que Frank Finkenbinder la menciona en una nota publicada en *The Pentecostal Evangel*, el 23 de noviembre de 1929. En ese reporte a la revista, Finkenbider dijo lo siguiente:

> El cinco de septiembre arribamos nuevamente a nuestro querido Porto Rico[96] y el mismo día asistimos a un bendecido servicio de bienvenida en la Asamblea Pentecostal de Santurce. Esa misma semana, acompañados por la hermana Rhena Formey de Westertown, N. Y., quien formaba otra poderosa unidad de trabajo para el Señor aquí, fuimos a una villa tierra adentro [se refiere a Aibonito], donde hacía cinco años habíamos establecido otra Asamblea Pentecostal en esta Isla. Como en la iglesia en Santurce, encontramos un grupo saludables de hijos espirituales con una asistencia de 65 a 70 personas a cinco cultos a la semana. El hermano Luis Otero, quien había pastoreado la iglesia por cerca de dos años, tenía en su corazón el pueblo de Cayey y poco después de nuestra llegada, abrimos un nuevo campo, celebrando dos servicios en la calle los sábados por la noche y haciendo trabajo personal durante la semana tan a menudo como era posible. En el primer servicio cerca de veinte personas pasaron al frente, pidiendo oración y algunos de éstos le dieron el corazón al Señor. Tan pronto como podamos alquilaremos un local y el hermano Otero estará cargo de la obra.[97]

Estos relatos del 1929 parecen mostrar que los principales misioneros en la Isla, luego del paso del huracán San Felipe Segundo, salieron del suelo borincano por condiciones de salud. Esto confirma que la obra pentecostal en Puerto Rico seguía adelante bajo el comprometido trabajo de los obreros nacionales, aún en los momentos

---

1929, 15. La traducción es del autor.

[96] Frank O. Finkenbinder regresó nuevamente a Puerto Rico el 5 de septiembre de 1929, luego de una sabática de tres años.

[97] Frank Finkenbinder, "Notes from Correspondence," *The Pentecostal Evangel*, November 23, 1929, 19.

más duros del trabajo evangelístico. Ese compromiso total de los ministros y obreros -hombres y mujeres- de la obra pentecostal puertorriqueña, le dio una mística diferente a la obra del Concilio de las Asambleas de Dios en Puerto Rico, que no se repitió en ningún otro campo misionero en América Latina. De este modo, aún el nombre de: Iglesia de Dios Pentecostal, Inc., no, Concilio de Distrito de las Asambleas de Dios, consagraba lo peculiar y autóctono de la obra pentecostal en la Isla. Sobre este grupo de adalides puertorriqueños David Ramos Torres señala lo siguiente:

> [E]stos humildes adalides punzan hacia una penetración sacrificial y fructífera de la conciencia y el alma misma de un pueblo con hambre de la Palabra, siendo así mismos los evidenciados frutos de la primera década de labor en suelo borincano. Estos frutos señalaban hacia vidas de hombres y mujeres, quienes no solamente reciben la nueva criatura espiritual, sino también el sublime llamado a la vocación ministerial.[98]

Con esta nota de un crecimiento imparable del mensaje pentecostal, en medio de las peores adversidades, termina la década de los veinte con una lucha sin cuartel de los adalides -hombres y mujeres- pentecostales puertorriqueños. Estos hombres y estas mujeres, no permitieron que se apagara la antorcha de esperanza de su mensaje a causa de los desastres naturales y las desventuras económicas de la época. Todo lo contrario, frente a los más enconados infortunios, su proclamación del mensaje pentecostal, le ofrecía esperanza espiritual y social a los cientos de campesinos y campesinas que enfrentaban posiblemente la peor crisis humanitaria de sus vidas.

Nos corresponde en el próximo capítulo examinar el desarrollo de la adolescencia y temprana adultez del pentecostalismo durante la década de los treinta. Pasemos, pues, adelante para examinar como la mano de Dios se mueve sobre su pueblo.

---

[98] David Ramos Torres, *Historia de la Iglesia de Dios Pentecostal M.I.: Una iglesia ungida para hacer misión* (San Juan, PR: Editorial Pentecostal, 1996), 44.

Capítulo 4

Crecimiento del pentecostalismo durante la década de los treinta

Como he indicado antes, la década de los treinta se inicia con lo que se conoció como la Gran Depresión en Estados Unidos. En términos económicos y sociales este desastre económico y social afectó la vida de todo el pueblo puertorriqueño. Desde luego, siempre los que se encontraban en los márgenes de la sociedad sufrieron más que el resto de la población.

Esta década de los treinta, según Marcos R. Cancel-Sepúlveda, se asoció a la reflexión de la teoría sobre qué significaba ser puertorriqueño y cuál debía ser el destino final de la nación puertorriqueña. Se trataba de una época de crisis y, como se ve a la altura del 2016, las crisis siempre ponen en relieve las preguntas sobre el *destino colectivo* del pueblo puertorriqueño. Ocurrió en la década de los treinta y es, igualmente, cierto en nuestra experiencia de pueblo subyugado en el 2016.[99]

De igual manera, ya he indicado que este fue el momento de mayor agitación política en la Isla. Por lo tanto, el pueblo vivía en angustia social, sufría estrechez económica y lo perturbaba la incertidumbre política. Nuevamente cito a Cancel-Sepúlveda, cuando afirma: "Lo cierto es que en la década del 1930 la incertidumbre y la inseguridad, convivieron con la esperanza y la fe en el cambio".[100] De esa *esperanza* y *fe* de nuestra gente en el *cambio* se nutrió el evangelio pentecostal, durante esta década, para llevar al pueblo a otro nivel de *esperanza* y *fe* que

---

[99] Mario R. Cancel Sepúlveda, "La Gran Depresión de 1929: Violencia y política," *Puerto Rico: Su Transformación En El Tiempo*, April 12, 2009, https://historiapr.wordpress.com/2009/04/12/la-gran-depresion-de-1929-violencia-y-politica/.

[100] Ibid.

transformaría radicalmente el presente y futuro del jíbaro puertorriqueño.

Consecuentemente, la situación económica social y política no era impedimento para que el evangelio pentecostal avanzara durante la década de los treinta. En medio de la carestía de alimentos y servicios gubernamentales la "iglesia seguía caminando."[101] En Mayagüez el evangelio pentecostal se difundía de una manera vertiginosa. En un reportaje de 1930 al *The Pentecostal Evangel*, Frank O, Finkenbinder decía lo siguiente:

> Acabamos de recibir noticias de nuestra obra en Mayagüez y desde enero ya se han convertido más de cincuenta personas en una de nuestras estaciones [campos de predicación] y en otra más de cien personas. De estas últimas más de quince han sido bautizados con el Espíritu Santo y nos están solicitando que vayamos a bautizarlos en agua.... En la obra en la ciudad de Mayagüez, Dios ha hecho maravillas en el pasado año. Este grupo ha crecido de un pequeño número de veinte a lo que hoy es, cerca de doscientas personas. El obrero humilde, Lorenzo Lucena, que trabajó en esta ciudad desde que se abrió la obra (cerca del año 1918) no llegó a ver el tremendo avivamiento; había sido transferido a otro campo de labor.[102] Pero ya que él era una persona de una vida tan dedicada, en respuesta a sus oraciones, otro querido obrero, el hermano Rivera [Félix Rivera Cardona] está en Mayagüez para ver el crecimiento extraordinario de la obra. El hermano Lucena, mientras estuvo allí en una ocasión ayunó por siete días seguidos, sin siquiera tomar agua, para que Dios enviara un avivamiento a esa ciudad. Oren por los nuevos convertidos para que el Señor los mantenga firmes en su

---

[101] La expresión "la iglesia sigue caminando" como indiqué antes, la tomé de un querido amigo pastor, ya en los brazos del Señor, Dámaso Acevedo, que acostumbraba a cantar ese coro cada vez que tenía una oportunidad.

[102] Este relato de Finkenbinder sobre el avivamiento en Mayagüez da la impresión de que el mismo ocurrió al poco tiempo de la salida del hermano Lorenzo Lucena y la llegada del hermano Félix Rivera Cardona a la iglesia de Mayagüez.

mano. Oren también por el hermano Rivera que es el pastor en este momento en la ciudad.[103]

En junio de 1930 la mesa editorial de la revista, *Christ's Ambassadors Monthly* publicó un artículo sobre Puerto Rico titulado: *Mission Study Course*[104] (Curso de estudio sobre misiones). En este artículo se hace un breve resumen sobre la obra pentecostal en la Isla hasta ese momento. En una parte del artículo se menciona lo siguiente sobre la obra en Puerto Rico:

La obra de la Sra. Howe en Santurce, asistida por su hijo John, es una obra fuerte. Ésta se caracterizó desde el principio por un extraordinario espíritu de avivamiento. Cientos de personas, a veces, de las clases más acomodadas de la ciudad, asistían a las reuniones y conferencias. Muchos de estos se convertían y crecían como fieles creyentes... Se recogían frutos preciosos como resultado del trabajo en las prisiones y en los cultos en los hogares. Desde el comienzo mismo, muchos eran bautizados con el poder del Espíritu Santo. Un avivamiento se mantenía constantemente como resultado de las campañas de diez días de oración y las cadenas de 96 horas de oración continua. En Ponce, donde la mayoría de los miembros habían recibido el bautismo del Espíritu Santo, como el Día de Pentecostés, los miembros inmediatamente se convertían en obreros del Maestro.[105]

Después del regreso [a Puerto Rico] del hermano Frank Finkenbinder y esposa, en septiembre [1929], luego de unas vacaciones extendidas (tres años), encontraron las congregaciones de Santurce y Aibonito mucho más grandes y establecidas que cuando ellos las dejaron.[106]

---

[103] Frank Finkenbinder, "Labors Rewarded in Porto Rico," *The Pentecostal Evangel*, May 24, 1930, 11. La traducción es del autor.

[104] *Christ's Ambassadors Herald*, May 1930, 12, https://ifphc.org/index.cfm?fuseaction=publicationsGuide.caherald. La traducción es del autor.

[105] Realmente, éste fue el distintivo, desde el mismo comienzo de la misión pentecostal puertorriqueña, los recién convertidos inmediatamente se convertían en evangelistas, compartiendo el evangelio recibido con sus vecinos y familiares. Ese fue un elemento fundamental para el crecimiento vertiginoso de la fe pentecostal durante la década de los treinta.

[106] El Hermano Frank Finkenbinder salió con su esposa Aura de Puerto Rico

Muy pronto iniciaron reuniones en Cayey, otro pueblo de la Isla, conduciendo servicios en las calles. Finkenbinder señaló en su informe lo siguiente:

> En el segundo servicio se convirtieron veinte personas y ya hay una asamblea que se reúne regularmente en este pueblo... Se han establecido más de 30 iglesias en los campos de predicación y pueblos. Algunos de estos son los siguientes: (1) Lares, (2) Aibonito, (3) Bayamón, (4) Don Alonso, [Utuado], (5) Pastales, [Utuado], (6) Mayagüez, (7) San Juan, (8) Paris, [Lajas], (9) Ponce, (10) Montes Llanos, (11) Espino, (12) Islote, [Arecibo], (13) Arecibo, (14) La Guinea, (15) Higuillar y (16) Cayey.

A pesar de que muchas de estas obras son estaciones conducidas por obreros de los centros principales, sin embargo, muchos de ellas han crecido en membresía de forma visible. A los cultos al aire libre asisten cientos de creyentes. Aunque el pueblo vive en medio de la miseria, todas las capillas son construidas y financiadas con recursos de los propios creyentes. Aún los terrenos donde se construyen las capillas, los han comprado los feligreses con sus escasos recursos.[107]

Sobre el crecimiento de la obra pentecostal, a grandes rasgos Luis C. Otero en octubre de 1930 dice lo siguiente:

> Dios está bendiciendo nuestra obra abundantemente aquí en Puerto Rico. Muchas almas se convierten al Señor diariamente y muchos son bautizados con el Espíritu Santo. No

---

de regreso a Estados Unidos en el 1926, siendo superintendente de la obra en la Isla, debido a la muerte de su señora madre y la frágil salud de la hermana Aura. Su ausencia de Puerto Rico en este período duró alrededor de tres años.

[107] Esta es una demostración inequívoca de que la obra pentecostal puertorriqueña se financió con los escasos recursos y esfuerzos de sus feligreses, quienes se comprometieron con la obra y dieron de su pobreza para desarrollar un proyecto misionero que cambió el rostro del pueblo puertorriqueño. No extendieron las manos para pedir limosnas a la Junta de Misiones del Concilio General de las Asambleas de Dios; metieron las manos en sus bolsillos vacíos para encontrar riqueza en su miseria y construir con sus escasos recursos el esfuerzo evangelístico más contundente de la obra protestante en Puerto Rico.

tengo palabras para explicarles el crecimiento de la iglesia pentecostal y como Dios está bendiciendo. Cuando alguien se convierte instantáneamente se enciende en fuego y comienza a predicar el evangelio y en poco tiempo vemos un grupo de creyentes unidos sólo porque uno de ellos le está predicando sobre el camino de salvación. No les estoy hablando de una persona que se convirtió hace mucho tiempo, les hablo sobre el gran avivamiento espiritual que estamos experimentando en Porto Rico.[108]

Primera convención de jóvenes (2-5 de julio de 1930)

En una nota enviada a la revista *Christ's Ambassadors Monthly* de octubre de 1930, Frank Finkenbinder comparte la siguiente información.

Acabamos de concluir la primera convención de jóvenes, celebrada en la villa de Aibonito. Esta fue una nueva y preciosa página en la historia del pentecostalismo en Porto Rico. Nuestros delegados y pastores presentes eran entre veinticuatro y veinticinco; también tuvimos visitantes de diferentes asambleas de alrededor de la Isla. La convención se efectuó los días 2 [miércoles], 3 [jueves], 4 [viernes] y 5 [sábado] de julio [1930]. El 4 de julio una guagua de Santurce, llena de jóvenes, arribó temprano en la mañana y se quedaron para las actividades durante el día y para el servicio de la noche. Estos vestían sus uniformes y de veras ofrecían una vista hermosa; ciertamente, tuvieron un día maravilloso en el señor. Tres de los que venían en la guagua recibieron el bautismo del Espíritu Santo. El nombre de nuestra organización de jóvenes tanto local como insularmente es "Embajadores de Cristo" o en inglés, *"Christ's Ambassadors"*. En esta convención nuestras sociedades locales fueron organizadas en un gran cuerpo y se adoptó una excelente constitución. Oren por nuestros jóvenes para que Dios los mantenga firmes y los use para adelantar la obra.[109]

---

[108] Louis Otero, "Many Blessed in Porto Rico," *The Pentecostal Evangel*, August 16, 1930, 11. La traducción es del autor.

[109] Frank Finkenbinder, "Porto Rico," *Christ's Ambassadors Herald*, August 1930, 7. La traducción es del autor.

En el número de la revista de *Bridegroom's Messenger* de enero, febrero y marzo de 1931, una misionara de nombre Mary Milk, nunca antes mencionada, escribe sobre la obra en Guayama, Puerto Rico. La hermana Milk dice:

> Por favor, publiquen esta petición en su preciosa revista. Dios está obrando maravillosamente. Cientos han aceptado a Cristo. Un grupo por primera vez está orando por la promesa del Padre. Cerca de 10,000 niños menores de doce años, sin hogares, caminan de un lado para otro. Hay enfermedades por doquier. Mi cuerpo se debilita bajo del agotamiento del continuo trabajo, pero Dios es capaz. Jesús vendrá pronto.[110]

Conferencia de 1931

Del martes 20 al viernes 23 de enero de 1931, la Iglesia de Dios Pentecostal celebró su convención en el pueblo de Aibonito. Junto a la convención, se preparó una campaña evangelística que comenzó el domingo 18 de enero. Cada mañana a las cinco se celebraban servicios matutinos por las calles, cantando alabanzas de redención y testificando al pueblo con los cánticos y luego se iban al lugar de reunión a celebrar un servicio devocional hasta la hora del desayuno. El lunes 19 de enero en la noche fue el servicio de bienvenida y el salón grande estaba lleno a capacidad. Frank Finkenbinder dijo sobre este servicio:

> La gloria del Señor se posó sobre nosotros en este servicio. El pequeño pueblo de Aibonito pudo ver que la Iglesia Pentecostal en Porto Rico era mucho más que la pequeña compañía que se reunía en la iglesia local del pueblo. Las sesiones de negocios comenzaron el martes 20 a las ocho y media de la mañana presididas por el superintendente de Distrito Juan L. Lugo. Durante la conferencia las sesiones diurnas se usaron para tratar los negocios de la iglesia y las noches fueron para servicios evangelísticos. Si ustedes hubieran estado presentes sus corazones se

---

[110] Mary Milk, "Prayer Request," *Bridegroom's Messenger*, March 1931, 13.

hubieran llenado de regocijo al escuchar los informes de los pastores y los delegados. Eran historias de victorias sobre victorias."[III]

Más adelante en la reseña, Finkenbinder dice que "la conferencia como un todo fue ricamente bendecida por Dios; estamos confiados que los cuatro días de confraternidad y arduo trabajo en el desarrollo y establecimiento de nuevos planes, prueben ser un verdadero paso de progreso en la obra del Distrito de Porto Rico."[112] Curiosamente durante esta conferencia el alcalde y la policía insular ayudaron a los feligreses congregados en Aibonito a desarrollar los cultos al aire libre en la plaza de recreo del pueblo sin mayores contratiempos, ya que allí también había instalada una machina para deleite del pueblo. La actividad de la machina se detuvo durante la celebración del culto al aire libre. Al finalizar la Conferencia el Comité Ejecutivo de la iglesia quedó constituido de los siguientes ministros: Juan L. Lugo, superintendente; José Martínez, asistente al superintendente; Luis C. Otero, secretario y Frank O. Finkenbinder, tesorero.

Primer mártir pentecostal

Las historias de éxito de esta década fueron regadas con la sangre del primer mártir pentecostal por causa de la predicación del evangelio. En una nota muy dolorosa Frank O. Finkenbinder relata como Juan Corniel fue asesinado vilmente por predicar el evangelio. Su relato expresa lo siguiente:

> Fue el primero de julio [1931] que uno de nuestros queridos hermanos fue asesinado por predicar a Cristo, a quien él predicaba con mucho fervor. Juan Corniel no era un ministro con credenciales, pero era uno de los muchos que jugaron un papel grande en la extensión de pentecostés. Éste estaba empleado por el Señor José Busigó, capataz de una de las plantaciones [de caña de azúcar en Sabana Grande]. Juan no era sólo

---

[III] Frank O. Finkenbinder, "Tenth Annual Conference the Assemblies of God in Porto Rico," *The Pentecostal Evangel*, March 21, 1931, 2.

[112] Ibid.

un empleado responsable, sino también un fiel testigo de su salvador Jesucristo. Se conducían servicios regularmente en la plantación y Juan había establecido una bonita obra en una pequeña villa conocida como Sabana Grande. Unos pocos se convirtieron bajo su ministerio y fueron llenos del Espíritu Santo. La persona que asesinó al hermano Juan fue uno de sus compañeros de trabajo, quien trabajaba bajo su supervisión y era una persona que se rebelaba cuando recibía instrucciones en su trabajo. Éste propuso en su corazón asesinar a Juan y estaba tan decidido, que aún se lo dijo a su esposa la mañana del día que lo haría, si se le presentaba la oportunidad. Así que, al siguiente día de haberlo compartido con su esposa, al terminar su jornada de trabajo, se escondió en el cañaveral y cuando Juan se acercaba se le vino encima y le infligió siete heridas mortales. El hermano Juan murió dos horas más tarde en el hospital en San Germán, cantando el himno, "Mira el cordero de Dios".[113]

El joven Juan dejó una viuda de veintitrés años y cuatro pequeños hijos a su muerte. Posteriormente, en el mes de septiembre, el hermano Finkenbinder, junto a Luis C. Otero y Manuel Rivera, visitó a la viuda en Sabana Grande para estar con el pueblo afligido. Una vez en el pequeño poblado, aprovecharon la visita para celebrar cultos en el teatro municipal de Sabana Grande que se les cedió gratuitamente. El teatro se llenó a capacidad y seis personas rindieron sus vidas a Jesucristo. Más aún, el señor, Busigó –católico, ex-jefe de Juan Corniel, el primer mártir pentecostal en la Isla- ofreció uno de sus almacenes en la plantación de caña de azúcar y lo preparó con bancas y nos permitió usarlo como nuestra iglesia.[114]

Para seguir corroborando la rápida expansión de la obra pentecostal en la Isla, durante la década de los treinta, les comparto una nota que encontré de una pareja de jóvenes misioneros que vinieron a pasar

---

[113] Frank Finkenbinder, "Martyr in the Pentecostal Work in Porto Rico," *The Pentecostal Evangel*, November 7, 1931, 14.

[114] Ibid.

su *luna de miel en Puerto Rico*[115] y narran la historia de su visita durante los días del 7 al 15 de diciembre de 1931 y confirman el crecimiento extraordinario del proyecto pentecostal en Puerto Rico. La esposa, la Sra. Wegner, es la que escribe la nota y dice entre muchas cosas las siguientes:

Llegamos a Ponce como a las cinco y media de la tarde, donde se acaba de construir un nuevo templo y donde se congrega uno de los principales grupos de la obra.... En este lugar hay un grupo de jóvenes y otro de damas preciosamente organizados muy ocupados visitando los pobres y necesitados. ¡Cómo bendecimos a Dios por la espiritualidad que encontramos entre adultos y jóvenes!

La siguiente mañana llegamos a Mayagüez. Allí hay una congregación de cerca de trescientas personas y el pastor está en fuego. Esa noche llegamos a Arecibo para asistir al culto. El local estaba lleno a capacidad había gente que venía de diferentes lugares. Fue una noche de un gran jubileo.... La noche del lunes antes de salir tuvimos un culto de despedida. El santuario estaba abarrotado. Esa noche debió haber presentes más de quinientas personas en el servicio.[116]

Conferencia de 1932[117]

La Conferencia de 1932 de la Iglesia de Dios Pentecostal, Inc., Distrito de Porto Rico de las Asambleas de Dios, se celebró en la ciudad de Mayagüez del lunes 18 al viernes 22 de enero de 1932. La misma estuvo precedida de un tiempo de preparación espiritual de ayuno y oración de cerca de seis meses. La iglesia local de Mayagüez, donde se celebraría la Conferencia, comenzó desde bien temprano a preparar el coro de jóvenes que se encargaría de la himnología especial de la Conferencia. Desde el

---

[115] Así tituló el afamado compositor puertorriqueño, Boby Capó, una de sus recordadas composiciones.

[116] Wegner, "Our Visit to Porto Rico," 13.

[117] Frank Finkenbinder, "Porto Rico District Conference," *The Pentecostal Evangel*, May 4, 1935, 11. La traducción es del autor.

lunes 18 de enero, temprano en la mañana, comenzaron a llegar las delegaciones de las diferentes asambleas de la Isla. Unos llegaron en tren, otros en carros y muchos otros "en el carrito de don Fernando."[118]

La Conferencia se celebró en uno de los teatros más grande la ciudad y el templo de la iglesia local se convirtió en hermoso comedor para alimentar a la audiencia de varios centenares durante el día. En los servicios de la noche la asistencia ascendió a cerca de 1,600 personas, de la segunda noche en adelante. Debido a la abultada asistencia en las noches, es muy probable que el lugar de reunión de la Conferencia fuera el teatro Yagüez, una imponte estructura reconstruida entre 1919 y 1921 y abierta al público el 5 de marzo de 1921, luego que la primera estructura se encendiera el 19 de julio de 1919.[119]

Uno de los sermones principales de esta Conferencia, fue predicado por José Martínez, asistente al superintendente. El presidente, Juan L. Lugo, había renunciado a la Superintendencia de la Iglesia de Dios Pentecostal, Inc., Distrito de las Asambleas de Dios en Puerto Rico, para asumir el pastorado de la nueva iglesia de puertorriqueños en Greenpoint, Brooklyn, New York, sustituyendo a Tomás Álvarez. Durante la Conferencia se hicieron expresiones de condolencia por su ausencia, pero también se oró para que el Señor lo bendijera en sus nuevas funciones pastorales en New York.

La Conferencia fue bendecida con más de cien conversiones y un gran número de los presentes recibieron el bautismo del Espíritu Santo, según Hechos 2.4. La misma dejó un gran avivamiento en la iglesia local donde el santuario con capacidad para trescientas personas, luego de un mes de terminada la Conferencia, seguía abarrotado y con

---

[118] Una expresión en el lenguaje coloquial puertorriqueño para indicar que las personas llegan a un lugar caminando.

[119] El teatro Yagüez -propiedad del sangermeño Francisco Maymón Palmer, de padres italianos- fue construído originalmente en 1909. El 19 de Julio de 1919, en la noche, mientras se proyectaban los episodios de: "La bala de bronce" y con el teatro repleto, cerca de 800 personas, se originó una explosión en el sótano, debajo del escenario, y en cerca de 20 minutos las llamas devoraron la estructura. Se estima que murieron más de 60 personas y cerca 400 personas sufrieron quemaduras en diferentes grados. Aunque se estableció que hubo mano criminal en el incendio, nunca se pudo acusar al causante o causantes del terrible fuego.

más de cincuenta personas de pie durante los servicios. Los oficiales electos durante esta Conferencia para guiar los designios de la Iglesia de Dios Pentecostal, Inc., fueron: Tomás Álvarez, superintendente; José Martínez, asistente al superintendente; Luis C. Otero, secretario y Frank Finkenbinder, tesorero.

La Conferencia de 1933

La Conferencia de 1933 de la Iglesia de Dios Pentecostal, Inc., Distrito de Porto Rico de las Asambleas de Dios, tenía un nuevo superintendente, Frank O. Finkenbinder; por segunda vez el hermano Finkenbinder asumía la presidencia de la Iglesia.[120] La presidencia de Tomas Álvarez fue una fugaz, de apenas once meses. Fue una especie de presidencia interina entre Juan L. Lugo y Frank O. Finkenbinder.

La Conferencia de 1933 fue una de intensa bendición espiritual. En un breve relato sobre esta Conferencia el hermano Finkenbinder, escribiendo antes de concluir la misma, señaló lo siguiente:

> Debo decirles que esta ha sido la más gloriosa Conferencia que hemos tenido. Ahora es cerca de la una de la tarde, pero no hay una sola persona en el comedor, ni aún las cocineras; todas las personas se encuentran en el altar en el salón de asambleas. Anoche un ministro de otra denominación recibió el bautismo del Espíritu Santo y otro se encuentra postrado en el suelo ausente de todos menos de Dios. Otro ministro, de otra denominación, está en el altar buscando del Señor. Aunque nos negaron el teatro municipal, Dios nos dio un mejor lugar con un salón de reunión con capacidad para 1,000 personas y en el mismo

---

[120] Frank O. Finkenbinder había asumido la presidencia de la Iglesia de Dios Pentecostal, Inc. en el 1923, cuando Juan L. Lugo, renunció por enfermedad y regresó a Estados Unidos. Lugo dice que renunció a la superintendencia de la iglesia en la Conferencia de 1922. Según su relato en esa misma Conferencia fue nombrado Frank O. Finkenbinder como Superintendente. Juan L. Lugo, *Pentecostés en Puerto Rico: La vida de un misionero* (San Juan, PR: Puerto Rico Gospel Press, 1951), 80.

edificio teníamos facilidades de comedor y dormitorios. Mientras les escribo mi mano tiembla bajo el poder y bendiciones de Dios.[121]

Posibilidades de trabajo misionero de Luis C. Otero

El 6 de mayo de 1933 se publicó una nota en *The Pentecostal Evangel* sobre que el joven líder puertorriqueño, Luis C. Otero, recibió un llamamiento para ir a Colombia como misionero. La nota decía: "Luis Otero, quien ha llenado la posición de Secretario de Distrito, ha sentido el deseo de ir a Colombia a colaborar con el hermano y la hermana Wegner.[122] Colombia es uno de los lugares más necesitados en Latino América, donde un 85 por ciento de la población no ha sido evangelizada. Estamos muy contentos de que nuestro hermano haya sentido el llamado a Colombia."[123] Sin embargo, otra nota de *The Pentecostal Evangel* del 15 de julio de 1933, señala que hubo cambios en los planes de Luis C. Otero para ir a Colombia y ahora la posibilidad era de ir a Nicaragua. La nota de la revista dice lo siguiente:

> A la luz de las necesidades que han surgido en Nicaragua para la ayuda misionera, el hermano Luis Otero, de Porto Rico, ha ofrecido sus servicios para ese campo en lugar de Colombia, a donde planificaba originalmente ir. El hermano Otero recibió su entrenamiento bíblico en los Estados Unidos y ha tenido un espléndido ministerio desde su regreso a Porto Rico. Ya que es latinoamericano de nacimiento, tiene un dominio pleno

---

[121] Frank Finkenbinder, "Glorious Conference in Porto Rico," *The Pentecostal Evangel*, January 4, 1933, 17.

[122] Les recuerdo que esta pareja estuvo de visita en Puerto Rico del 7 al 15 de diciembre de 1931, durante su luna de miel. Visitaron un gran número de iglesias, incluyendo la de Aibonito, donde pastoreaba Luis C. Otero. En ese viaje de los Wegners a la Isla, Otero se familiarizó con ellos y, aparentemente, mantuvo buena comunicación con estos misioneros, ahora en Colombia.

[123] Louis C. Otero, "Called to Colombia," *The Pentecostal Evangel*, June 5, 1933, 11. La traducción es del autor.

del español y nosotros pensamos que sería de mucha bendición en campo latinoamericano.[124]

Conferencia Anual de 1935

Durante los días 21al 25 de enero de 1935 se celebró en el sector Mayor Cantera de Ponce la Conferencia Anual de la Iglesia de Dios Pentecostal del Concilio de la Asambleas de Dios. El pastor de la iglesia local, Luis C. Otero, preparó la iglesia para la reunión especial. El salón del servicio acomodaba 450 personas sentadas y se llenó a capacidad. Se sentía una dulce presencia del Espíritu Santo.

De acuerdo a Frank Finkenbinder[125], Superintendente de la Iglesia, los cultos del día comenzaban a la 5:30 de la mañana con un culto de oración. Durante la Convención 70 personas hicieron pública confesión de fe. Fueron cinco días de visitación del Señor tanto en las sesiones de negocios durante el día, como en los servicios evangelísticos por la noche. Finkenbinder añadió que la iglesia local quedó impregnada de la visitación del Espíritu Santo, al igual del resto de los pastores y delegados que asistieron a la Conferencia. Aún los negocios de la conferencia como las elecciones de los nuevos oficiales de la iglesia se condujeron en un dulce espíritu de armonía.

La Conferencia Anual de 1935, fue la última que moderó Frank Finkenbinder como superintendente. En el otoño de 1935 se vio obligado, por razones de la salud de la hermana Aura, a regresar a New York con sus tres hijos de 14, 6 y 3 años y su hija de 11 años. En la ciudad de los

---

[124] Louis C. Otero, "Changes in Louis Otero's Plans," *The Pentecostal Evangel*, July 15, 1933, 11. La traducción es del autor. En una conversación telefónica el 10 de septiembre de 2016 con el reverendo David Ramos Torres, historiador oficial de la Iglesia de Dios Pentecostal Movimiento Internacional, no pude corroborar si finalmente Luis C. Otero fue misionero en Nicaragua. David no tiene evidencia de que esto hecho sucediera, a menos que fuera en visitas misioneras cortas a ese país. Finalmente, Luis C. Otero, muchos años más tarde, sí va al campo misionero, pero fue a la república de Chile.

[125] Finkenbinder, "Porto Rico District Conference," 15.

rascacielos continuaría su ministerio entre los inmigrantes puertorri-queños.[126]

La Conferencia Anual de 1937

La Conferencia Anual de 1937 de la Iglesia de Dios Pentecostal Distrito de Puerto Rico de las Asambleas de Dios, se celebró 1 al 5 de febrero de 1937 en la ciudad de Caguas. En un reportaje para *The Pentecostal Evangel*, Luis C. Otero informó que esta había sido la Conferencia más ben-decida desde que se estableció la iglesia en Puerto Rico. La Conferencia no se pudo realizar en las instalaciones de la iglesia local por ésta no te-ner espacio suficiente para acomodar los delegados y miembros de la iglesia. Ante la insuficiencia física del templo en Caguas, las autoridades de la iglesia alquilaron el teatro Alcázar para celebrar la actividad.

En esta Conferencia, Juan L. Lugo nuevamente fue electo super-intendente de la Iglesia de Dios Pentecostal, Distrito de Puerto Rico. Al-gunos de los recursos que ministraron durante la Conferencia incluye-ron los siguientes ministros: El pastor Edmundo Jordán[127] que tuvo a su

---

[126] Mesa de redacción de "Finkenbinder Family Home," *The Pentecostal Evangel*, October 26, 1935, 11.

[127] Edmundo Jordán, fue uno de los discípulos cercanos de Juan L. Lugo. Se convirtió en la ciudad de Nueva York, bajo el ministerio de Juan L. Lugo en la "Sina-goga". Escribió el prólogo a la obra de Juan L. Lugo, *Pentecostés en Puerto Rico: La vida de un misionero*, Miami: Gospel Press, 1951. Edmundo Jordán y su esposa Áurea con un hijo, Raúl y dos hijas, Raquel y Rebecca, salieron en viaje misionero a Venezuela en el 1936. Hicieron esta breve parada en Puerto Rico y llegaron a Venezuela en febrero de 1937, donde permanecieron por trece años antes de regresar a New York en 1949. En Vene-zuela pastoreó iglesias en Carora, El Banco, El Jordán, en las faldas de las montañas an-dinas cerca de la ciudad de Barquisimeto en el Estado de Lara y en la ciudad de Mara-caibo. Durante su estadía como misioneros en Venezuela su familia creció a nueve vás-tagos. En el 1949 se trasladó a pastorear a New York, donde permaneció por siete años. En New York su familia creció a quince vástagos -aunque su hijo número once, Juan Humberto, nacido en Venezuela en el 1948, murió de un año en la ciudad de New York. En el 1955 se trasladó con su familia a Puerto Rico y se convirtió en pastor de la Iglesia Discípulos de Cristo en Ciales y luego en Toa Alta-Bayamón. Edmundo Jordán murió en Puerto Rico en el 1975. Su esposa, Áurea, murió muchos años más tarde, siendo miem-bro de la Iglesia Discípulos de Cristo del barrio Cerro Gordo de Bayamón. En una nota personal, comparto con mis lectores que he tenido el placer de conocer a uno de los hijos del matrimonio Jordán; me refiero al doctor Tomás (Tommy) Jordán y a su esposa Elsie.

cargo los estudios bíblicos; el hermano Jordán y su familia iban camino a Venezuela como misioneros. El pastor Francisco Hernández González, misionero en la República Dominicana y el asistente al superintendente, pastor José Martínez, quien tuvo a su cargo predicar la Palabra dirigida a los obreros bajo el tema: "El desarrollo del carácter cristiano."

Hay dos elementos interesantes que Luis C. Otero mencionó sobre esta Conferencia. Primero, el anuncio de que el Instituto Bíblico abriría sus operaciones en el mes de octubre de ese año. Segundo, que seguía creciendo el entusiasmo por enviar misioneros a Latinoamérica. El año anterior se había enviado a Ángel Betancourt como misionero a la República Dominicana y se anticipaba que Luis C. Otero saliera para Chile como misionero. Sabemos que Ángel Betancourt salió como misionero para Santo Domingo. Luis C. Otero sí, finalmente, salió unos años más tarde como misionero hacia Chile. Hay una nota la revista *The Pentecostal Evangel* de febrero de 1953 que señala lo siguiente: "En Agosto de 1952, bajo el ministerio del hermano Luis Otero de Puerto Rico, Valparaíso fue visitado maravillosamente otra vez por Dios. Las reuniones se llevaron a cabo esta vez en la nueva iglesia; sobre 1,000 personas asistieron a cada servicio. Hubo un sin número de conversiones.[128] Su estadía como misionero en Chile fue breve, cerca de un año.

En esa Conferencia de 1937 se presentaron las siguientes estadísticas:[129]

- Asambleas organizadas.......................... 45
- Miembros........................... 3,451
- Escuelas Dominicales.......................... 54
- Matrícula.......................... 2,319

Tommy Jordán tiene una prestigiosa práctica de medicina familiar en la ciudad de Bayamón. La última vez que estuve cerca de Tommy y su esposa Elsie, eran miembros de la Iglesia Discípulos de Cristo de Cerro Gordo de Bayamón. (La información para esta nota biográfica de los esposos Jordán, la tomé de un libro que publicó su hijo, el doctor Cesar E. Jordán con David Jordán Esquire, titulado: *Pentecost, Ecstasy and Danger: They Claimed to Know God and Changed for Ever!* Xulon Press, 2016.

[128] Louis C. Otero, "Annual Convention of the Puerto Rico District Council," *The Pentecostal Evangel*, May 15, 1937, 15.

[129] Ibid., 7.

- Miembros de los Embajadores de Cristo............ 398
- Bautizados en agua durante el año 1936............... <u>320</u>
- Total de ofrendas de las asambleas...................... $20,406.95

Nuevos misioneros nombrados a Puerto Rico por el Concilio General

En una nota de la mesa de redacción de la revista *The Pentecostal Evangel,* se indicó que los pastores Paul L. Fergenson, esposa Marjorie, junto a sus niñas, Ruth y Dorothy Lee (ver foto a la derecha), del área de las Montañas Rocosas, fueron nombrados como misioneros para Puerto Rico. Después de demostrar su capacidad para el ministerio misionero, luego de seis años de ministerio en el estado de Colorado, salieron para New York el 4 de marzo de 1937 para de allí seguir hasta San Juan, Puerto Rico.[130]

Conferencia Anual de 1938

La Conferencia Anual de 1938 se menciona en un artículo de la mesa de redacción *The Pentecostal Evangel* que cita un reportaje de la revista *El Evangelista Pentecostal* de Puerto Rico. Lo primero que se menciona es la extraordinaria manera cómo el Señor bendijo la Conferencia. Se menciona que el número de asambleas (iglesias) informadas era de 52, con una membresía de 4,105. Este número representaba un aumento de 656 nuevos miembros, en adición a los que había el año anterior. Se informaron, además 96 escuelas dominicales con una asistencia de 4,098 estudiantes. La escuela bíblica de mejor asistencia era la de Santurce con una asistencia de 634 estudiantes. En ese informe de la Conferencia se señaló que 328 personas recibieron el bautismo en el Espíritu Santo.

---

[130] "New Missionaries for Puerto Rico," *The Pentecostal Evangel*, February 20, 1937, 8.

Luego de esta poderosa Conferencia, el avivamiento continuó en la Isla. De febrero a marzo en la iglesia de Santurce, más de cincuenta personas fueron bautizadas con el Espíritu Santo (ver foto a la derecha) y en Arecibo, se informaba que más de cuarenta personas habían sido bautizadas con el Espíritu Santo.[131] Nada detenía el avance del mensaje pentecostal y el avivamiento que se desarrollaba dondequiera que se compartía el mensaje. La dificultades y limitaciones económicas de la época no podían apagar la llama de pentecostés.

Conferencia Anual de 1939

La Conferencia de 1939 se celebró en Mayagüez. En una nota acompañada por una excelente foto (ver a la derecha), publicada en la página nueve de la edición del 13 de mayo de 1939 en *The Pentecostal Evangel*, se ofrece las siguientes estadísticas: Se informó que 71 personas aceptaron al Señor como su Salvador durante la Conferencia. Se anunció sobre un crecimiento sostenido durante el año. Había ya establecidas 65 asambleas con una membresía 5,562, que refleja un aumento en miembros de 35 ½ % con relación al año anterior. Había 125 Escuelas Bíblicas con una asistencia de 5,852 alumnos. La obra se llevaba a cabo con 70 obreros nacionales bajo la dirección del superintendente Juan L. Lugo.[132]

3.

[131] John L. Lugo, "Revival in Puerto Rico," *The Pentecostal Evangel*, April 2, 1927,

[132] "Mesa de redacción de *The Pentecostal Evangel*, May 13, 1939, 9. La traducción es del autor.

El decálogo del crecimiento de la obra pentecostal durante la década de los treinta

Hay unos elementos fundamentales que se pueden identificar como esenciales para el crecimiento acelerado del pentecostalismo en la década de los treinta. Estos no agotan la totalidad de las razones para su crecimiento apresurado, pero decididamente fueron piezas claves en el desarrollo vertiginoso de su proyecto evangelístico en la Isla. A estos elementos fundamentales en el crecimiento de la obra pentecostal en la época de los treinta, los he identificado como el *decálogo del crecimiento*.

Primero, la vida de oración y ayuno de los creyentes. Había un verdadero énfasis en la importancia de la oración. Era la costumbre de los creyentes cuando llegaban al templo, encaminarse hasta el altar y arrodillarse en un tiempo de oración antes de sentarse en la congregación. Cuando se oraba en la iglesia era costumbre que toda la congregación se unía en una oración de concierto. Durante la semana, por lo menos una vez a la semana la iglesia tenía un culto de oración y ayuno por el día para aquellos que tenían el tiempo disponible. Un gran número de personas acudían a este culto diurno semanal.

Los domingos, era costumbre de un buen grupo de los creyentes de "presentarse al Señor en ayuno y oración". El culto de oración nocturno semanal en la congregación era un tiempo de milagros, prodigios y maravillas. Había peregrinaciones a "montes de oración" para dedicar largas horas a la oración y la meditación. Se convocaba a cadenas de oración de varios días ininterrumpidamente. Ciertamente, la dependencia en lo sobrenatural estaba anclada en la vida de oración y ayuno de los creyentes.

Segundo, la importancia y espontaneidad del culto pentecostal. La adoración pentecostal invitaba al adorador a involucrarse en una experiencia de éctasis en los cánticos, testimonios y predicación. Los cánticos eran, la mayoría de las veces, autóctonos en lírica y música. Esta particularidad hacía del culto pentecostal una experiencia de liberación y construcción de esperanza. Se convertía en una oportunidad creativa donde el creyente podía expresar todas sus emociones y aspiraciones con libertad y seguridad.

Tercero, la lectura y estudio de la Biblia. La iglesia pentecostal desarrolló un cariño especial por la lectura, estudio devocional y memorización de la Biblia. Los valores del reino esbozados en la Biblia, se convirtieron en la regla de fe de su conducta. El conocimiento devocional del texto sagrado, ayudó a los creyentes pentecostales a internalizar y creer las historias de acciones sobrenaturales que narraba en el texto sagrado. De esta manera, a los creyentes les fue fácil transportar la acción sobrenatural de los relatos bíblicos a su vida cotidiana y comenzaron a vivir una vida sobrenatural en su cotidianidad. Este tipo de vida pública impactó a la gente que vivía alrededor de ellos y se convirtió en un fuerte componente evangelístico.

Cuarto, la Escuela Dominical. La escuela dominical era el instrumento que se usaba para educar a los niños para luego a través de ellos alcanzar a sus padres. A la Escuela Dominical llegaban los niños del vecindario que no asistían a la iglesia. La iglesia, entonces les enseñaba los valores del reino y por medio de ellos atraía a los adultos de la familia. Era, de igual manera, un método para alfabetizar a los menores sin la profunda carga americanizante que se exhibía en las otras iglesias evangélicas.

Quinto, la predicación pentecostal. La iglesia pentecostal desarrolló en el día a día de su misión, un impresionante núcleo de buenos predicadores. La capacidad de los predicadores pentecostales de conectarse con su audiencia en forma dramática con las gesticulaciones, modulación de la voz, gracia y contenido de su mensaje, hacía del culto pentecostal una experiencia atractiva. Ciertamente, el contenido del mensaje de los predicadores pentecostales no demostraba profundidad en el conocimiento de las doctrinas evangélicas generales, pero, dominaban muy bien el contenido del evangelio cuadrangular –*Cristo salva y santifica, Cristo sana, Cristo bautiza y Cristo viene*- y podían explicarlo de forma comprensible y convincente a la masa humilde y sin educación formal que era su principal audiencia. La respuesta de la audiencia a esta predicación dinámica fue impresionante.

Sexto, la evangelización pentecostal. Cada experiencia cúltica pentecostal era evangelística. El llamado evangelístico ocurría en el culto de adoración, en la Escuela Bíblica, en las ceremonias de bodas, en los cultos de bautismos, en los funerales, en los cultos al aire libre, en las visitas a los hospitales, en los cultos en las cárceles y los hogares. No había una sola experiencia de expresión cúltica pentecostal, donde no se hiciera una invitación a aceptar a Cristo como Señor y Salvador. Inclusive, la himnología autóctona pentecostal estaba llena de cánticos que incluían un llamado a aceptar a Cristo como Salvador, Santificador, Sanador, Bautizador y Rey que venía pronto. Es decir, el crecimiento de la iglesia pentecostal estaba íntimamente atado a la fuerza inquebrantable de su compromiso evangelístico.

Séptimo, el testimonio permanente de vidas cambiadas. El testimonio público de que algo incuestionable y constatable había ocurrido en las vidas sencillas de miles de hombres y mujeres en las comunidades donde residían, era la demostración más elocuente del mensaje transformador del evangelio pentecostal. El vecindario reconocía y respetaba al creyente pentecostal por la dimensión de la integridad irrefutable de su vida en las dimensiones, tanto pública como privada. Este testimonio irrebatible de la vida de los creyentes pentecostales atraía a muchos a seguirlos en su fe pentecostal. Esta era una forma poderosa de hacer evangelismo.

Octavo, las sanidades milagrosas constatables. Sin lugar a dudas, los milagros y sanidades en los cultos y campañas evangelísticas pentecostales eran otro elemento que cautivaba la atención del pueblo. Hubo muchas sanidades milagrosas en personas que sus vecinos podían identificar. Puerto Rico también tuvo sus Bartimeos, sus cojos de la Puerta de la Hermosa, sus hijas de Jairo y sus mujeres del flujo de sangre. Cada uno de ellos y ellas, al igual que las personas de las historias bíblicas, sirvieron para atraer a personas que rindieron sus vidas al Señor de los milagros, ante lo innegable de lo que sus ojos presenciaban. De esta manera, muchos llegaron humillados a las iglesias pentecostales, confesando confianza, dependencia y esperanza en el Dios de los milagros que predicaban los pentecostales.

Noveno, el compromiso económico de sus feligreses. En una nota sumamente interesante y reveladora de la visión de la obra pentecostal puertorriqueña, la revista *The Pentecostal Evangel* del 7 de octubre de 1933, reconoce que la obra de la Iglesia de Dios Pentecostal, Inc., Distrito de Porto Rico, es una obra misionera fundamentalmente financiada por la iglesia puertorriqueña. Lo siguiente se expresa en la nota: "Una obra muy alentadora se desarrolla en Porto Rico.... La obra es principalmente auto-sostenida por la iglesia puertorriqueña, aunque algunos de las pequeñas estaciones reciben alguna ayuda".[133]

Es importante destacar como, una y otra vez, se subraya en los relatos sobre el crecimiento de la obra pentecostal en la Isla, el compromiso económico de sus feligreses. Éstos, a pesar de su pobreza, sostenían de sus escasos recursos el proyecto evangelístico de la misión. Es este compromiso lo que logró que esta iglesia se convirtiera en una misión de auto-sostén muy pronto.

Décimo, las divisiones de la obra sobre la base de conflictos personales y de personalidades. No puedo obviar señalar que las divisiones en el pentecostalismo puertorriqueño, fundamentalmente, se dieron sobre la base de conflictos personales y administrativos y no por diferencias doctrinales sustanciales. Sin lugar a dudas, estas divisiones, también ayudaron al crecimiento de la obra.

El único ejemplo de diferencias doctrinales importantes que puedo mencionar en la obra pentecostal en Puerto Rico es el de la Iglesia de Dios, Inc.[134] Esta iglesia pentecostal afirma entre sus postulados doctrinales básicos las siguientes creencias: (1) el velo en la mujer para cubrir su rostro y (2) la observancia del sábado como día de reposo. En adición, suele darle un fuerte énfasis al don de la profecía y tiene la práctica de ofrecerles nombres espirituales a sus feligreses. Por ejemplo, el nombre espiritual con el que designó a Aurelio Tiburcio Cruz, su primer Presidente fue el de Pablo.

Sin embargo, la Iglesia de Dios, Inc., no se inició como un desprendimiento de una iglesia pentecostal, sino como escisión de un grupo de hermanos que asistían a la Iglesia Evangélica Unida de Ceiba. Según los datos históricos, que aparecen en la página cibernética de la Iglesia de Dios, Inc.,[135] esta iglesia se inicia a principios del año 1938. El

---

[133] "The Islands of the Sea," 4. La traducción es del autor.

[134] "Iglesia de Dios INC.," accessed November 25, 2016, http://www.laiglesiadediosinc.com/historia.htm; Rubén Pérez Torres, *Poder desde lo alto: Historia, sociología y contribuciones del pentecostalismo en Puerto Rico, el Caribe y los Estados Unidos* (Terrassa, Barcelona: Editorial CLIE, 2004), 494–509.

[135] "Iglesia de Dios INC.," accessed November 25, 2016, http://www.laiglesiadediosinc.com/historia.htm

relato, en el sitio en la red arriba mencionado, destaca los siguiente: "El hno. Rogelio González había salido de la Iglesia Evangélica Unida de Ceiba. Guiado por Dios comenzó a predicar el 25 de enero de 1938, en el Sector Camacho del Bo. Quebrada Vueltas de Ceiba. Los servicios se daban en el hogar de la Hna. Ana Robles". La iglesia se incorporó en el Departamento de Estado el 23 de enero de 1939 con el nombre Iglesia de Dios de Puerto Rico, siendo su primer presidente, Aurelio Tiburcio Cruz. Posteriormente, el 17 de septiembre de 1942, regresó al Departamento de Estado y cambió el nombre de la organización por el de Iglesia de Dios, Inc.[136]

Luego de describir el desarrollo y crecimiento de la obra pentecostal en Puerto Rico, debo afirmar que, sin lugar a dudas, las condiciones sociales, económicas, políticas y religiosas en la Isla, fueron el caldo de cultivo donde creció y se desarrolló vertiginosamente lo que he llamado la adolescencia y temprana madurez del pentecostalismo puertorriqueño. No había muchas opciones para la masa empobrecida para tratar de arreglar el rompecabezas del infortunio, la pobreza y la desesperanza. En ese doloroso contexto, el evangelio pentecostal se convirtió en su ancla segura en los mares tormentosos[137] de la miseria borincana. Claro que sí, una y otra vez he afirmado que el pentecostalismo puertorriqueño, como dice David Ramos Torres, "nace junto a las clases empobrecidas y marginadas", pero al mismo tiempo quiero destacar que ese "pentecostalismo surge junto al pueblo para ser agente de luz espiritual, aun cuando queda a la merced de los cambios socio-económicos del mismo."[138] Sobre este tema Helen Santiago dice:

---

[136] Esa fue la razón por la cual cuando la Iglesia de Dios (Cleveland, Tennessee) inició su obra en Puerto Rico en el 1944, tuvo que añadirle a su nombre, Iglesia de Dios, entre paréntesis *(Mission Board)*, para diferenciarla de la Iglesia de Dios, Inc. y destacar que era una obra bajo el Departamento de Misiones de la Iglesia de Dios (Cleveland, Tennessee). Posteriormente, como todos sabemos, la iglesia se vino a conocer como: Iglesia de Dios *Mission Board*.

[137] No debe extrañarnos que en esta época himnos como: *Es Cristo la Roca* se convirtieran en selecciones que se cantaban en casi todos los cultos de las iglesias. Mi teoría es que cánticos como éste, no sólo apuntaban hacia el gozo escatológico de los creyentes, sino también, a la confianza de que Dios sería proveedor para la masa desheredada en el "aquí y ahora".

[138] Ramos Torres, *Historia de la Iglesia de Dios Pentecostal M.I.*, 68.

Crecimiento

Es imposible ignorar el impacto que tuvo la serie de terribles acontecimientos que comenzó con San Felipe, continuó con la irrupción de la Gran Depresión a fines de 1929 y se recrudeció con el paso del huracán San Ciprián en 1932.... En medio de la desolación muchos se aferraron a la fe. El ritmo de crecimiento del pentecostalismo durante la década de 1930 superó por mucho, el de los años anteriores y nunca volvió a repetirse otro crecimiento igual.[139]

De esta manera, en medio de la crisis de la sociedad puertorriqueña en la década de los treinta, la iglesia pentecostal se enciende como pólvora en un polvorín. Era una sociedad dividida en todas sus dimensiones siempre en dos grupos.

En el ámbito político estaban, de un lado, los dirigentes políticos y, de otro lado, el pueblo sencillo y humilde. Los primeros vivían de la ignorancia del pueblo y hablaban como sus benefactores. Tenían sus propias ideas de lo que querían hacer, pero decían que tenían que consultar la base del pueblo. Luego de reunirse en mítines con el pueblo, salían a proclamar sus propias ideas, pero ahora las identificaban como las ideas del pueblo. Nada más lejos de la verdad. Todo era una burda manipulación del pueblo. Los segundos, el pueblo, los "de a pie", sufrían constantemente ante el olvido de los que le pedían el voto cada cuatro años y luego los dejaban a la deriva. Sin trabajo, dependientes de los hacendados, sin educación, con pobre salud y confiando en las promesas huecas de sus dirigentes políticos y gubernamentales.

En el ámbito religioso, de igual manera, el pueblo estaba dividido por clases. En el mundo de la Iglesia católica, había dos grupos. De un lado, el clero y los miembros de las clases acomodadas del pueblo. Estos participaban de un catolicismo más refinado, acomodado y acogido por la jerarquía oficial de la Iglesia Católica. Era un catolicismo que se reunía en las parroquias de las pocas ciudades y los pueblos de la Isla. En esta expresión religiosa, se refugiaban los comerciantes, los profesionales, los políticos y la clase intelectual del pueblo en todas sus manifestaciones. Ciertamente, era un grupo selecto del pueblo. Del otro lado,

---

[139] Helen Santiago, *El pentecostalismo de Puerto Rico: Al compás de una fe autóctona (1916-1956)* (Trujillo Alto, PR: Helen Santiago, 2015), 132. Para sostener su tesis Santiago ofrece una información muy interesante en las páginas 132 y 133 de su obra.

estaba el pueblo pobre católico que practicaba lo que se llamaba el "catolicismo popular". Este era el catolicismo de los pobres, mezclado con espiritismo, residuos de la religiosidad africana de nuestro pueblo y el culto a los santos. No fue una religiosidad acogida por la jerarquía de la Iglesia católica. Este grupo buscaba en los elementos sobrenaturales de su fe significado para la realidad de su vida cotidiana. Como no tenían otros recursos a su disposición, su fe religiosa le ofrecía cohesividad y valor a su entorno familiar y comunitario.

En el ámbito del mundo protestante, de igual manera, el pueblo estaba dividido. Las iglesias de la *misión protestante* que habían llegado con la invasión estadounidense en el 1898, se habían quedado en las ciudades y los pueblos. El pueblo al que servían eran los que eventualmente representarían la naciente clase media y algunos que otros miembros de las clases más acomodadas. Sin embargo, la masa del pueblo pobre en la ruralía y los arrabales, no fue prioridad para estas iglesias, que durante esta época todavía estaban, fundamentalmente, en manos de misioneros estadounidenses.

En esa sociedad puertorriqueña, dividida entre los acomodados y los olvidados, en la década de los treinta, crecieron vertiginosamente dos movimientos que buscaban ofrecerle una mejor vida a los puertorriqueños. Uno fue un movimiento secular y político. Me refiero al movimiento independentista de la Isla, que buscaba romper las cadenas del imperialismo estadounidense y desarrollar a Puerto Rico como una república en el concierto de repúblicas del mundo. Estuvo muy cerca de lograrlo, pero sus líderes con capacidad para conseguirlo, prefirieron mantenerse agarrados del mantengo imperial, como un cinturón de seguridad, para no embarcarse en un proyecto independentista atrevido, porque le tuvieron miedo a su destino y desconfianza a sus propias capacidades. En el camino desarticularon, marginaron y encarcelaron, como súbditos del imperio, a otro grupo de líderes independentistas más radicales y éstos, no pudieron articular un proyecto de independencia que recibiera el favor del pueblo. Por un lado, aquellos, claudicaron ante la oportunidad que le ofreció la historia y esta, no les proporcionó una segunda oportunidad. Lastimosamente, terminaron su liderazgo agobiados por el juicio inexorable de la historia. Los independentistas, por su parte, no pudieron aglutinar la gran masa independentista que, ante la persecución continua y la encarcelación, optaron por refugiarse en el partido que buscaba más gobierno propio dentro de las cadenas del colonialismo.

El segundo movimiento que buscó *la vida mejor* para la familia puertorriqueña de la ruralía y de las clases desposeídas, en la década de los treinta, fue un movimiento religioso. Me refiero al movimiento pentecostal puertorriqueño. Como he indicado en las páginas anteriores de esta obra, este movimiento se sumergió en el corazón y mente de la masa pobre puertorriqueña y la condujo por un camino de "esperanza contra esperanza". En medio de la incertidumbre política, la desesperación económica, la incapacidad gubernamental para atender las necesidades del pueblo responsablemente y la insipidez de la iglesia en todas sus manifestaciones, el movimiento pentecostal puertorriqueño se encarnó en el dolor de la masa puertorriqueña desposeída de futuro y le ofreció un mañana prometedor. Las noches de la ruralía puertorriqueña, que todavía no había sido electrificada, se iluminaron con las grillas[140] -linternas caseras- en mano los jíbaros y jíbaras que salían de los cultos pentecostales de regreso a sus hogares. Su esperanza se materializaba en una experiencia religiosa que no sólo le hablaba de un futuro mejor, sino también, de un presente mejor. Su cotidianidad comenzó a revestirse de lo sobrenatural, pero de una forma inteligible. La vida de todos los días se vivía a la luz del significado del perdón de Dios en Cristo para todos y todas. Vivir en paz con su prójimo, su vecino y familiar, era parte de la creación de un nuevo orden, no sólo religioso, sino también, social. Esta fue, realmente, una extraordinaria aportación del pentecostalismo puertorriqueño a nuestra sociedad en momentos de grandes luchas humanas.

En ese contexto de esperanza del mensaje pentecostal, se produce una himnología autóctona que también recogía el sentimiento independentista de la época. Desde mi perspectiva, la composición del líder pentecostal, Félix Rivera Cardona, *Puerto Rico para Cristo/La isla del Cordero*[141], compuesta en esta época, es un extraordinario ejemplo de la

---

[140] Estas eran botellas llenas de gas crudo con una mecha que le sobresalía un pedazo y que la gente encendía para alumbrarse el camino por las noches. En ocasiones llenaban botellas de cristal transparente con cucubanos (luciérnagas).

[141] Wilfredo Estrada Adorno, *Cántico borincano de esperanza: Historia de la distribución de la Biblia del 1898 al 1998* (Bayamón, PR: Sociedades Bíblicas de Puerto Rico,

mezcla de los sentimientos políticos y religiosos de este período. Para que puedan saborear bien lo que les afirmo, especialmente para aquellos que no conocen la composición, les ofrezco la letra de la misma:

Puerto Rico para Cristo/La Isla del Cordero[142]

1. Ha llegado a la Isla del Cordero
un momento de grande confusión
cumplimiento de muchas profecías
de profetas que el Señor iluminó.
Y tenemos que estar bien preparados
No durmamos y velemos con valor
El Señor no tarda su promesa
Le veremos con su gloria y gran poder.

CORO
Puerto Rico nuestra patria redimida
es el lema de toda alma fiel
levantemos de Cristo la bandera
y Borinquen transformada se ha de ver.

2. No temamos al diablo con su furia
que Jehová por nosotros peleará
y su ángel de gloria revestido
nuestras sendas seguras guardará.
Y seremos ministros revestidos
con el fuego del Espíritu de Dios
temblarán los montes y collados
con los cánticos de gloria y loor.

3. En los campos de la patria borincana
habrá un día en que los hombres temblarán
las corrientes del espíritu divino

2000).

[142] "La Isla del Cordero," *Scribd*, accessed November 12, 2016, https://www.scribd.com/doc/206309602/La-Isla-del-Cordero.

hacia todos los confines llegará.
Los obreros fraudulentos con sus gruños
darán guerra a los ungidos de Jehová
más Jesús con su voz compasiva
nos ofrece un día glorioso en que habrá paz

No voy a intentar explicar esta composición para dejar que cada cual haga su propia exégesis de la lírica del himno. Espero que los que no conocían la composición disfruten en reverencia el himno de esperanza de la época que, en otra obra, he contrapuesto al *Lamento Borincano* de Rafael Hernández.[143]

Revisado el crecimiento de la adolescencia y la temprana madurez del pentecostalismo durante la década de los treinta, la década de la independencia, los invito a examinar el crecimiento de la adolescencia y temprana madurez del movimiento pentecostal bajo el ministerio del evangelista Francisco Olazábal.

---

[143] Estrada Adorno, *Cántico borincano de esperanza*.

Capítulo 5

El ministerio de Francisco Olazábal

En la década de los treinta se comenzó a diversificar el pentecostalismo puertorriqueño. Hasta esa década estuvo circunscrito a la obra de la Iglesia de Dios Pentecostal Distrito de Puerto Rico de las Asambleas de Dios. Uno de los instrumentos para hacer posible esa diversificación fue el evangelista mexicano Francisco Olazábal[144] (1886-1937). Olazábal nació el 12 de octubre de 1886 en el pueblo El Verano del Estado de Sinaloa, México. A la edad de sus doce años tuvo contacto con la fe evangélica, cuando su madre, Refugio Velázquez, se convirtió en la misión metodista de Mazatlán, Sinaloa, México. Ese mismo año, su padre, Juan Olazábal –alcalde y juez de una pequeña villa- los abandonó, posiblemente, entre otras razones, por la conversión de su madre a la fe evangélica. Juan Olazábal muere en 1901.

---

[144] Roberto Domínguez, *Pioneros de pentecostés*, vol. I (Clie, Editorial, 1990); Víctor De León, *The Silent Pentecostals: A Biographical History of the Pentecostal Movement among the Hispanics in the Twentieth Century* (Taylor, SC: Faith Printing Company, 1979); Gastón Espinosa, "'El Azteca': Francisco Olazábal and Latino Pentecostal Charisma, Power, and Faith Healing in the Borderlands," *Journal of the American Academy of Religion* 67, no. 3 (1999): 597–616.

Francisco Olazábal

En 1902, a la edad de 16 años, Olazábal viajó a San Francisco a visitar a sus familiares. Durante esta visita a San Francisco, por medio del ministerio de los hermanos Montgomery de la Iglesia Alianza Cristiana y Misionera, Olazábal (foto a la derecha) tiene una experiencia profunda de salvación. Olazábal recibió un tratado de manos del hermano George Montgomery, ministro de la Iglesia Alianza Cristiana y Misionera que dio inicio a su experiencia de conversión. Posterior a su conversión, Olazábal fue instruido en los caminos del Señor por George y Carrie Judd Montgomery.[145] El llamado de Dios a su tierra natal lo llevó de regreso a México para prepararse en el ministerio de la Iglesia Metodista. De 1908 a 1910 estudió en el Seminario Teológico Wesleyano de México, localizado en San Luis de Potosí.

En el 1911 Francisco Olazábal emigró a Estados Unidos a pastorear una Iglesia Metodista hispana en El Paso, Texas. Luego de un breve pastorado en la ciudad de El Paso, asiste, por un semestre, al Instituto Bíblico Moody en Chicago. Allí se relacionó con Reuben A. Torrey.[146] Al concluir su primer semestre de clases del Instituto Bíblico Moody, Reuben A. Torrey invitó a Olazábal para que lo acompañara a Los Ángeles para que pastoreara el grupo hispano de la Iglesia Puertas Abiertas, donde Reuben A. Torrey había sido nombrado pastor. Ambos llegaron a Los Ángeles en febrero de 1912. En el 1914 se casó con la novia de su

---

[145] Es interesante destacar como tanto Juan L. Lugo, el pionero de pentecostés en Puerto Rico y el este de Estados Unidos y Francisco Olazábal, el gran misionero-evangelista al oeste del Mississippi, fueron instruidos por la misma pareja de ministros en los rudimentos de la fe pentecostal.

[146] Reuben Arche. Torrey (1856-1928), fue ministro, evangelista, pastor y educador fundamentalista, nacido en la ciudad de Hoboken, New Jersey, el 28 de enero de 1856. Se educó en la Universidad de Yale (B. A.) y en la Escuela de Divinidad de Yale (B.D.). Hizo estudios graduados en las universidades alemanas de Leipsig y Erlangen del 1882 al 1883. Aceptó el llamado de Dwight Moody para convertirse en el superintendente de lo que luego se conocería como el Instituto Bíblico Moody. En el 1912 se trasladó a Los Ángeles a pastorear la Iglesia de las Puerta Abiertas y a fungir como Decano del Instituto Bíblico de Los Ángeles, que hoy día se conoce como la Universidad de Biola.

juventud, Macrina Orozco. El matrimonio fue bendecido con los siguientes hijos e hijas: María, Lilian, Frank, Marta, Davis, Ruth, Florencia, Samuel y Daniel.

Más adelante, Olazábal se separa de Reuben A. Torrey y regresa a pastorear iglesias de la denominación Metodista Episcopal en San Francisco y Pasadena. De 1913 a 1916, fue pastor de la misión metodista en Pasadena California. La iglesia Metodista Episcopal de Pasadena la pastoreó la misma hasta el 1916. Del 1916 a 1917, fue pastor del circuito de iglesias metodistas de San Francisco-Sacramento. Francisco Olazábal, fue ordenado al completo ministerio de la Iglesia Metodista Episcopal por el obispo A. W. Leonard en 1916. En el 1917, se reencuentra con los esposos Montgomery en California. En este nuevo encuentro adviene al conocimiento de que ahora los Montgomery son pentecostales y habían sido bautizados en el Espíritu Santo. Comenzó a asistir a cultos en el hogar de los Montgomery junto a Alice E. Luce, una persona que se convertiría en una de las más significativas contribuyentes del temprano ministerio entre los hispanos. Allí, junto a este grupo, recibió el bautismo en el Espíritu Santo. En ese culto, en el 1917, según Víctor De León, donde Olazábal fue bautizado con el Espíritu Santo y en el mismo estuvieron presentes Francisco Ortiz, Padre y Ángelo Fraticelli.[147] Como resultado de ese encuentro Olazábal se convirtió en un predicador del evangelio pentecostal. En 1918, debido a su abrazo a la fe pentecostal, Olazábal abandonó la Iglesia Metodista Episcopal y se unió al Concilio General de las Asambleas de Dios. El 14 de febrero de 1918, el obispo Robert J. Graig lo ungió al completo ministerio en el Concilio de las Asambleas de Dios.[148]

El ministerio de Olazábal de inmediato comenzó a dar mucho fruto y un número creciente de los jóvenes que eran bautizados en el Espíritu en sus servicios entraban al ministerio. Muchos de estos se

---

[147] León, *The Silent Pentecostals*, 26–27. Este Panchito Ortiz, fue el Pastor de Juan L. Lugo en Hawái. Ángelo Fraticelli, con toda probabilidad, era parte del grupo de los Fraticellis que salió de Yauco para Hawái en la emigración de puertorriqueños hacia las islas hawaianas de 1900 al 1901. Estrada-Adorno, *100 años después*.

[148] Domínguez, *Pioneros de pentecostés*; Efraim Espinoza, "Hispanic Pentecostalism," accessed November 19, 2016, http://enrichmentjournal.ag.org/199904/059_hispanic.cfm; Espinosa, "El Azteca"; Gastón Espinosa, *Latino Pentecostals in America: Faith and Politics in Action* (Cambridge, MA: Harvard University Press, 2014).

unieron al ministerio de las Asambleas de Dios. En el 1918, Francisco Olazábal plantó una poderosa iglesia en El Paso, Texas, que le sirvió de plataforma para su ministerio evangelístico. En el 1923, Francisco Olazábal se separó de la Convención Latina Americana del Concilio de las Asambleas de Dios, fundada por Henry C. Ball en 1918.[149] El "Gran Azteca", como se le llegó a conocer, mantuvo credenciales con el Concilio de las Asambleas de Dios por cinco años, de 1918 a 1923. En el año 1923 fundó en Houston, Texas, junto a otros ministros, el Concilio Latinoamericano de Iglesias Cristianas.

Las campañas de Francisco Olazábal en Puerto Rico

La decisión de Francisco Olazábal de viajar a Puerto Rico estuvo precedida de una bonita y extraordinaria relación con los puertorriqueños y puertorriqueñas de las ciudades alrededor de la Bahía de San Francisco y la ciudad de New York. Olazábal comenzó su relación con el pueblo pentecostal puertorriqueño en el 1917 en la ciudad de Danville en la Bahía de San Francisco y posteriormente en el verano de 1931 en la ciudad de New York. El lugar de su primera campaña en la "ciudad de los rascacielos" fue la iglesia bautista de la calle 120 y Lenox Avenue, en el mismo corazón del Harlem hispano, que luego se conocería como el "Barrio Puertorriqueño". El reverendo Roberto Domínguez, quien fuera testigo ocular de esta campaña, la describió de la siguiente manera:

> Era una noche calurosa del mes de Agosto [1931]. Más de dos mil personas se congregaban esa noche en la preciosa sinagoga de Lenox y la calle 120 de Harlem, New York. Para esa época, poblaban este vecindario más de 200,000 hispanos que venían de todas partes de América Latina, pero especialmente de Puerto Rico. El edificio estaba totalmente lleno.

> El reverendo Olazábal se quitó la chaqueta, mientras él mismo dirigía los cánticos. Todo el ambiente parecía saturado

---

[149] Sobre algunos detalles de la razones por las cuales Francisco Olazábal se separó del Concilio de las Asambleas de Dios, ver: Daniel Ramirez, *Migrating Faith: Pentecostalism in the United States and Mexico in the Twentieth Century* (Chapel Hill: NC: The University of North Carolina Press, 2016), 45–48.

con la presencia del Señor. Cuando vino el llamamiento, después de un poderoso sermón, el predicador invitaba a levantar las manos a aquellos que querían recibir a Cristo esa noche y ser salvos de sus pecados. Un centenar, más o menos, levantaron sus manos; tanto en la planta baja como en las galerías superiores. Les invitó a acudir al frente. Inmediatamente los asientos vacíos se llenaron de aquellos que estaban de pie.

Esa noche empezó a orar por los enfermos. Eran aproximadamente las nueve. Llamó a los cojos, sordos, mudos, paralíticos, cancerosos y dolientes de cualquier enfermedad a acudir al frente.

Más de trecientas personas se alinearon una tras otra con las manos levantadas, en continua alabanza hasta llegar delante del evangelista. Éste los tocaba con la punta de sus dedos impregnados de aceite. Muchas veces ponía sus manos sobre la parte enferma del individuo, después de haberlo ungido debidamente.

Cada persona caminaba hacia el predicador con mirada expectante. ¡Qué cuadros tan sublimes! ¡Cuánta fe se demostraba! El evangelista tomaba muletas, bastones, y otros artefactos de los enfermos, y les ordenaba correr, doblarse, o hacer cosas imposibles antes para ellos. Y aquella gente agarrada por la fe al manto de Cristo, salían, dejando abandonados tales suplementos.[150]

Esta poderosa campaña se extendió durante ocho semanas consecutivas y se estimó que cerca de 100,000 personas asistieron a la misma. Luego de este extraordinario éxito de esta campaña entre los puertorriqueños de New York, Francisco Olazábal se dispuso a viajar a Puerto Rico para celebrar su primera campaña en la Isla.

---

[150] Domínguez, *Pioneros de pentecostés*, 1:20.

Francisco Olazábal

En el 1933 el doctor Juan Francisco Rodríguez Rivera (ver foto a la derecha), un ex-ministro de la Iglesia Alianza Cristiana y Misionera y en ese momento, presidente de un nuevo grupo denominado: Movimiento Defensores de la Fe, invitó al evangelista Francisco Olazábal para que condujera una campaña de predicación y sanidad divina en Puerto Rico. El Dr. Rodríguez había pasado cinco meses en las campañas de Olazábal en el este de Estados Unidos. Olazábal aceptó la invitación del Dr. Rodríguez y arribó en Puerto Rico, para celebrar su primera campaña evangelística, en mayo de 1934. Esta primera campaña de Olazábal se desarrolló en la ciudad universitaria de Río Piedras, donde ya el Dr. Rodríguez había instalado una carpa evangelística y tuvo un despliegue amplísimo en la prensa del país. La asistencia a la misma fue muy numerosa y hubo todo tipo de milagros. Las señales, prodigios y portentos acompañaban el poderoso mensaje del evangelista Francisco Olazábal. La ciudad de Río Piedras y los pueblos limítrofes acudieron en masa a la campaña del "Gran Azteca", como llegó a apodársele, y el entusiasmo generado en la campaña ayudó a desarrollar un gran avivamiento pentecostal en la Isla. El periódico El Mundo, desaparecido diario puertorriqueño, informó que más de 20,000 personas hicieron pública profesión de fe durante la campaña.[151] Gastón Espinoza ha informado que la cobertura favorable de la prensa, la asistencia masiva a la campaña, y los informes sobre las sanidades divinas, capturaron la atención del líder nacionalista puertorriqueño don Pedro Albizu Campos, a tal grado que buscó reunirse con el evangelista pentecostal. Durante la estadía de Francisco Olazábal en Puerto Rico,

---

[151] Sobre este tema ver: Espinosa, *Latino Pentecostals in America*, 225–29.

ambos se reunieron y hablaron sobre la situación de los latinos en la sociedad estadounidense.[152]

El periódico El Mundo, le dedicó un extenso reportaje a la campaña -con impresionantes fotos de la misma- en su edición del sábado 5 de mayo de 1934. Sobre el mensaje de Olazábal el periodista Luis Villaronga informó lo siguiente:

La oratoria de Olazábal es de lo más sencillo que puede imaginarse. Ni retórica ni dialéctica. Ni erudición ni apologética. Ni siquiera hace alarde de sus conocimientos bíblicos que deben ser vastos en un fervoroso evangelista. Su vocabulario era muy limitado. Ni una sola palabra brillante; pero es bien sabido que las palabras brillantes son las menos tiernas, las menos hondas. Hay artífices dentro del idioma que rehúyen las palabras brillantes y los conceptos lujosos y logran dar una emoción plena, profunda. Es que la emoción es cosa del alma.

El discurso de Olazábal es cortado por frecuentes apelaciones al auditorio. Olazábal hablará, por ejemplo, del augusto sacrificio, de la prueba de amor que significa y de cómo los hombres deben, en justa reciprocidad amar al Señor. Pues alrededor de ese punto hará un breve párrafo y enseguida dirigirá su interpelación viva, enérgica al auditorio: '¿Cuántos creen que esto es así? ¿Cuántos creen que debemos amar al Señor? Luego Olazábal seguirá hablando y dirá que, sin ningún género de duda, el Espíritu del Señor está allí en la carpa, animando, sosteniendo, consolando a sus fieles, ya que él ofreció acudir y estar dondequiera que dos se reunieran en su nombre. Nueva apelación al público. ¿Cuántos creen que el Señor está aquí con nosotros? Levanten su mano.' Como es de suponerse, una rotunda, categórica afirmación estalla en la carpa. Una y otra vez suben y bajan los brazos de los fieles. 'Si señor', '¡Gloria a Dios!' '¡Aleluya!' exclaman a un tiempo un centenar de labios. Así prosigue

---

[152] Ibid. No pude constatar las fuentes que Gastón Espinoza consultó para corroborar el hecho de la reunión entre Pedro Albizu Campo y Francisco Olazábal. Don Pedro, además de un firme nacionalista era también un fervoroso católico. Sin embargo, es posible que la reunión pudo haber sido una realidad.

Olazábal en párrafos breves y con apelaciones continuas al público. La atención del auditorio es cada vez más viva y ansiosa. Olazábal se mueve continuamente de un lado a otro de la plataforma con la mirada escrutadora y el brazo interpelador siempre tendido –con apremio, con urgencia- hacia la multitud. No hay que decir que el entusiasmo es cada vez mayor.[153]

A esta altura de la descripción que el periodista hace de la experiencia en la campaña, hace referencia a la conexión mental y emocional entre el predicador y su auditorio que es exquisita. Hago esta mención porque los teólogos pentecostales señalamos que una característica que acompaña el poder de la predicación pentecostal, es la conexión íntima entre el predicador y su audiencia durante la experiencia de la proclamación de la Palabra. Este periodista describe la experiencia de la predicación de la siguiente manera:

Una identificación perfecta se establece entre el orador y el auditorio. El ambiente se torna cada vez más caldeado, más vibrante. Se advierte la ascensión hacia un clímax emocional, psicológico, que Olazábal desea y necesita. La colaboración de orador y auditorio es cada vez mayor hasta que llega un momento en que el auditorio habla tanto como el orador. Sólo se oyen aclamaciones, palabras jubilosas, aleluyas, exclamaciones de amor y fervor. Llegado este punto álgido Olazábal anuncia que van a orar. El auditorio se arrodilla. El evangelista se inclina ligeramente sobre la baranda de la plataforma, tiende las manos hacia el público y empieza en voz baja su oración. Todo el mundo ora a media voz, todo el mundo suplica, todo el mundo pide. Un estremecimiento de exaltación agita la multitud. Se oye un acento largo, plañidero de centenares, de millares de labios. La voz de Olazábal se torna más suave, más patética, más imploradora. El pastor de almas parece entonces un artista. Su[s] manos se mueven como si acariciasen el espíritu de la multitud. Sus manos se mueven pausadamente sobre el espíritu incondicional y sutil y anhelante de la multitud como por sobre

---

[153] Luís Villaronga, "El evangelista Olazábal en Río Piedras," *El Mundo*, May 5, 1934, 7.

un teclado. Es el gesto inequívoco de un padre, de un hermano mayor, de un apóstol. El momento no puede ser más emocionante. Todos sentimos [el periodista se incluye] el influjo de una fuerza poderosa y misteriosa que ha puesto a aquella multitud de rodillas y en un verdadero trance espiritual. El gesto de estos pobres hombres que están junto a mi es conmovedor. Los centenares de personas que quedaron fuera de la carpa, sombrero en mano, oran todos, absortos en la enunciación de sus palabras imploradoras y en la contemplación interior de sus pobres almas humanas, deleznables y precarias. La muchedumbre de cinco mil almas es un solo cuerpo estremecido y conmovido. Unos lloran; otros gritan; otros agitan la cabeza y los brazos como poseídos de una crisis nerviosa.[154]

Interesantemente, en esta etapa de la narración, la descripción del periodista Villaronga se torna un tanto más personal. Sorprendentemente, se vuelve menos crítico de la experiencia que intenta narrar como periodista y, sin filtrar su relato, comienza a narrar su propia experiencia en la campaña donde acudía como corresponsal del periódico "El Mundo". La narración del periodista continuó de la siguiente forma:

Insensiblemente yo me he dejado captar, por el orador, por el auditorio, por el ambiente. Me siento pertenecer por completo a la multitud. Por efecto de la mayor visualización que del espectáculo logro, este resulta para mi más patético.... Como estoy fuera de la carpa puedo, a un tiempo, contemplar la muchedumbre arrodillada e imploradora y el cielo arriba resplandeciente de estrellas. El cuadro gana en amplitud y trascendencia. No es ya una multitud arrodillada en una carpa; es una multitud arrodillada ante el Infinito, en la vastedad del cosmos, buscando a través de las sombras a su Dios, a su Benefactor, a su Salvador. A su Salvador de la miseria, del dolor y de la muerte. A su Salvador que, por una ley de compensación universal, exige al corazón sufridor de los hombres y que necesariamente tiene que existir.[155]

---

[154] Ibid.

[155] Ibid.

Luego de esta extraordinaria descripción de la experiencia de proclamación del mensaje, de la respuesta fervorosa del auditorio y de lo que he identificado como una confesión de fe del periodista, éste pasa a describir el momento de la oración por los enfermos. En este momento la descripción del periodista Villaronga se torna magistral. Estas son sus palabras:

Cuando el clamor fervoroso e implorante de la multitud se va acallando se anuncia el momento de los milagros. La expectación se torna extraordinaria. Todos se incorporan y se suben a los bancos para ver mejor el desfile de los enfermos hacia la plataforma. Con los brazos en alto y los ojos cerrados y portando en las manos la tarjeta siete veces taladrada[156] en otras tantas noches de evangelización en la carpa, los enfermos van lentamente subiendo la escalerilla de la plataforma. En la plataforma, ante la cátedra, les espera Olazábal. La técnica curativa de Olazábal es la misma de los tiempos legendarios: unción de óleo sagrado; imposición de manos; palabras místicas suscitadoras del divino poder dichas al oído y sobre el rostro del paciente; invocación, mirada y brazo tendido al cielo para que descienda la gracia.

Cuarenta o cincuenta enfermos han desfilado esta noche ante Olazábal. Yo he pensado en el valor enorme de este hombre al someterse a esta terrible prueba. Ante 5,000 mil almas expectantes ansiosas, Olazábal se lanza decidido, sereno, imperturbable al gran experimento. ¡Nada menos que el milagro! Se necesita tener una confianza ciega en sí mismo y en la alta facultad sobrenatural de que en aquel momento se siente asistido para lanzarse a semejante empresa. Y Olazábal, rápido, sonriente, gozoso, se encara con el enfermo. Hay aquí ciegos, paralíticos, epilépticos. Olazábal trabaja sobre el enfermo. Y de pronto el enfermo lanza un grito de júbilo y la multitud que rodea al paciente en la plataforma y en la carpa prorrumpe en una

---

[156] Roberto Domínguez explicó, de su experiencia personal, que los que asistían a la campaña de Francisco Olazábal en New York, buscando sanidad, le daban una tarjeta y le asignaban el día que podía hacer la fila para que el evangelista orara por ellos. La tarjeta se la perforaban cada noche. Ver: Domínguez, *Pioneros de pentecostés*, 1:16.

aclamación estentórea: '¡Gloria a Dios!' '¡Aleluya!' '¡Hay poder!'
exclama una y otra vez la congregación.' '¡El milagro se ha realizado!' Así lo afirman los que más cerca han estado del paciente;
así lo afirmamos todos [el periodista Villaronga se incluye]
asombrados y jubilosos. Y Olazábal tranquilo, contento, ágil,
como un médico en una clínica, pasa a otro enfermo.[157]

En medio de su experiencia, un tanto sorpresiva, el periodista
Villaronga se hace una importante pregunta que comparte con los lectores del periódico *El Mundo*. Me parece que la reflexión del periodista
es su intento de comunicar la seriedad del evento que está describiendo
para su audiencia un tanto sofisticada. Debo recordar que el periódico
El Mundo circulaba más entre las clases un tanto educadas y refinadas
de la Isla. Así se planteó la pregunta y expresó su propia reflexión, Villaronga:

¿Son definitivas las curaciones de Olazábal? Para mi
esta es una cuestión que no tendría gran importancia. La salud,
alcanzada hoy, se pierde, como la vida, por un accidente cualquiera. Y apóstol, el taumaturgo y el médico, como el mismo
Dios, dan salud, pero no la dan para toda la vida.

Olazábal ha declarado que la salud de los enfermos se
alcanza por la fe que tenga el mismo paciente. Y es claro que el
evangelista no puede suplir la fe que falta en el paciente. La fe,
como todos los altos y delicados atributos y cualidades del espíritu, no la tiene todo el mundo. La fe, para mí, es una suerte de
predestinación. Se nace para la fe como se nace para todas las
virtudes egregias. Virtudes egregias que pueden manifestarse y
se manifiestan en los hombres de condición humilde como en
los de cuna dorada. Reconozco, sin embargo, que hay casos en
que la fe sobreviene por efecto de una súbita iluminación como
en San Pablo *o por efecto de un paciente y amoroso trabajo espiritual.*[158]

---

[157] Ibid.

[158] Me parece que estas líneas están describiendo el ministerio de sanidad divina de Francisco Olazábal. Luis Villaronga quedó impresionado con la expresión amorosa y la autenticidad del evangelista Olazábal. Énfasis suplido por el autor.

Francisco Olazábal

Lo principal en Olazábal es su labor evangelizadora, su poderoso arte persuasivo y su desinterés. Eso basta para hacer su empresa altamente meritoria y simpática.[159]

En otro extenso artículo, *"NUEVO REDENTOR QUE CURA LOS ENFERMOS EN RÍO PIEDRAS"* -publicado bajo la firma de la periodista Tomasa Santiago de Adebol, en la edición del 5 de mayo de 1934 del periódico "El Imparcial"- se dice lo siguiente sobre la campaña de Olazábal en Río Piedras:

El interés público de Río Piedras se encuentra en estos momentos en un espectáculo nocturno que se viene celebrando desde hace dos semanas. Cierta combinación de circunstancias y la tendencia –siempre creciente del pueblo- en descubrir las causas y efectos de lo extraordinario, de los poco común, de lo ignorado, podría decirse de lo casi imposible, han llevado a los habitantes de aquella ciudad y de los pueblos limítrofes de Caguas, Bayamón, Cataño, Carolina y Canóvanas a congregarse al amparo de una carpa levantada en la calle Vallejo, esquina Arizmendi, con el fin de presenciar la realización de milagros y curaciones prodigiosas que allí efectúa, al decir de la gente, un misionero llegado de Méjico, precedido de un gran cartel en este campo de acción.

Allí se reúnen todas las noches –como reunía Mary Eddy Bake- (sic)[160] de tres a cinco mil almas, que presencian con fervor religioso ceremonias de don Francisco Olazábal, fundador del Concilio de Iglesias Cristianas, que hoy cuenta con 18 congregaciones en los Estados Unidos, establecidas para predicar y orar por los enfermos. Asiste al Revdo. Olazábal en sus trabajos el Sr. J. F. Rodríguez, Superintendente del Movimiento

[159] Villaronga, "El evangelista Olazábal en Río Piedras," 19. La manera como el periodista concluye el artículo me impresiona, porque pone el énfasis en la proclamación redentora del evangelio como parte esencial del ministerio de Francisco Olazábal.

[160] Es muy probable que la periodista se refiera a Mary Baker Eddy (1821-1910), quien fuera la fundadora de la Iglesia de Cristo Ciencia Cristiana y de la revista El Monitor de Ciencia Cristiana.

Evangelista de la Fe Cristiana, no sectaria. El lugar cubierto por la carpa puede acomodar cerca de dos mil personas; pero según nos informa el Jefe de la Policía de Río Piedras, Sr. Domingo Beniamino, el núcleo q. allí asiste rebasa esa cifra por un margen amplísimo, al extremo que la multitud invade las aceras y calles. En el centro del local hay un cartel que lee así: 'Jesucristo es el mismo ayer y hoy y por los siglos'. Cruzando la calle Vallejo de un extremo a otro dice otro anuncio: 'Aquí predica todas las noches el Revdo. Olazábal para todos los enfermos'. Y a la entrada donde vive el misionero lee: 'Palabra fiel y digna de ser recibida por todos: Que Cristo vino al mundo para salvar a los pecadores'.

El Sr. Olazábal es un tipo alto, de fuerte contextura física, simpático, agradable y lleno de una afabilidad exquisita. Se expresa correctamente en nuestro idioma y parece tener una cultura bastante amplia. Nació en Méjico en las costas del Pacífico, pero ha pasado la mayor parte de su vida en los Estados Unidos, donde viven su esposa y nueve hijos. Ha predicado sus doctrinas en todos los Estados de la Unión. En California vivió por espacio de algunos años, conociendo a infinidad de puertorriqueños. En Nueva York practicó sus oficios en la iglesia bautista Mout Oliver, situada en la Avenida Lenox y la calle 120, donde atendió a más de 5,000 enfermos puertorriqueños. Esto sucedió durante los meses de agosto y septiembre de 1931.

Entre los pacientes que alegan haber sido curados en New York, figuran varios que asisten a diario a la casa de Olazábal para recibir sus consejos. Allí conocimos al Sr. Antonio Rosado Vázquez,[161] quien nos informó que después de haber padecido cruelmente de una enfermedad estomacal, por espacio de

---

[161] En mi interés de conectar relatos históricos con otros desarrollos en el trabajo pentecostal en la Isla, debo señalar lo siguiente sobre Antonio Rosado Vázquez. Este fue un laico en la Iglesia de Cristo Misionera de Río Piedras. En el 1938, con su esposa Guillermina Velázquez, comenzó una obra misionera en la barriada El Monte de Hato Rey. En el 1940 Anastacio Diaz, líder de la Iglesia de Cristo Misionera, lo nombró pastor, junto a su esposa Guillermina, de la misión en la barriada El Monte. Más tarde esta obra se independizó de la Iglesia de Cristo Misionera y se identificó como la Iglesia Monte de Sión. En el 1941 la hermana Guillermina muere y, posteriormente, Antonio

nueve meses, y haber acudido inútilmente a distintos facultativos y a la Escuela de Medicina Tropical, encontró remedio definitivo y permanente con el Revdo. Olazábal en Nueva York. También su esposa, la señora Guillermina V. [Velázquez] de Rosado, fue tratada en la misma ocasión de un ataque de reuma que la agobió durante ocho años con los mismos resultados.

La Sra. María Teresa Sapia[162] nos dijo que el misionero la restableció totalmente de un asma crónica que durante un periodo de 33 años la retuvo repetidas veces en cama. 'Hasta el día de hoy doy gracias a Dios por mi salvación', terminó diciendo.

También nos informó el señor Críspulo Rivera haberse salvado de un mal estomacal que le producía continuos dolores de cabeza, dolencia esta que le duro 14 años.[163]

Luego de narrar su experiencia en la campaña de Olazábal, la periodista del periódico "El Imparcial" hace un recuento breve de una entrevista que le concedió el evangelista Francisco Olazábal. La periodista narró lo siguiente:

Rosado Vázquez se casó con la hermana María Virgen Santiago. El pastor Antonio Rosado Vázquez muere trágicamente en el año 1946. Un poco antes de su muerte, su copastor, Antonio Resto Mijol, se convirtió en el pastor de la Iglesia Monte de Sión. Con motivo de la construcción de la Avenida Muñoz Rivera y otros desarrollos urbanos en la barriada El Monte, ésta desapareció del panorama. (Hoy sólo se identifica el lugar por las dos torres residenciales conocidas como los Condominios El Monte). El 15 de agosto de 1958 se inauguró el templo de la Iglesia Monte de Sion en San José, Río Piedras y en 1960, la Iglesia Monte de Sión se integró a la Iglesia de Dios *Mission Board*. (Para reconstruir esta historia conté con la ayuda de, Alba Ramírez y su mamá Panchita Valle, Antonio Ramírez y su esposa Abigail Resto, hija del reverendo Antonio Resto Mijol, Luisito Meléndez y su esposa Mayda Hernández, nieta de María Virgen Santiago, la hermana Margarita Sánchez y Albanelly Meléndez. Carmen y yo tuvimos el placer de pastorear la familia Meléndez durante nuestro pastorado en El Embalse, San José, Río Piedras entre los años 1972 al 1979, y a la hermana Panchita Valle, en nuestro pastorado en la Iglesia de Dios *Mission Board* Todo es Posible en Trujillo Alto, entre los años de 1989 al 2004).

[162] Roberto Domínguez menciona a la hermana María Teresa Sapia y su milagro de sanidad divina y vida transformada en Domínguez, *Pioneros de pentecostés*, 1:37–38.

[163] "Nuevo redentor que cura los enfermos en Río Piedras," *El Imparcial*, May 5, 1934.

Interrogamos al Sr. Olazábal sobre las causas que motivaron su viaje a Puerto Rico. 'Fueron varias las circunstancias que determinaron este viaje a Puerto Rico. Puedo decir que fue una cosa providencial. Cuando el Señor me bautizó con el espíritu santo (sic) tuve la ocasión de conocer en California a varias familias puertorriqueñas. Más tarde en Nueva York, mis relaciones con los hijos de esta tierra se estrecharon de forma imperecedera. Los parientes y amigos de las personas que hasta mi vinieron en busca de ayuda me escribieron diciéndome que estaban informados de los que Dios había hecho por ellos y me invitaron a visitar la isla. Más tarde vino a verme el hermano Rodríguez [el doctor J. F. Rodríguez] y sus gestiones culminaron en un plan cuya realización nos ha sido concedida por Dios. Hasta la fecha estoy muy satisfecho del resultado del trabajo que hemos hecho. Puedo decirle que más del ochenta por ciento de las almas que han venido en busca de salud la han encontrado; unos total y otros parcialmente'.[164]

La periodista, Tomasa Santiago de Adebol, como parte de su entrevista al evangelista Francisco Olazábal, le preguntó sobre cuál era la base fundamental de sus doctrinas para poderse explicar lo que ocurría en la carpa en Río Piedras. La siguiente fue la respuesta del evangelista Olazábal:

Consiste la sanidad divina en la obra que Dios sobrenaturalmente hace sin intervención de los medios naturales como la medicina, el hipnotismo o la sugestión, sanando al enfermo. Cuando éste confía en él, depositando toda su fe y esperanza en el poder misericordioso de Dios para sanarle tal como lo hacían los que venían al Señor Jesús cuando él estuvo personalmente en el mundo.[165]

---

[164] Ibid.

[165] Ibid.

La foto de abajo representa una vista de la campaña de Olazábal en la carpa ubicada en la calle vallejo, esquina Arismendi, en Río Piedras. Lugar donde estaba ubicada la Iglesia Defensores de la Fe de Río Piedras. Foto abajo fue cortesía de la Colección Puertorriqueña de la biblioteca Juan M. Lázaro de la UPR.

Como fruto de la campaña (ver foto arriba) de Olazábal en Río Piedras, se fortalece el trabajo de la Iglesia Defensores de la Fe que se había iniciado en el pueblo de Guayama en el 1931. Entre el 1925 al 1930 esta iglesia en Guayama perteneció a la Alianza Cristiana y Misionera, de la cual era ministro ordenado el doctor Juan Francisco Rodríguez Rivera. El trabajo en Río Piedras con el Dr. J. F. Rodríguez, uno de los principales organizadores de la campaña del evangelista Francisco Olazábal, apenas había comenzado. Como resultado de esta campaña, la obra en Río Piedras de los Defensores de la Fe, tomó un ímpetu extraordinario.

Otra obra pentecostal que se desarrolló durante la época de la década de los treinta fue el Movimiento Cristo en las Antillas. Este movimiento también fue ricamente bendecido por la cruzada de Francisco Olazábal en Río Piedras del 1934.[166] Realmente, este movimiento pente-

---

[166] Ver: Donald T. Moore, *Puerto Rico para Cristo: A History of the Progress of the Evangelical Missions on the Island of Puerto Rico*, Sondeos 43 (Cuernavaca, México: Cidoc,

costal -que se inició en la hacienda La Dolores, en Río Grande, de la *Fajardo Sugar Company* en el 1932- produjo dos nuevos movimientos pentecostales. De la página en la red cibernética de la Iglesia Universal de Jesucristo, comparto la siguiente cita:

> Un grupo de trabajadores, se ubicó en el Sector La Dolores en Río Grande. Éstos solicitaron permiso a la Fajardo Sugar Co., se reunía[n] en ese lugar y formaron la primera comunidad cristiana. Después de un tiempo el grupo que se reunía en aquel lugar decidió llamar a este movimiento Iglesia de Cristo en las Antillas. Continuaron abriéndose campo hasta llegar al Barrio Caimito de Juncos. El pastor de este grupo lo fue el hermano Teodoro Trujillo; parte de la membresía era del Barrio Cubuy de Canóvanas.[167]

Según la misma fuente, arriba citada, en el 1972 la directiva de la Iglesia de Cristo en las Antillas acordó cambiar el nombre a Iglesia Universal de Jesucristo y el 12 de noviembre de 1972, se incorporó bajo las leyes del Estado Libre Asociado de Puerto Rico.

De este mismo grupo de la colonia La Dolores en Río Grande, que se desarrolló eventualmente con el nombre Iglesia Cristo en las Antillas, surgió también el Concilio de la Iglesia Cristo Misionera. Ya para el año 1937, el núcleo de iglesias de la Asociación Cristiana y Misionera Cristo en las Antillas se había ampliado a cerca de doce iglesias.[168] En el 1938 en una asamblea convocada por el liderazgo del movimiento Iglesias de Cristo en las Antillas, se aprobó una resolución para cambiar el nombre del movimiento a: Iglesia Cristo Misionera, Inc. La iglesia madre del movimiento, ubicada en La Dolores, no estuvo de acuerdo con el cambio de nombre y se separó del resto de las iglesias y eventualmente se convirtió, como hemos indicado arriba, en la Iglesia Universal

---

1969), 427–35.

[167] "Iglesia Universal de Jesucristo," accessed November 20, 2016, https://vega-complete.wordpress.com/2008/05/02/15/.

[168] Para disfrutar una relato fascinante sobre el desarrollo de estos grupos pentecostales ver: Danny Ríos Quiles, *La Nación Desheredada: Orígenes y desarrollo del pentecostalismo en Puerto Rico (1916-1990*, Kindle, 2014. Ver: Moore, *Puerto Rico para Cristo*, 427–35.

de Jesucristo. Como se puede ver se repite la historia de 1922, cuando Francisco Ortiz, hijo no estuvo de acuerdo con el nombre Iglesia de Dios Pentecostal, Inc. y se separó de su amigo de toda una vida, Juan L. Lugo, e incorporó un nuevo concilio. Desafortunadamente, ahí se muestra la fragilidad humana y la incapacidad, en muchas ocasiones, para la construcción de una concertación efectiva. Es una realidad a la que tenemos que enfrentarnos constantemente y, en muchas ocasiones, fracasamos estrepitosamente.

Otro grupo pentecostal que se nutrió de la campaña de Francisco Olazábal fue el Concilio de las Asambleas de Iglesias Cristianas. En esa campaña se adhiere al pentecostalismo el reverendo Carlos Sepúlveda, un pastor presbiteriano de Mayagüez. Después de terminada la campaña de Río Piedras, Carlos Sepúlveda se unió a Francisco Olazábal y lo acompañó a New York y luego a Los Ángeles, California. En esta ciudad, Carlos Sepúlveda fue instalado como pastor del Templo Bethel de Los Ángeles. Cuando Francisco Olazábal regresa a Puerto Rico para su segunda campaña de avivamiento –en 1936- esta vez en la ciudad de Ponce, Carlos Sepúlveda, nuevamente lo acompañó. En esta ocasión Olazábal dejó a Carlos pastoreando una naciente congregación en la Playa de Ponce.

A la muerte prematura del reverendo Francisco Olazábal, el 9 de junio de 1937, en un accidente automovilístico en la ciudad de Edinburg en Texas, los líderes que heredaron las riendas del Concilio Latinoamericano de Iglesias Cristianas, declararon sus posiciones vitalicias y en la convención de 1938, el grupo de líderes puertorriqueños que se opusieron a la medida, Carlos Sepúlveda, pastor en la Iglesia Bethel de El Paso, Texas, Frank Hernández, Felipe González Sabater y Gilberto Díaz, fueron destituidos del pastorado de sus iglesias locales y del concilio. Este grupo logró por la corte de New York, retener el templo Bethel de New York, que luego se convirtió en la plataforma de lanzamiento del Concilio de Asamblea de Iglesias Cristianas, Inc. El nuevo concilio se organizó el Día de las Madres de 1939 y se incorporó en Washington, D. C. el 18 de septiembre del mismo año.[169] La obra de este concilio continuó creciendo en Puerto Rico, como fruto de la campaña de Olazábal

---

[169] Parte de esta información fue tomada de la red cibernética, "Historia – Asamblea de Iglesias Cristianas Internacional," accessed November 20, 2016,

que le dio su inicio con el nombre de, Concilio Latinoamericano de Iglesias Cristianas. Otra vez surge un nuevo grupo pentecostal en la Isla, fruto de las diferencias personales. Nuevamente, la fragilidad humana se manifiesta en desavenencias serias e irreconciliables en lugar de producir concordia y concertación.

Francisco Olazábal regresa a una segunda campaña a Puerto Rico en 1936. Sin embargo, esta campaña no tuvo el mismo éxito de su primera campaña en el 1934. Ésta estuvo precedida de un desengaño de Olazábal en New York. Una serie de ministros de las denominaciones históricas, especialmente, el líder misionero de la Iglesia Presbiteriana, Rober E. Speer, que habían proyectado apoyar la gira evangelística mundial de Francisco Olazábal, cuando se enteraron que Olazábal era un ministro pentecostal, decidieron abortar su apoyo al proyecto evangelístico de Olazábal. Cuando Olazábal llegó a Puerto Rico, por segunda vez, en marzo de 1936, no sólo enfrentó la oposición de la Iglesia católica, sino también, la de las iglesias protestantes y la de la Iglesia de Dios Pentecostal Distrito de Puerto Rico de las Asambleas de Dios. Fue un trago muy amargo, pero a pesar de toda la oposición, miles de personas se reunieron en su campaña en la Playa de Ponce y, posteriormente, en el hipódromo Las Casas en San Juan. Con todo y esos logros, Olazábal regresó a New York en la "penumbra de la noche", sin muchas luces, agobiado, y herido en su estima, por el poco apoyo que recibió en Puerto Rico.[170] Como indicamos más arriba, Francisco Olazábal, murió relativamente joven, el 9 de junio de 1937, a los 51, en un accidente automovilístico en la ciudad de Edimburg en Texas.

En el 1938, se organizó otro grupo pentecostal fruto de las diferencias administrativas y conflictos de personalidades. Me refiero a la Iglesia Pentecostal de Jesucristo. Ésta fue organizada por el pastor Félix Rivera Cardona, a quien la Iglesia de Dios Pentecostal Distrito de Puerto Rico de las Asambleas de Dios, había disciplinado por una supuesta conducta impropia de uno de sus hijos. Hay que recordar que Félix Rivera Cardona, oriundo de Lares, se convirtió al evangelio bajo el pastorado de Panchito Ortiz. Allí fue uno de los asistentes de este pastor en

---

http://www.aicinternacional.org/?page_id=96.

[170] Ver: Domínguez, *Pioneros de Pentecostés*, 1:39–41; Espinosa, *Latino Pentecostals in America*, 225–29.

la producción de la revista *Buenas Nuevas*, el primer órgano evangelístico de la naciente misión pentecostal en el norte central de la Isla. Félix Rivera Cardona, pastor, músico y compositor, fervoroso predicador, de una personalidad férrea y un excelente líder en las comunidades donde sirvió como pastor, pastoreó iglesias de la Iglesia de Dios Pentecostal en Lares, Santurce e Islote de Arecibo. Finalmente, en 1937 fue instalado como pastor en la Iglesia de Dios Pentecostal en Mayagüez. Aparentemente, Juan L. Lugo, que había regresado ese año a Puerto Rico como superintendente de la obra, no estuvo de acuerdo con el traslado de Félix Rivera Cardona a Mayagüez. En esa situación, un tanto álgida, Félix Rivera Cardona tuvo desavenencias muy serias e irreconciliables con el liderazgo de la Iglesia de Dios Pentecostal y se separó permanentemente del concilio. El 8 de enero de 1938 Félix Rivera Cardona organizó la Iglesia Pentecostal de Jesucristo.[171] Este nuevo grupo pentecostal se desarrolló más ampliamente en el sur y este de la Isla. Sobre el crecimiento de esta iglesia, Donald T. More dijo:

> La obra, eventualmente, se expandió por los sectores sureños y este de la isla. La segunda congregación se estableció en Sabana Grande, la tercera en Guayama y la cuarta y quinta en Ceiba y el Barrio Seco de Ceiba, respectivamente. En 1939 la congregación de Maunabo se afilió con la Iglesia Pentecostal de Jesucristo. En 1941 comenzó una obra en Pastales en los barrios Jacoboa y Guardarraya [Patillas] y luego en Pandura de Yabucoa. Más tarde viajó a Vieques y Culebra para establecer iglesias. Otras congregaciones se establecieron en el barrio Coquí de Salinas y en San Germán. Para mediados de siglo la Iglesia Pentecostal de Jesucristo tenía diecisiete congregaciones.[172]

Luego de examinar el extraordinario ministerio de Francisco Olazábal y su impacto sobre el pueblo puertorriqueño, me propongo examinar brevemente el inicio de otro ministerio que se inicia en la década de los treinta. Pasemos ahora a revisar el inicio del Instituto Bíblico Mizpa.

---

[171] Ver: Moore, *Puerto Rico para Cristo*, 435–36; Santiago, *El pentecostalismo de Puerto Rico*, 201–4; Ríos Quiles, *La nación desheredada*. Loc 5473-5656.

[172] Moore, *Puerto Rico para Cristo*, 436. La traducción es del autor.

Capítulo 6

El establecimiento del Instituto Bíblico Mizpa

La institución de la Iglesia de Dios Pentecostal, Inc., para la formación de pastoras y pastores, que se vino a conocer con el nombre de Instituto Bíblico Mizpa, se estableció en el mes de octubre de 1937. Desde el 1924 el reverendo Juan L. Lugo le presentó a las autoridades del Concilio General de las Asambleas de Dios, la necesidad de tener un instituto bíblico en Puerto Rico. En un reportaje para *The Pentecostal Evangel*, en enero de 1938, Lugo señalaba que la creación del Instituto bíblico era una respuesta a la oración de los creyentes en Puerto Rico. Sus palabras exactas fueron las siguientes:

> "Nuestros jóvenes han ayunado y orado toda una noche, trayendo delante del Señor sus ruegos por un lugar donde pudieran obtener el entrenamiento necesario para poder compartir la Palabra de Vida con los hermanos. Dios no ha tornado su oído sordo a estas peticiones y ahora ha llegado el tiempo cuando él lo ha permitido y nos ha ayudado a abrir una escuela bíblica aquí en la Indias Occidentales. ¡Gloria a Dios! Pudimos abrir la escuela el 13 de octubre de 1937."[173]

---

[173] Juan L. Lugo, "New Bible School, Puerto Rico," *The Pentecostal Evangel*, January 15, 1938, 9. La traducción es del autor.

Los inicios de este proyecto educativo se enfrentaron a la dura realidad que vivía Puerto Rico en la década de los treinta. Eran tiempos de escasez de recursos de toda clase, pero el empeño, tesón y compromiso de los directores y estudiantes del Mizpa, unido a la gracia de Dios, los ayudaron a desafiar con perseverancia, audacia y entrega la dura realidad del momento (ver foto de estudiantes arriba). Su primera localización fue en las instalaciones de la Iglesia de Dios Pentecostal, ubicada en la calle América # 10 en Santurce, Puerto Rico. La descripción gráfica del hermano Lugo sobre la realidad que enfrentó el Mizpa en sus inicios la compartió en las siguientes palabras:

Instituto Bíblic(

> Los primeros dos meses han sido una mezcla de bendiciones y pruebas, pero afirmo que las bendiciones han sido mayores que las dificultades. Todos los estudiantes están entusiasmados con sus trabajos y responsabilidades. Estos han estudiado sus lecciones con sentido de compromiso y han orado con dedicación por el éxito de esta obra. Cuando la comida ha estado escasa por la apretada situación económica, han cantado con el mismo gozo de siempre; cuando han tenido que caminar cuatro o cinco millas de venida e ida, para llegar a la escuela, por no tener dinero para pagar transportación, han sonreído y adorado el nombre del Señor tan alegres como siempre. Ciertamente Dios está con nosotros.[174]

Dentro de esta fascinante historia del inicio del Instituto Bíblico Mizpa, Juan L. Lugo narró un relato de reciedumbre, compromiso y dedicación de un estudiante que no cedió antes las adversidades para lograr su formación bíblica. El relato del hermano Lugo es el siguiente:

> Quiero mencionarles un incidente para mostrarles un poco el sacrificio que algunos estudiantes hacen para obtener su formación bíblica. Tenemos un joven [Juan Onofre de León]

---

174 Ibid. La traducción es del autor.

que vive como a cuatro millas del instituto bíblico. Éste es extremadamente pobre, así que, para cubrir los gastos de sus estudios, se levanta a las cuatro de la mañana y trabaja hasta la siete de la mañana, repartiendo pan de una panadería cercana. Entonces empieza a caminar a pie para llegar a tiempo al culto de oración del instituto bíblico, que comienza a las ocho de la mañana. A medio día camina de regreso las cuatro millas a su casa[175] para almorzar, ya que no le podemos ofrecer almuerzo en el instituto bíblico por la precaria situación económica del mismo.... Este es un estudiante muy aplicado y el gozo de la salvación siempre brilla en su rostro.[176]

En una foto que se publica en *The Pentecostal Evangel* en enero 15 de 1938 (ver a la derecha), aparecen los integrantes de la primera clase del Mizpa, acompañados de Juan L. Lugo, director;  Isabelita Lugo, maestra; la hermana Julia Camacho[177] -maestra y matrona- y Johnny Pérez, maestro. En la foto se pueden apreciar ocho mujeres y siete hombres.

---

[175] Roberto Domínguez señala que Juan Onofre de León, se había mudado de Humacao a Puerta de Tierra para el momento que inicia sus estudios en el Mizpa. Ver Domínguez, *Pioneros de pentecostés*, 1:118. Por otro lado, sabemos que el instituto bíblico estaba ubicado en la iglesia de Santurce y la distancia era más o menos de cuatro a cinco millas del área de Puerta de Tierra.

[176] Lugo, "New Bible School, Puerto Rico," 9. La traducción es del autor.

[177] Esta Julia Camacho, quien luego de casada se conoció como Julia Valentine, era la hija de Ramón y Nicolasa Camacho. Los esposos Camacho fueron parte del grupo de puertorriqueños que formó una pequeña congregación en Danville, en la Bahía de San Francisco, California para el 1917. Este grupo se componía de puertorriqueños y puertorriqueñas que habían regresado de Hawái a trabajar en los campos agrícolas de la Bahía de San Francisco. Entre estos se encontraban Francisco Ortiz, Padre, Ángelo Fraticelli, Domingo Cruz y Ramón y Nicolasa Camacho. Los esposos Camacho fueron parte de las personas que se bautizaron en agua, luego de la campaña evangelística de

Al concluir el primer año de estudios en el Mizpa, los estudiantes fueron enviados a trabajar en la obra del Señor durante el verano. En un reportaje sobre los estudiantes del Instituto Bíblico Mizpa, publicado en la edición del 3 de diciembre de 1938 en *The Pentecostal Evangel*, Juan L. Lugo narró lo siguiente:

El pasado junio, cuando terminamos nuestro primer año y dejamos que los estudiantes retornaran a sus hogares, estábamos muy inquietos por saber cuánto se habían beneficiado los estudiantes de su primer año de formación ministerial. Le urgimos que pusieran en práctica el conocimiento que habían adquirido durante su primer año en el instituto; oramos, además, para que el Señor nos mostrara, por medio de ellos, que nuestro trabajo no había sido en vano.

Poco tiempo después del receso de verano del instituto, comenzaron a llegar los reportes desde los lugares a donde ellos [los estudiantes] fueron, informándonos que el Señor estaba con ellos de forma poderosa. Algunos estaban haciendo labor evangelística en la comunidad cerca de donde estaban ubicadas las asambleas; otros fueron a lugares donde el evangelio completo todavía no había sido predicado y comenzaron a contarles a las personas sobre las misericordias de Dios; y otros, estaban ocupados, activamente ayudando a sus pastores en las visitas y trabajo personal. Cada uno de ellos se consagró al trabajo en la viña del Señor.[178]

Me llama la atención que el hermano Lugo nuevamente toma el ejemplo del estudiante Juan Onofre de León, el panadero, para contar una historia poderosa de cómo el Señor libró su vida de forma milagrosa mientras se ocupaba en la obra del Señor durante ese verano. La reseña del hermano Lugo sobre este incidente es la siguiente:

---

este grupo de Danville, con el evangelista Francisco Olazábal en el 1917. Ver: León, *The Silent Pentecostals*, 27.

[178] Juan L. Lugo, "Bible School Begins Second Year," *The Pentecostal Evangel*, December 3, 1938, 6.

El hermano Juan Onofre [de León], uno de nuestros estudiantes del año pasado, vino a nosotros de las montañas cerca de la costa este de nuestra Isla.[179].... Cuando llegó el tiempo de vacaciones, el hermano Onofre regresó a las montañas donde había nacido y comenzó a predicar allí el evangelio de Salvación. Pronto se ganó un grupo de almas para el Señor Jesús. Pero con la bendición de Dios llegaron las persecuciones y las pruebas. Algunos de los vecinos resintieron la presencia del hermano Onofre en el lugar y también su predicación. Una noche después que el grupo de hermanos había disfrutado del bendecido servicio, comenzaron a caminar por el estrecho camino de regreso a sus respectivos hogares; caminaban de uno en fondo, recapitulando las bendiciones del Señor en el culto y dándole gracias a Dios por ellas. Unos pocos pasos detrás del grupo, caminaba un hombre que no le había entregado su corazón al Señor. El hombre era muy bien conocido por los creyentes, así que su presencia entre ellos no causaba ninguna alarma. De repente, el hombre atacó al hermano Onofre por la espalda, con un cuchillo, asestándole un tajo desde el hombro izquierdo hasta la cintura en su lado derecho. El atacante, de inmediato se dio a la fuga.

Dios, sin embargo, cuidó de su ministro. El Señor lo había llamado a su viña y no lo iba abandonar en este momento. La hoja de la cuchilla del atacante rasgó la chaqueta, la camisa y camiseta del hermano Onofre, pero sólo le hizo rasguños en su espalda. El Señor lo había librado de su enemigo y perseguidor.

Hoy el hermano Onofre está de regreso en el instituto con nosotros para concluir su segundo año de estudio; todavía haciendo sacrificios, todavía orando a Dios para que le ayude a terminar sus estudios en el instituto bíblico este año y todavía alabando a Dios por sus bondades y misericordias.[180]

---

[179] Roberto Domínguez identifica el lugar donde residía el estudiante como el pueblo de Humacao en Domínguez, *Pioneros de pentecostés*, 1:118.

[180] Lugo, "Bible School Begins Second Year," 6.

Ciertamente, esta es una historia poderosa que se repetía muchas veces según los ministros pentecostales iban alcanzando los sectores más inhóspitos de nuestra Isla. No debe sorprendernos de cuan peligroso en ocasiones era la proclamación del evangelio pentecostal en nuestro querido terruño.

David Ramos Torres, menciona a Juan Onofre de León como uno de los miembros de la primera clase graduanda del Instituto Bíblico Mizpa en 1939[181]. Sin lugar a dudas, su historia queda como un testimonio imborrable del sacrificio que muchos jóvenes pentecostales hicieron para lograr su formación ministerial en las peores condiciones sociales y económicas. A jóvenes como Juan Onofre de León, presento mi respeto y admiración porque con sus sacrificios, entrega y reciedumbre incuestionables, pavimentaron el camino para que años más tarde muchos de nosotros asintiéramos a institutos bíblicos en condiciones menos onerosas.[182]

Juan Pérez Hernández

La facultad del primer año de vida del Instituto Bíblico Mizpa estuvo formada por Juan L. Lugo, Isabelita Lugo, Julia Camacho y Johnny Pérez (ver foto a la derecha). Deseo tomar un espacio para destacar la tarea pedagógica de unos de los maestros que mayor impacto tuvo en el Instituto Bíblico en esos primeros años. Me refiero a Juan Pérez Hernández, mejor conocido como Johnny Pérez. Este joven, fue uno de los muchos hijos adoptivos del reverendo Juan L. Lugo y la hermana Isabelita Lugo. Johnny nació en Caguas el 14 de marzo de 1913.
Con su Lugo y la hermana Isabelita Lugo. Johnny nació en Caguas el 14 de marzo de 1913. Con su estudia en el colegio universitario de la ciudad

[181] Ramos Torres, *Historia de la Iglesia de Dios Pentecostal M.I.*, 103–4.

[182] En mi caso particular, asistí al Instituto Bíblico Interamericano de la Iglesia de Dios *Mission Board* en Saint Just, Trujillo Alto del 1962 al 1963.

de New York. A instancias de su amigo Peter Pérez aceptó visitar "La Sinagoga" en la calle 115 en el Harlen de Manhatan, donde pastoreaba el reverendo Juan L. Lugo. Sobre esta experiencia Benny Pérez, hijo menor de Johnny dijo lo siguiente:

> La primera visita aparentemente fue motivada tanto por sus intereses en contactos sociales, al igual que por su curiosidad por los asuntos espirituales. Aunque no aceptó al Señor de inmediato, continuó asistiendo a los cultos y la iglesia intercedía al Señor en su favor con abnegación.
>
> Poco tiempo después, le prestó seriedad a las cosas del Señor en un despertamiento espiritual que ocurrió en su vida. Finalmente, a la edad de 19 años, aceptó al Señor como su Salvador y continuó en la comunión de la iglesia. En 1934 bajo el ministerio de un connotado siervo de Dios, el reverendo Thomas Lindcoat, Johnny y otro joven, Tony Collazo, junto a otros jóvenes de la iglesia, recibieron el bautismo del Espíritu Santo. Estos dos jóvenes [Johnny y Tony] tendrían un destacado papel en el desarrollo educacional de los ministros en Puerto Rico. Entre Johnny y Tony se desarrollaron lazos familiares, ya que Johnny y su amigo Peter Pérez, se casaron cada uno con hermanas de Tony. Johnny y Carmen Collazo, conocida como Melín, se casaron el 1935. De este matrimonio nacieron seis vástagos.[183]

Cuando el reverendo Juan L. Lugo salió para Puerto Rico, en el 1937 para iniciar el Instituto Bíblico, se llevó a Johnny Pérez para que se desempeñara como uno de los maestros del instituto. Johnny ya había trabajado como maestro en la iglesia de "La Sinagoga." Este joven era uno de esos puertorriqueños en New York que era totalmente bilingüe. Su dominio del español y el inglés y sus dones como comunicador y

---

[183] Benjamín Pérez, "Johnny Pérez (1913-1949)" (Notas biográficas sobre Johnny Pérez sin publicar, 2013). La traducción es del autor. Benny Pérez es el hijo menor de seis del matrimonio de Johnny Pérez y Carmen (Melín) Collazo. Benny y el autor estudiaron juntos en Lee Bible College durante los años 1964 al 1966. Luego de terminar su educación ministerial, Benny, se enlistó como capellán de la Fuerza Aérea de las Fuerzas Armadas de Estados Unidos en 1971. Luego de retirarse honrosamente, al completar treinta años de servicio como capellán, se integró a su *Alma Mater,* Lee University, para dirigir la División de Educación a Distancia. Actualmente, todavía Benny le sirve a Lee University como profesor a jornada parcial.

maestro, lo hacían un extraordinario recurso para el instituto que se iniciaba en Puerto Rico. Así es como Johnny llegó a Puerto Rico en el 1937 –a los 24 años de edad- con su esposa Melín y su hija mayor, Priscilla.

La primera tarea de Johnny fue traducir el currículo del Instituto Bíblico de inglés al español y contextualizar el material a la cultura puertorriqueña. El currículo que se usaba venía de las oficinas de las Asambleas de Dios en Springfield, MO. Un desafío enorme que Johnny enfrentaba era que el material didáctico no llegaba con suficiente tiempo y a veces tenía que pasar largas horas en las noches, traduciendo el material para tenerlo listo para el día siguiente. Johnny y su familia salieron del Instituto Bíblico Mizpa y regresaron a New York en 1940, unos meses antes que el reverendo Juan L. Lugo saliera de la superintendencia de la Iglesia de Dios Pentecostal y de la presidencia del Instituto Bíblico Mizpa en mayo de 1940.

Ciertamente, Johnny Pérez desarrolló una excelente reputación como dotado maestro, comunicador y escritor. Escribió poemas, bosquejos para clases bíblicas y material para cursos en el Instituto Bíblico.[184] El Instituto Bíblico Mizpa tiene una deuda de gratitud con este extraordinario ser humano que le entregó sus fenomenales capacidades intelectuales en su temprana adultez, durante los primeros tres años de vida de esta imponente "Escuela de Profetas." Johnny Pérez murió en New York, víctima de leucemia el 6 de abril de 1949. Precisamente, 23 días después de haber cumplido 36 años. En su muerte le sobrevivieron su viuda Melín y su hijos e hijas: Priscilla, Juan, Jr., Tony, Aida, Carmen Ana y Benjamín.[185] Un joven talentoso que muere en la flor se su juventud, igual que Panchito Ortiz. ¡Sólo nuestro Dios conoce esos secretos! ¡A él siempre sea la gloria!

De los quince estudiantes que iniciaron el primer año de estudio en 1937 en el Instituto Bíblico Mizpa, doce de ellos regresaron a su segundo año académico que dio inicio en el otoño de 1938, para concluir

---

[184] Ibid. La traducción es del autor.

[185] Ibid. La traducción es del autor.

sus estudios ministeriales. A estos doce se le sumaron ocho nuevos estudiantes para completar una matrícula de veinte estudiantes en el segundo año de existencia del Mizpa.

Años más tarde David Ramos Torres, en una foto de la clase graduanda de 1939, identifica doce personas como pertenecientes a ese primer grupo y que lograron graduarse en el 1939. Identifica a cinco mujeres: Jacinta Quiroz, Matilde Ortiz de Román, Carmita Ortiz de Rivera, Felicidad Andrades y Adela de Jesús. En adición, identifica a siete hombres: Ruperto Echevarría, Rafael García, Pedro Pablo Cruz, Elías Chamorro, Rafael Andrades, Juan O. de León [el panadero] y Ramón Rodríguez. En total la primera clase graduada del Mizpa fue de doce estudiantes.[186]

Manuel Antonio Collazo Rodríguez

Antes de concluir esta breve reseña sobre los inicios del Instituto Bíblico Mizpa, quiero destacar el trabajo didáctico de otro joven que se unió a la facultad del Mizpa en su segundo año de existencia. Esta vez me refiero al joven Manuel Antonio Collazo Rodríguez (ver foto a la derecha), mejor conocido como Tony. "El hermano Tony", como solíamos decirle los que lo conocimos y trabajamos bajo su liderazgo, llegó como maestro al Mizpa para el inicio del segundo año en el 1938. Era un joven de apenas 27 años que hacía dos años (27 de noviembre de 1936) se había casado con la hija mayor de los esposos  Lugo-Ortiz (Pérsida Lugo Ortiz). Manuel Antonio Collazo Rodríguez había trabajado muy de cerca con el hermano Lugo en New York y se destacó como un gran maestro. Cuando se inicia el segundo año del Mizpa, el hermano Lugo recluta a su joven yerno para que se una a la facultad del Mizpa.

---

[186] Ramos Torres, *Historia de la Iglesia de Dios Pentecostal M.I.*, 103–4.

El reverendo Manuel Antonio Collazo Rodríguez nació el 7 de mayo de 1910 en el pueblo de Orocovis en Puerto Rico. Luego de su nacimiento sus padres – Juan Antonio Collazo y Carmen Rodríguez- se mudaron a una finca como a quince millas del pueblo de Arecibo. Es en este lugar donde "el hermano Tony", se convirtió al Señor a la tierna edad de ocho años en el 1918. En un interesante artículo biográfico, publicado en *The Lighted Pathway* en el 1945, Henry G. Stoppe, misionero de la Iglesia de Dios (Cleveland, Tennessee) en Saint Thomas, ofreció detalles de la conversión del reverendo Collazo. Este es el relato del misionero Stoppe:

Su tío, [del hermano Tony] Secundino Rodríguez, quien tenía credenciales de exhortador en la Iglesia Metodista, escuchó sobre la llegada del reverendo Juan Lugo, procedente de New York, quien fuera el primer misionero pentecostal en la Isla. Luego de asistir a varios de los servicios del reverendo Lugo, se convenció, sin sombra de duda alguna, que aquella experiencia pentecostal era real y para él. Es así como le abrió el corazón al mensaje del evangelio completo y con esta convicción se sintió compelido a visitar en el campo a su hermana [Carmen Rodríguez] para contarle sobre las nuevas de salvación y de esta maravillosa experiencia pentecostal.

Consecuentemente, en una tarde de enero de 1918, Secundino Rodríguez, con un grupo de hermanos de su Iglesia, llegó a la finca donde Antonio Collazo vivía con sus padres. El padre de Antonio Collazo [Juan Antonio Collazo] envió a sus dos hijos, Antonio y Ramón, a caballo, a anunciarle al vecindario que llegara a su casa esa noche, a donde se celebraría un servicio religioso.

El servicio comenzó esa noche con cánticos alegres, seguido de testimonios acerca de la salvación, sanidad divina y bautismo con el Espíritu Santo. Entonces el tío Secundino Rodríguez trajo un mensaje conmovedor y al concluir su prédica, toda la familia Collazo, incluyendo los dos tíos que vivían en la finca con ellos, entregaron sus vidas al Señor. La mamá del hermano Collazo [Carmen Rodríguez] fue sanada milagrosamente de una enfermedad incurable de la que había padecido por varios años.

La siguiente mañana, Juan Antonio Collazo y Carmen Rodríguez -padres del hermano Collazo- el hermano Tony, su hermano mayor, [Juan Ramón Collazo Rodríguez], su hermana mayor [Ramona del Carmen Collazo Rodríguez] y sus dos tíos fueron bautizados en agua. Luego del servicio de bautismo, la congregación siguió a Juan Antonio Collazo al almacén donde secaba su cosecha de tabaco. En un abrir y cerrar de ojos, el tabaco que se secaba en el almacén lo llevaron al camino y allí frente a los hermanos de la congregación, el hermano Juan Antonio Collazo, le prendió fuego a los manojos de tabaco que representaban la cosecha de ese año. De ese momento en adelante el hermano Juan Antonio Collazo, jamás volvió a cosechar tabaco.

Varios meses, después de la conversión, la familia se mudó a Santurce. Fue en la iglesia de Santurce donde el hermano Collazo tomó parte activa en los servicios de los jóvenes. La familia Collazo, luego de unos años en Santurce, se mudó a la ciudad de New York en el 1929.

Una vez en New York, la familia se hizo miembro de la Primera Iglesia Pentecostal. El pastor de esta iglesia lo era el reverendo Juan L. Lugo, el misionero que había traído el mensaje pentecostal a Puerto Rico. Fue bajo la dirección del hermano Lugo que el joven Collazo recibió su entrenamiento cristiano adicional y muy pronto tomó liderazgo activo en la iglesia. Por nueve años trabajó fielmente, ocupando posiciones de alta responsabilidad como diácono, líder de jóvenes, superintendente de Escuela Dominical y líder de los cultos al aire libre.[187]

El núcleo familiar del reverendo Manuel Antonio Collazo Rodríguez, además de sus padres, Juan Antonio Collazo y Carmen Rodríguez, incluía los siguientes vástagos: Ramona del Carmen Torres, nacida el 16 de septiembre de 1904, Juan Ramón Collazo Rodríguez[188], nacido el

---

[187] Henry G. Stoppe, "A Short Biography of Brother Collazo: Missionary and Assistant Overseer of Puerto Rico," *The Lighted Pathway*, October 1945, 10. Ver Esdras Betancourt, *En el espíritu y poder de pentecostés: Historia de la iglesia de Dios hispana en Estados Unidos* (Cleveland, TN: CEL Publicaciones, 2016).

[188] El hermano Juan Ramón Collazo Rodríguez fue el padre de la reverenda

22 marzo de 1906, Manuel Antonio Collazo Rodríguez, nuestro "hermano Tony", nacido el 7 de mayo de 1910, María Victoria Pérez, nacida el 10 de diciembre de 1913, Isabel Cristina Acevedo, nacida el 1 de abril de 1915, Carmen María Pérez[189], nacida el 10 de diciembre de 1917 y Celia Colón, hermana de padre, nacida el 11 de septiembre de 1945.[190]

El reverendo Manuel Antonio Collazo Rodríguez en el 1940 fue ordenado como ministro en la Iglesia de Dios Pentecostal. Ese mismo año salió junto al reverendo Lugo de la comunión de la Iglesia de Dios Pentecostal, Inc. y regresó a New York con su familia. En 1941 Antonio Collazo regresa a Puerto Rico para pastorear la Primera Iglesia Pentecostal, Inc. Esta iglesia surgió como resultado de las agrias desavenencias entre el liderazgo local de la Iglesia de Dios Pentecostal en Santurce y las autoridades del Concilio de la Iglesia de Dios Pentecostal, Inc. Estas diferencias surgen luego de la salida del hermano Lugo como pastor de la iglesia en el 1940 y el nombramiento de Fabriciano Picón como pastor de la misma. Los oficiales del Concilio de la Iglesia de Dios Pentecostal, Inc., luego de que el reverendo Fabriciano Picón pastoreara la iglesia por un tiempo, querían sustituirlo como pastor de la iglesia, con el Secretario del Concilio, Benigno Rodríguez Colón. Hubo una seria oposición del liderazgo de la iglesia local hacia esta movida de los oficiales del Concilio. Como resultado del impase, el Concilio de la Iglesia de Dios Pentecostal, Inc. llevó el caso a las cortes del país y prevaleció en el mismo.[191] El grupo que apoyaba al pastor Fabriciano Picón abandonó la iglesia de Santurce e incorporó la Primera Iglesia Pentecostal. Es a esta iglesia a la que llegó Manuel Antonio Collazo Rodríguez como pastor en el 1941. En octubre de 1945 Manuel Antonio Collazo se unió -junto a su iglesia, y otras cinco iglesias y sus pastores, que estaban bajo su supervisión- a la Iglesia de Dios Mission Board que había iniciado obra en Puerto

---

Loida Collazo de Camacho, esposa del reverendo Héctor Camacho Hernández.

[189] Carmen María Pérez, fue la esposa de Johnny Pérez, primer maestro del Mizpa.

[190] Esta información del núcleo de la familia Collazo-Rodríguez me fue provista por Raquel Collazo Lugo, hija de los esposos Collazo-Lugo.

[191] Helen Santiago ofrece un relato detallado de este suceso en su obra: Santiago, El pentecostalismo de Puerto Rico, 207–10.

Rico en el 1943. Unos meses más tarde el reverendo Manuel Antonio Collazo Rodríguez fue nombrado asistente al supervisor C. E. French.

Luego de una vida ministerial plena y profundamente fructífera como ministro ordenado de la Iglesia de Dios (Cleveland, Tennessee), tanto en Puerto Rico como en Estados Unidos, el reverendo Manuel Antonio Collazo Rodríguez fue a morar con el Señor el día 7 de enero de 1989.

Al igual que con Johnny Pérez, el Instituto Bíblico Mizpa tiene otra deuda de gratitud con ese paladín de la obra pentecostal en Puerto Rico y en Estados Unidos, el querido "hermano Tony Collazo". ¡Mi tributo personal a otro joven que brilló con la luz de su Maestro e iluminó el sendero por donde caminó cada día de su vida como un líder y mentor indiscutible de muchos, incluyendo a este autor, en la obra pentecostal!

Mi gratitud personal, de igual manera, a su compañera de toda su vida, la hermana Pérsida Lugo Ortiz (ver foto a la derecha), que al momento que escribo estas líneas todavía comparte una vida plena –a los 97 años- y ha sido mi consultora junta su familia para el desarrollo de esta obra.

En lo que parece que fue su último informe sobre la obra del Instituto Bíblico Mizpa, el reverendo Juan L. Lugo informó en marzo de 1940 a *The Pentecostal Evangel*, que ese año se produciría la segunda clase graduada del Mizpa (ver foto abajo). Su informe menciona que diez nuevos estudiantes se graduarían ese año del Mizpa. Enfatiza que luego de veintitrés años de ardua labor había una membresía de 6,600 y la mayoría de ellos estaban bautizado con el Espíritu Santo. El reverendo Lugo aprovecha el reportaje para indicar que los miembros de la clase graduanda de 1939 estaban todos involucrados en el ministerio. Unos estaban pastoreando iglesias que habían plantado, otros eran pastores asistentes y otros estaba abriendo nuevas obras. Ahora la

iglesia se preparaba para recibir diez nuevos graduados e incorporarlos al ministerio de la iglesia.[192]

De esta manera milagrosa queda establecido el Instituto Bíblico Mizpa, que tendría a su cargo la formación de los pastores y pastoras de la Iglesia de Dios Pentecostal, Inc. primero en su relación con el Concilio General de las Asambleas de Dios y luego de 1957, en su desarrollo como el concilio pentecostal autóctono más numeroso de Puerto Rico.

El Instituto Bíblico Mizpa, de este humilde comienzo se desarrolló en lo que hoy se conoce como la Universidad Pentecostal Mizpa. Está ubicada en el barrio Caimito de Río Piedras, mi barrio, y ofrece diversos programas de formación teológica y ministerial. Sin lugar a dudas, un símbolo incuestionable de la formación pentecostal en Puerto Rico.

Luego de esta visita especial al nacimiento y creación de la escuela pentecostal más antigua y profundamente influyente en la formación de los ministros pentecostales de la Isla, El Caribe y este de Estados Unidos, pasamos a la revisión del movimiento pentecostal durante el período que he llamado "pan tierra y libertad". ¡Adelante! ¡Sin miedo!

---

[192] Juan L. Lugo, "Ten Students to Graduate," *The Pentecostal Evangel*, March 16, 1940, 8.

Capítulo 7

El crecimiento de la obra pentecostal durante el período de "pan, tierra y libertad"

Como indiqué en el capítulo 1, la década de los cuarenta fue dominada por el liderazgo carismático de Luis Muñoz Marín y la hegemonía en el poder gubernamental del Partido Popular Democrático. Luis Muñoz Marín se había separado de Antonio R. Barceló, presidente del Partido Liberal, por sus luchas ideológicas y personalismos irreconciliables desde el 1936. El 22 de julio de 1938 fundó el Partido Popular Democrático (PPD).

Quiero destacar que la consigna con las palabras, "Pan, Tierra, Libertad" que aparecían bajo el emblema del rostro de un jíbaro puertorriqueño, mirando hacia la izquierda con una pava en la cabeza no era un lema nuevo en las luchas políticas de los pueblos. Es bueno anotar, que la consigna con las palabras, pan, paz, tierra y libertad, organizadas en diferente orden, habían sido parte de las consignas de los campesinos rusos desde 1861. Pan, tierra y libertad fue una consigna política ampliamente extendida por el mundo a principio de siglo 20. Era los tiempos en que los pueblos exigían una mejor repartición de las riquezas y abogaban por la nacionalización de empresas de servicios básicos en manos privadas. En la revolución mexicana de 1910 al 1920, Emiliano Zapata y su grupo utilizó la consigna "Tierra y Libertad" como su bandera de lucha revolucionara.[193] El Partido Popular Democrático adoptó la versión: Pan Tierra y Libertad" en el 1938, porque según sus líderes representaba

---

[193] Sobre este tema ver artículo de Armando Bartra, "¡Tierra y libertad! Genealogía de una consigna," *Revista Cuadrivio*, November 3, 2010, http://cuadrivio.net/dossier/%c2%aitierra-y-libertad-genealogia-de-una-consigna/.

la encarnada lucha de los trabajadores en contra de las centrales azucareras y los patronos absentistas que se quedaban con las riquezas del pueblo trabajador. Según Jonathan Washu Zapata-Vázquez:

> El 'Pan' simboliza la garantía de tener salario y permitirle al jibaro llevar alimento a la casa. Ofrecer seguro contra el desempleo, para así poder tener el fruto por lo trabajado. La 'Tierra' simboliza el recurso de la tierra lugar que uno nace y que representa la patria, la seguridad de poder tener recursos (espacio) para ser sus dueños y trabajarlos. La 'Libertad' representa un derecho sagrado de sentirse libre de reunirse con quien uno quiera, libertad religiosa, garantía del derecho a la huelga y la democracia de poder cambiar nuestros destinos.[194]

El Partido Popular Democrático, advino al poder, parcialmente, en las elecciones generales de 1940. El proyecto de país que propulsó el PPD en esas elecciones, tenía un fuerte contenido social, encaminado a proveerle a la masa campesina un mejor mañana de justicia social, mejores salarios y atender, eficientemente, la salud general del pueblo. Ya hemos indicado que en ese tiempo la Isla sufría de enfermedades catastróficas, como la malaria, la tuberculosis y la gastroenteritis. Estas tres enfermedades eran la causa principal de muertes en Puerto Rico.

Luego de este apretado resumen del período de "pan, tierra y libertad" les invito a mirar juntos el crecimiento de la obra pentecostal durante esta época. Este es otro período de grande crecimiento en lo que se esperaba que fuera una nueva sociedad puertorriqueña.

Durante esta época la obra pentecostal en la Isla continuó su crecimiento y desarrollo con sus diferentes grupos pentecostales. La Iglesia de Dios Pentecostal Distrito de Puerto Rico de las Asambleas de Dios, proyecto misionero que había dado origen al movimiento pentecostal puertorriqueño, continuaba el crecimiento que había experimentado en la década de los treinta. El liderato puertorriqueño de la Iglesia de Dios Pentecostal, se afianzó y comenzó a solidificarse un proyecto misionero y administrativo autóctono, a veinticuatro años de haberse

---

[194] Jonathan Washu Zapata-Vázquez, "Historia de la publicidad del Partido Popular Democrático; Logos y diseños," accessed November 25, 2016, http://verguenza-contra-dinero.blogspot.com/.

iniciado la obra pentecostal en la Isla. Luego del 1935, cuando sale Frank Finkenbinder de Puerto Rico, no hubo un misionero más en el cuadro directivo de la Iglesia de Dios Pentecostal.

Conferencia Anual de la Iglesia de Dios Pentecostal de 1941

El crecimiento de la iglesia continuó su espiral ascendente durante el año 1940. Luis C. Otero informó sobre el establecimiento de una nueva obra en Canta Gallos de Juncos donde en los primeros meses "más de cuarenta personas le entregaron su corazón al Señor."[195] Unos meses más tarde, "Frank Finkenbinder bautizó 16 nuevos convertidos en la obra de Canta Gallo."[196] En el informe de la Conferencia anual de 1941, celebrada en Río Piedras, se detalló el desarrollo de la iglesia durante el año 1940. Los informes a la Conferencia presentaron un crecimiento continuo durante todo el año. La membresía alcanzó la cifra de 7,611. De estos, 657 personas fueron bautizadas en el Espíritu Santo y cerca de mil se añadieron a la iglesia. Se habían establecido ya 73 iglesias y 103 campos de predicación. El órgano oficial de la iglesia, el *Evangelista Pentecostal*, tenía una tirada de 4,000 copias mensuales.[197]

El liderazgo que se eligió en esta Conferencia para dirigir los designios de la iglesia al iniciarse la década los cuarenta fue el siguiente: José Martínez, Jr., presidente; Luis C. Otero, asistente al superintendente; Pedro J. Alvarado, tesorero; Miguel Rodríguez, sub-secretario y Luis G. Malavé, sub-tesorero.[198]

---

[195] Louis C. Otero, "Juncos, Puerto Rico," *The Pentecostal Evangel*, April 20, 1940, 12.

[196] Louis C. Otero, "Rain in Puerto Rico," *The Pentecostal Evangel*, August 3, 1940, 8.

[197] Louis C. Otero, "Puerto Rico Annual Conference," *The Pentecostal Evangel*, April 5, 1941, 8.

[198] Louis C. Otero, "Puerto Rico Annual Conference," *The Pentecostal Evangel*, April 5, 1941, 8.

El crecimiento de la obra

En una nota de la redacción en *The Pentecostal Evangel* del 18 de enero de 1941, Noel Perkin indicó lo siguiente: "En Puerto Rico nuestra obra se mueve a pasos agigantados bajo total administración puertorriqueña."[199]

En la primavera de 1941 el evangelista John Nicholi visitó la Isla y a su regreso a Estados Unidos le informó a *The Pentecostal Evangel* que en su campaña evangelística (ver foto a la derecha) en la Isla se salvaron más de mil personas y cientos de personas fueron sanadas.[200]

Conferencia Anual de la Iglesia de Dios Pentecostal de 1942

La Conferencia Anual de 1942 se celebró en un teatro del pueblo de Humacao. La misma se celebró del 19 al 23 de enero. La iglesia local se aprestó para recibir a los pastores y delegados que venía de todos los sectores de la Isla. Sobre este Conferencia Luis C. Otero dijo:

El martes en la mañana dio comienzo la Conferencia, pero la gloria del Señor se mostró tan poderosamente, que estábamos más preparados para un culto de alabanzas que para una sesión de negocios. A través de toda la conferencia esta atmosfera de unidad prevaleció, de manera que, a los oficiales que se les vencía sus términos, fueron unánimemente re-electos y las resoluciones se aprobaron sin mucha discusión.

---

[199] "Our Fields of Greatest Opportunities," *The Pentecostal Evangel*, January 18, 1941, 9. La traducción es del autor.

[200] W. W. Simpson, "Brief Notes from Here and There," *The Pentecostal Evangel*, June 24, 1933, 8. La traducción es del autor.

Las estadísticas para el año 1941 mostraron un gran crecimiento en el movimiento pentecostal. Durante el año 674 creyentes recibieron el bautismo con el Espíritu Santo y varios cientos hicieron profesión de fe. Hay 7,090 estudiantes matriculados en la Escuela Dominical. Ya hay 80 asambleas organizadas y más de 100 puntos de predicación, con un total de 6,998 creyentes en la confraternidad. Se publica una revista con una circulación de 4,200 ejemplares cada mes.[201]

En marzo de 1942, Luis C. Otero solicitaba a los lectores de *The Pentecostal Evangel* que oraran por los niños de Puerto Rico, de manera que se pudieran recibir las lecciones para la Escuela Dominical debido al estado de guerra en que se encontraba el mundo.[202]

En su proyecto por preparar más obreros para la obra pentecostal, se seguía afianzando el ministerio de formación ministerial durante esta década. De ahí la importancia que asumía el Instituto Bíblico Mizpa, en la función evangelizadora de la iglesia. En la edición del 25 de julio de 1942 de la revista *The Pentecostal Evangel*, Luis C. Otero relató la siguiente historia:

> [E]l templo de la iglesia en Santurce, Puerto Rico se llenó a capacidad durante los ejercicios de graduación del Instituto Bíblico Mizpa. [...] Luis C. Otero, como presidente del Instituto ofreció un mensaje, hablando de su visión para una gran escuela bíblica.... Uno de los graduandos leyó un poema bajo el tema: "Dadle vosotros de comer", que en realidad fue un llamado macedonio a los presentes. Dos de los graduandos abordaron el tema: "Y después de la graduación, ¿qué?"

El mensaje principal lo ofreció el misionero Elwood C. Hoey, cuyas palabras se asemejaban a unas "gotitas de oro", mientras aconsejaba a la clase graduanda a serles fiel al Señor y a su obra. Luego del mensaje el superintendente, José Martínez,

---

[201] Louis C. Otero, "Puerto Rican Work Prospers," *The Pentecostal Evangel*, April 4, 1942, 8. La traducción es del autor.

[202] Louis C. Otero, "Nota de la redacción," *The Pentecostal Evangel*, April 21, 1942, 12. La traducción es del autor.

El crecimiento de la obra

tuvo a su cargo la presentación de los diplomas a los graduados.[203]

Hay una nota de Elwood Hoey, en la edición de *The Pentecostal Evangel* del 13 junio de 1942, solicitando oración para conseguir que se les permitiera visitar a los soldados desplegados en las bases de la Isla, para realizar servicios con regularidad y sistemáticamente.[204]

La Conferencia Anual de la Iglesia de Dios Pentecostal de 1943

La Conferencia Anual de 1943, auspiciada por la iglesia de Mayor Cantera, se llevó a cabo en el Teatro La Perla en la ciudad de Ponce. En un resumen del desarrollo de la obra que se ofreció en la edición del 29 de mayo de 1943 de la revista *The Pentecostal Evangel*, se destacó la siguiente información:

Puerto Rico: Las Asambleas de Dios están establecidas en una serie de islas caribeñas. La obra más grande en cualesquiera de las islas, está ubicada en Puerto Rico, donde tenemos uno de los más finos ejemplos de una obra autóctona. Nuestros hermanos puertorriqueños han sido capaces por algún tiempo de encaminar la obra con muy poca asistencia financiera y el crecimiento de la obra ha sido extraordinario. Hoy tenemos 85 iglesias con 7,765 miembros, junto a un número considerable de puntos de predicación. Hay 103 Escuelas Dominicales con una asistencia de 9,126. El Distrito de Puerto Rico tiene 23 ministros ordenados, 28 predicadores licenciados, 17 exhortadores y 35 otros trabajadores que están involucrados en varias formas de servicio ministerial y misionero. Considerando el tamaño del campo, hemos logrado un trabajo extraordinario.[205]

---

[203] Louis C. Otero, "More Laborers for the Harvest in Puerto Rico," *The Pentecostal Evangel*, July 25, 1942, 8. La traducción es del autor.

[204] Elwood Hoey, "Nota de la redacción," *The Pentecostal Evangel*, June 13, 1942, 13. La traducción es del autor.

[205] "Flashes from Our Missionary Lighthouses," *The Pentecostal Evangel*, May 29, 1943, 7. La traducción es del autor.

Este crecimiento y desarrollo autónomo, vertiginoso e imparable –entre otras razones- fue lo que eventualmente impulsó al liderazgo de la Iglesia de Dios Pentecostal a buscar que el Concilio General de las Asambleas de Dios, declarara y aceptara formalmente a la Iglesia de Dios Pentecostal como un Distrito del Concilio General de las Asambleas de Dios. Pero en esta etapa, el Concilio General mantuvo a la obra en Puerto Rico bajo el Departamento de Misiones. Esta fue una lucha constante, encarnada e infructífera del liderazgo de la Iglesia de Dios Pentecostal frente al liderazgo de Concilio General. Cuando el Concilio General de las Asambleas de Dios estuvo dispuesto a aceptar la obra puertorriqueña como uno de sus Distritos, ya era demasiado tarde y la Iglesia de Dios Pentecostal con su trabajo autónomo, robusto y su impresionante ministerio en la Isla, se separó formalmente del Concilio General de las Asambleas de Dios en 1957. Este desarrollo histórico lo estudiaremos más adelante.

Organización de la Iglesia de Dios *Mission Board* (1944)

La Iglesia de Dios *Mission Board* es fruto también del desarrollo de un número de iglesias independientes que surgen de la *misión pentecostal puertorriqueña* y luego de la campaña del evangelista Francisco Olazábal en Río Piedras, en 1934. Como indiqué en las páginas anteriores, el impacto de esta campaña fue indudablemente fructífera en la creación de nuevos grupos pentecostales independientes de la obra realizada por la Iglesia de Dios Pentecostal Distrito de Puerto Rico del Concilio General de las Asambleas de Dios.

La obra de la Iglesia de Dios *Mission Board* en Puerto Rico, se inició en el 1944, atrayendo bajo sus alas a unas cuatro iglesias independientes que se habían formado desde mediados de la década de los treinta. Una de estas iglesias se conocía con la Iglesia de "Los Setenta", pastoreada por Lorenzo Delgado Balcasa y ubicada en la calle San Juan en Santurce. Otra de las iglesias que formó parte del núcleo original, fue la Iglesia Cristiana Nazaret, pastoreada por Fabriciano Picón y ubicada en el barrio Trastalleres de Santurce. La tercera iglesia del grupo origi-

El crecimiento de la obra

nal fue la Iglesia Cristiana en Cupey, pastoreada por José Rivera Figueroa y la cuarta la Iglesia Discípulos de Dios en Cristo Jesús en el barrio Coto Norte de Manatí, pastoreada por Ángel Berganzo.[206] Corría el mes de julio de 1944, cuando J. H. Ingram, misionero de la Iglesia de Dios (Cleveland, Tennessee) visitó a Puerto Rico y se reunió con los pastores de las iglesias mencionadas en el párrafo anterior y algunos de sus ayudantes. La reunión se llevó a cabo en la Iglesia de "Los Setenta" en Santurce y la misma fue convocada, según el reverendo José Rivera Figueroa[207] –uno de los participantes- por el reverendo Fabriciano Picón. Además, de Ángel Berganzo, Lorenzo Delgado Balcasa, José Rivera Figueroa y Fabriciano Picón, estuvieron presentes en la reunión inicial con el misionero Ingram, Mateo Vellón, co-pastor de la Fabriciano Picón en la Iglesia Cristiana Nazaret de Trastalleres, Epifanio Figueroa, co-pastor de José Rivera Figueroa en la Iglesia Cristiana en el sector la Marina de Cupey, Río Piedras, Ernesto Pellot un laico de la Iglesia de "Los Setenta" en Santurce, José Moreno, Julio López y Rosa Marcano misioneros locales.

Los temas principales de esta reunión incluyeron los siguientes asuntos: Una discusión amplia sobre la Declaración de Fe de la Iglesia de Dios (Cleveland, Tennessee). Este era un asunto que los misioneros de la Iglesia de Dios abordaban de inmediato, cuando discutían el punto de la unión de iglesias independientes con la Iglesia de Dios. El misionero Ingram le señaló al grupo lo siguiente: En la Iglesia de Dios, esto creemos:

- En la inspiración verbal de la Biblia.
- En un Dios que existe eternamente en tres personas, a saber: el Padre, el Hijo y el Espíritu Santo.
- Que Jesucristo es el unigénito del Padre, concebido del Es-

---

[206] Ver: Wilfredo Estrada Adorno, "The Reconciliation of Charismatic Pastors and Bible College Professors in the Service of Training for Future Ministry in the Pentecostal Bible College of the Church of God" (DMin Disertation, Emory Univeristy, 1982), 30–37; Luz M. Rivera, *Historia de La Iglesia de Dios en Puerto Rico* (Trujillo Alto, PR: Colegio Bíblico Pentecostal, 2006).

[207] Luz M. Rivera, *Historia de La Iglesia de Dios En Puerto Rico* (Trujillo Alto, PR: Colegio Bíblico Pentecostal, 2006), 23.

píritu Santo y nacido de la virgen María. Que fue crucificado, sepultado y resucitó de entre los muertos. Que ascendió al cielo y está hoy a la diestra del Padre como nuestro Intercesor.

- Que todos han pecado y han sido destituidos de la gloria de Dios, y que el arrepentimiento es ordenado por Dios para todos y necesario para el perdón de los pecados.
- Que la justificación, la regeneración y el nuevo nacimiento se efectúan por fe en la sangre de Jesucristo.
- En la santificación, siguiente al nuevo nacimiento, por fe en la sangre de Jesucristo, por medio de la Palabra y por el Espíritu Santo.
- Que la santidad es la norma de vida, de Dios, para su pueblo.
- En el bautismo con el Espíritu Santo, subsecuente a la limpieza del corazón.
- En hablar en otras lenguas, como el Espíritu dirija a la persona, lo cual es la evidencia inicial del bautismo en el Espíritu Santo.
- En el bautismo en agua por inmersión, y que todos los que se arrepienten deben ser bautizados en el nombre del Padre, del Hijo y del Espíritu Santo.
- Que la sanidad divina es provista para todos en la expiación.
- En la cena del Señor y el lavatorio de los pies de los santos.
- En la segunda venida de Jesús antes del milenio. Primero, a resucitar a los justos muertos y arrebatar a los santos vivos hacia Él en el aire. Segundo, a reinar en la tierra por mil años.
- En la resurrección corporal; vida eterna para los justos y castigo eterno para los inicuos.

El crecimiento de la obra

Un segundo tema discutido se relacionó con el credencialismo de los ministros que llegarían a la Iglesia de Dios de otras iglesias. Al igual que el Concilio General de las Asambleas de Dios, la Iglesia de Dios tenía un estricto proceso para ofrecer credenciales a los ministros. De ahí que este fuera un tema importante en esta primera reunión. Un tercer tema tuvo que ver con las escrituras de las propiedades de las iglesias. La Iglesia de Dios por tener un gobierno eclesial episcopal todas las propiedades tenían que estar a nombre de Iglesia de Dios. En cuarto lugar, tocaron el tema del evangelismo. La Iglesia de Dios estaba comprometida con un sólido programa de evangelismo mundial y deseaban que todas sus iglesias se involucraran en la evangelización de su obra local y en otros lugares donde la Iglesia de Dios tenia obra. Luego de esta productiva discusión, los ministros presentes en la reunión acordaron unirse a la Iglesia de Dios (Cleveland, Tennessee). Para darle seguimiento a los acuerdos tomados, se nombró un Comité Timón formado de la siguiente manera: Fabriciano Picón, presidente; Lorenzo Delgado Balcasa, secretario-tesorero y los siguientes vocales: José Rivera Figueroa, Julio López y Rosa Marcano.

Chancel Eugene French (1914-2009) fue nombrado como primer supervisor de la naciente obra de la Iglesia de Dios *Mission Board* en octubre de 1944 (ver foto a la derecha). "El hermano French", como le decíamos cariñosamente, llegó a la Isla acompañado de su esposa Ellen French y sus cuatro hijos, en aquel entonces: Chancel, David, William Joseph y Samuel. Posteriormente, el matrimonio tuvo un quinto hijo, llamado Gordon.

De inmediato el hermano French comenzó la obra con las cuatro pequeñas iglesias que se habían unido a la Iglesia de Dios. Durante sus primeros meses en Puerto Rico se incorporó la iglesia en el Departamento de Estado de Puerto Rico. Cuando se fue a incorporar con el nombre de Iglesia de Dios, no se pudo incorporar con ese nombre porque ya existía una iglesia con el nombre. La Iglesia de Dios, Inc. se había incorporado con ese nombre el 17 de septiembre de 1942. Como resultado esta nueva iglesia con el nombre de Iglesia de Dios, tuvo que incorporarse con el apellido *Mission Board* entre paréntesis, para diferenciarla de la Iglesia de Dios, Inc,[208] presidida por Aurelio Tiburcio Cruz. La razón para añadirle *Mission Board* entre paréntesis fue porque la nueva obra pentecostal en la Isla, trabajaba bajo la sombrilla del Departamento de Misiones de la Iglesia de Dios (Cleveland, Tennessee). Con el correr del tiempo la iglesia se vino a conocer como: "Iglesia de Dios *Mission Board*" y muchas veces sólo se identificaba, como la "Iglesia *Mission Board*".

La primera convención de la Iglesia de Dios *Mission Board* se celebró en el templo de la iglesia en la calle San Juan, pastoreada por el reverendo Lorenzo Delgado Balcasa en el 1945. En esa convención, el reverendo Antonio Collazo se unió con cuatro iglesias bajo su supervisión a la Iglesia de Dios *Mission Board*. Las cuatro iglesias que se unieron, junto a la que pastoreaba Collazo en la calle Europa en Santurce, fueron las siguientes: (1) La iglesia pastoreada por el reverendo Tomás de Jesús en el barrio Hoare en Santurce; (2) la iglesia pastoreada por el reverendo Juan Falero en Villa Palmeras en Santurce; (3) la iglesia pastoreada por el reverendo Nicomedes Valcarcel en el barrio Palmarejos de Corozal y (4) la iglesia pastoreada por el reverendo Saturnino Rodríguez en el barrio Ingenio de Toa Baja. Es justo señalar que desde que el reverendo C. E. French llegó a Puerto Rico, Antonio Collazo se convirtió en su intérprete regular y lo acompañaba por diferentes lugares en toda la Isla. De esta forma, se desarrolló una amistad muy cercana entre estos dos paladines de los inicios de la Iglesia de Dios *Mission Board* en Puerto Rico.[209]

El 1 de enero de 1946, el Departamento de Misiones de la Iglesia de Dios (Cleveland, Tennessee) le dio instrucciones al reverendo C. E. French para que cambiara su residencia para la República Dominicana. El historiador de la Iglesia de Dios, Charles W. Conn dice sobre este desarrollo histórico lo siguiente:

---

[208] La misma situación le pasó a la Iglesia de Dios en Estados Unidos. Cuando se fue a incorporar la iglesia con el nombre de "Iglesia de Dios", hubo que añadirle entre paréntesis *Cleveland, Tennessee*, porque ya estaba incorporada la Iglesia de Dios de Anderson, Indiana. La Iglesia de Dios de Anderson, Indiana es una iglesia de la santidad no pentecostal.

[209] Ver: Luz M. Rivera, *Historia de La Iglesia de Dios En Puerto Rico* (Trujillo Alto, PR: Colegio Bíblico Pentecostal, 2006), 28.

El crecimiento de la obra

Por cinco meses, French supervisó tanto la obra en la República Dominicana como en Puerto Rico, con Collazo como su asistente en Puerto Rico. La obra se desarrolló bien con este arreglo, logrando establecer veintidós iglesias con 1,364 miembros. La isla de Vieques, a diez millas de la costa este de Puerto Rico, y uno de sus municipios, también fue alcanzada durante este periodo. En la primavera de 1946, cuando French dejó el área del Caribe para ir a la India [el corazón de su llamado misionero] Collazo fue nombrado supervisor de la obra en Puerto Rico.[210]

De este momento en adelante, hasta el 1958, el reverendo Antonio Collazo y su esposa Pérsida Lugo, la hija mayor de Juan L. Lugo, se convirtieron el eje central del desarrollo de la iglesia de Dios *Mission Board*. La iglesia de Dios *Mission Board*, de la década de los cuarenta en adelante, comienza a descollar como un movimiento pentecostal significativo en Puerto Rico. Su énfasis en la educación bíblica y teológica, le permitió muy pronto (1956) desarrollar un instituto bíblico (Instituto Bíblico Interamericano) que, eventualmente, se convertiría en lo que hoy se identifica como la Universidad Teológica del Caribe.

La Conferencia Anual de la Iglesia de Dios Pentecostal de 1944

En una reseña publicada en la revista *La Luz Apostólica* en el mes de abril de 1944 el ejecutivo de Concilio General de las Asambleas de Dios, Henry C. Ball, consigna lo siguiente sobre su visita a Puerto Rico ese año:

Puerto Rico: Después de una ausencia de 23 años[211] regresé a esta isla. Los hermanos Martínez (el superintendente) y

---

[210] Estrada Adorno, "The Reconciliation of Charismatic Pastors and Bible College Professors in the Service of Training for Future Ministry in the Pentecostal Bible College of the Church of God," 32. La traducción es del autor.

[211] Se refiere a aquella visita a Puerto Rico, durante la Conferencia Annual de 1921, que se celebró en Arecibo. A esa Conferencia, vino como enviado del Presbiterio Ejecutivo del Concilio General de las Asambleas de Dios, para oficializar los acuerdos que los líderes nacionales puertorriqueños habían tomado, sin la presencia de un ejecutivo del Concilio General, en la Conferencia de 1920. Ver Wilfredo Estrada-Adorno, *El fuego está encendido: Historia del pentecostalismo puertorriqueño y su impacto en la sociedad*, vol. 2, 100 años después (Cleveland, TN: CEL Publicaciones, 2016), 109–25.

Otero (director del instituto) me encontraron en la estación [del tren]. Pasé 10 días muy felices en Puerto Rico. Visité al Instituto. Es un lindo lugar, buenos edificios, 23 estudiantes, y tiene un buen profesorado. El hno. Otero tiene que sacrificarse para poder hacer lo que hace por el Instituto.

Visité las iglesias de Bayamón, Arecibo, Mayagüez, Ponce, Coamo (iglesia que fundó el hno. Celso Valentín de California), Santurce, San Juan y Humacao. Los espaciosos templos de Arecibo, Ponce, y Santurce me sorprendieron. El de Arecibo es el más lindo de todos, como el más nuevo a la vez.

Prediqué por radio desde la ciudad de Río Piedras. Los hermanos presentaban muy buen programa, consistiendo de himnos, música y el mensaje de la Palabra de Dios.

Creo que habrían hasta 2,000 en asistencia algunas veces en la Convención Anual en Santurce. El clímax fue la gran "parada" –desfile- cuando unos 2,000 o más marchamos por las calles principales de Santurce, cantando himnos, tocando música sagrada, citando textos de la Palabra de Dios. Los muchos letreros que llevamos en las manos también daban testimonio. Al frente de la parada iban unos policías para guardar el orden y abrirnos paso entre el tráfico.

Tenemos mucha necesidad de un gran templo en la capital, San Juan. Allí la iglesia paga $50.00 mensuales de arrienda. Es imposible que toda la congregación se reúna en un solo culto, no hay lugar. Humacao, nuestra iglesia más grande en Puerto Rico, no tiene templo todavía. La congregación está trabajando para edificar un templo lo antes posible.

La Asamblea de Dios en Puerto Rico es la iglesia más grande de las evangélicas. Dios de esta manera ha probado a sus hijos que el Bautismo del Espíritu Santo da el poder de ganar almas.[212]

---

[212] Henry C. Ball, "Dios obrando en Las Antillas," *La Luz Apostólica*, April 1944,

3.

El crecimiento de la obra

Hay varias cosas que me llaman la atención de esta reseña. Primero, el proyecto radial tan temprano en su historia de la obra pentecostal. El mismo H. C. Ball, quedó impresionado con el contenido y estructura del programa. Es muy probable que este proyecto de evangelización radial, sea uno de los primeros esfuerzos de la obra pentecostal en las ondas radiales. Segundo, a los veintiocho años de organizada la iglesia, en medio de sus escasos recursos, ya había construido tres templos y estaban en proceso de construir otro en una ciudad importante, en adición a las capillas en las diferentes áreas rurales. Tercero, el impacto social en las comunidades. El hecho, de que efectivos de la Policía de Puerto Rico, escoltaran la parada de los delegados que asistieron a la convención de Santurce, por sus calles principales, era una demostración de que ya el gobierno escuchaba las peticiones de la iglesia pentecostal. Cuarto, el detalle de que ya la Iglesia de Dios Pentecostal se había convertido, en solo 28 años, en la iglesia evangélica más grande de Puerto Rico. Ciertamente, todos estos logros, eran razones poderosas para celebrar el desarrollo y crecimiento vertiginoso de la Iglesia de Dios Pentecostal en la Isla.

En abril de 1950 hay una nota en la revista *Christ's Ambassadors Herald,* nuevamente enfatiza el grado de autonomía financiera y administrativa de la Iglesia de Dios Pentecostal. La nota que encontré oculta dentro de un extenso artículo dice:

> Queremos reafirmar que la organización de las Asambleas de Dios tiene el trabajo pentecostal más amplio en Puerto Rico. La organización se ha desarrollado allí por un gran número de años sin necesidad de misioneros –el pueblo mismo ha aceptado la responsabilidad de llevarles el evangelio a los no convertidos.[213]

Primera campaña del evangelista Roberto Fierro

A principios de 1950 el evangelista, Roberto Fierro, quien llegó a ser muy querido y respetado por el pueblo puertorriqueño, arribó a Puerto Rico para celebrar su primera campaña de evangelización y sanidad divina.

---

[213] Mal Blakeney, "When the Ambassador Was Dedicated and Initiated," *Christ's Ambassadors Herald*, April 1950, 18. La traducción es del autor.

Fierro llegó a la Isla como invitado de la Iglesia de Dios Pentecostal de Santurce. Muy pronto ante el poderoso ministerio del evangelista Roberto Fierro, la campaña tuvo que ser trasladada al parque Muñoz Rivera en San Juan. Los informes de sanidades milagrosas fueron la mejor publicidad que recibió la campaña. El reverendo Demetrio Bazán en un extenso artículo en la revista *La Luz Apostólica* señaló lo siguiente con relación a esta campaña de Roberto fierro en Puerto Rico:

La prensa Isleña dio amplia publicidad diariamente a los resultados de la campaña (ver foto a la derecha). El redactor de 'El Imparcial', Sr. José Aulet, en su reportaje de 15 de febrero, dice: 'Más de tres mil personas contemplaron llenas de asombro y entre exclamaciones como el anciano Jesús Lombrano, quien momentos antes había subido a la plataforma de la Iglesia de Dios Pentecostal de Santurce, apoyándose en dos muletas, pudo bajar libremente sin ayuda alguna, después que el evangelista mejicano Roberto Fierro oró por él, y le puso aceite en la frente'.

El mismo Sr. Aulet reporta la sanidad del ciego Guillermo de la Cruz, quien testificó el miércoles haber recibido la vista el lunes anterior cuando el hno. Fierro oró por él en la iglesia de Santurce, y llevado de la mano por Tomás Artero, llegó hasta Roberto para que orara por él, y recibió la vista.

[...] En la campaña cooperaron las Denominaciones Pentecostales, Discípulos de Cristo, Metodista, Bautista y Alianza Cristiana. 'El número de 'conversiones' dice la corresponsal Marina L. Molina de 'El Mundo,' se calcula en 13,000.' [...] En su edición del 28 de febrero, 'El Mundo', periódico de San Juan, asegura que más de 20,000 (veinte mil) personas escucharon al evangelista Fierro en el parque atlético de Humacao.

'Por otra parte se informó en San Juan que se calcula que cerca de 200,000 (doscientas mil) personas han oído al evangelista Fierro en la Isla (ver foto a la derecha), y han presenciado sus curaciones divinas,' escribe Molina en 'El

Mundo.' Además 'Agentes de la Uniformada calcularon que el sábado pasado por la noche, 25,000 personas asistieron al parque Muñoz Rivera de San Juan, a despedirlo.'[214]

Un mes más tarde, Roberto Fierro, en una entrevista con *The Pentecostal Evangel,* publicada el 10 de junio de 1950, relataba lo siguiente sobre su campaña de febrero y marzo de 1950:

> Un hermano de Bakersfield, California, el señor Bryan S. Smith me llamó y me dijo: 'hermano Fierro, Siento que Dios quiere que vayamos a Puerto Rico y Dios ha puesto en mi corazón que usted es el evangelista'. Yo le respondí: 'Está bien, pero Dios no ha dicho eso todavía'. '[Él me dijo] Bueno pues es tiempo de que empieces a orar'. Comencé orar; y luego lo llamé y le dije:' Está bien, iré'.
>
> Le escribí al Superintendente de nuestras Asambleas de Dios en Puerto Rico, diciéndole: 'Hermano Alvarado [reverendo Pedro Juan Alvarado], alquile el salón más grande que usted encuentre en Puerto Rico'. Sentía que Dios estaba en el asunto y que iba a bendecir el proyecto. [El hermano Alvarado] me respondió: 'El salón más grande que se puede encontrar en Puerto Rico es un teatro. Nuestros templos pentecostales pueden acomodar tanta gente como los teatros, así que, si usted está de acuerdo, realizaremos las reuniones en uno de nuestros templos'.

---

[214] Demetrio Bazán, "Dios visita a Puerto Rico," *La Luz Apostólica,* May 1950, 5–13.

Sentí que el Espíritu del Señor vino sobre mí. Lo alcancé y puse mis manos sobre su frente y oré en español: 'En el nombre de Jesús de Nazaret recibe la vista'. Aquel hombre ciego recibió la vista y exclamó en español: 'Quiero ver a mi esposa; quiero ver a mis hijos; quiero ver a mi pastor'. De inmediato le trajeron su esposa e hijos que nunca antes había visto en su vida.

¡Se pueden imaginar lo que ese milagro le hizo a la congregación, bueno, no sólo a la congregación, sino también al hermano Fierro! Muy pronto el templo se abarrotó y cerraron las calles contiguas. De inmediato, se organizaron unas largas filas de enfermos que venían buscando oración de sanidad. Me quité el saco y comencé a orar por ellos. Fue la cosa más maravillosa que jamás había visto, mis amigos. Las muletas comenzaron a salirse de debajo de los cojos; los ciegos comenzaron a gritar: 'Veo, veo'. Los fotógrafos de los periódicos llegaron. Un reportero de uno de los periódicos también llegó. Al siguiente día apareció el titular en uno de los periódicos de San Juan, Puerto Rico (*El Imparcial*): 'Evangelista hace curaciones en San Juan'. Llevé el periódico a la congregación y le dije: 'Este reportero del periódico cometió un error. Dejó algo sin decir. Debió haber dicho: 'El Dios del evangelista hizo curaciones en San Juan'. Entonces usé esa frase como el tema de mi sermón de la noche y prediqué sobre el poder del amoroso nombre de Jesús. De esa noche en adelante los periodistas estuvieron presentes allí. Lo que fue maravilloso para mí de esta experiencia, fue que sentí que Dios quería darle un avivamiento del Espíritu Santo a Puerto Rico.

No repartimos una sola hoja suelta, anunciando la campaña. No hicimos un anuncio por la radio. ¡No hay una mayor atracción hoy que el poder del Espíritu Santo! Así que tuvimos que mudarnos del templo de la iglesia de las Asambleas Dios a un lindo y amplio parque de recreo [el Parque Luis Muñoz Rivera en San Juan]. Acordamos un altar de cómo medio bloque de largo y treinta y cinco pies de ancho. La Policía estimó que la primera noche se reunieron en el lugar cerca de 10,000 personas. Esa primera noche el altar improvisado se llenó con más de 2,000 personas orando antes de comenzar la campaña.... Cada

El crecimiento de la obra

noche la multitud creció de 17,000 a, 20,000 y 25,000. Estos no son mis números; estos [b]ienes de los informes de la Policía.[215]

Según los relatos sobre esta campaña evangelística masiva, la persecución de la Iglesia católica no se hizo esperar. El mismo Fierro señaló que los obispos intentaron intimidar a sus feligreses para que no asistieran a sus reuniones evangelísticas. Las palabras de Fierro fueron las siguientes: "Un día apareció un titular en una de los periódicos: 'Cualquiera que asista a las reuniones del evangelista Fierro será excomunicado por el obispo de la Iglesia católica en Puerto Rico'." Fierro afirmó que esa noche el tema de su mensaje fue: "Mis amigos, ellos me ex-comunicaron hace dieciocho años." Esa noche, añadió Fierro, más de 2,000 personas aceptaron a Jesucristo como Salvador.

En una íntima y emocionante reflexión sobre su primera campaña en Puerto Rico, Roberto Fierro dice:

Los periódicos en Puerto Rico, como los de Latino América, son propiedad y están controlados por amigos de la Iglesia católica. Sin embargo, éstos le dieron una amplia cobertura a mi campaña como a ningún otro avivamiento en Puerto Rico, según me informaron los hermanos. Cito de un artículo escrito por un corresponsal católico del periódico El Mundo, el martes 28 de febrero de 1950: 'Multitudes escucharon al evangelista Roberto Fierro. Se calcula que cerca de 200,000 personas escucharon al evangelista Roberto Fierro y atestiguaron sus milagros de sanidad divina en sus diez días de Campaña en San Juan, Puerto Rico. Diariamente hablaba más de dos veces y regularmente en la radio y a veces en una cadena radial de veinte emisoras. El pasado domingo habló y curó enfermos durante una transmisión por una cadena radial que duró tres horas.[216]

A la campaña de Roberto Fierro en Bayamón asistieron más de 30,000. Según Fierro, la asistencia fue propulsada por la sanidad de un paralítico que había recibido sanidad a través de la radio antes de Fierro

[215] Roberto Fierro, "The Sings Are Following," *The Pentecostal Evangel*, June 10, 1950, 2–12. La traducción es del autor.

[216] Ibid. La traducción es del autor.

llegar a Bayamón. El paralítico, conocido en el pueblo, comenzó a anunciar por todas las calles que había sido sanado por medio de la oración del evangelista Roberto Fierro a través de la radio. El anuncio del paralítico, de acuerdo a Fierro, era el siguiente: "¿Se acuerdan de mí? Yo soy el paralítico que había sido confinado por más de diecisiete años a una cama. ¡Aleluya! Dios me ha sanado a través de la radio y el evangelista viene esta noche para Bayamón."[217] Para Fierro ésta fue la mejor manera de anunciar su campaña en Bayamón. "Cuando llegué esa noche a Bayamón había 30,000 hombres y mujeres en el parque. Esta multitud se comenzó a reunir desde las 7:00 de la mañana, aunque la campaña estaba anunciada para comenzar a las 7:30 p. m."[218]

Como fruto de la campaña de Roberto Fierro y otras actividades evangelísticas, incluyendo la campaña del evangelista estadounidense T. L. Osborn, la obra pentecostal continua su crecimiento y desarrollo en todas sus órdenes durante la década de los cincuenta. El ministerio de sanidad divina de T. L. Osborn, durante su campaña en 1950, fue poderoso en milagros y trajo un vigoroso despertar hacia el mensaje pentecostal en el pueblo puertorriqueño. Uno de los muchos milagros que se confirmaron fue el Juan Santos, un hombre que quedó parapléjico y por 16 años se arrastró por las calles de la ciudad de Ponce, pero un día en la campaña de T. L. Osborn recibió sanidad milagrosa y se convirtió en un símbolo del poder de Dios en la ciudad de Ponce.[219]

Como parte del avivamiento que se desarrolló en la Isla, con motivo de las campañas evangelísticas masivas, el crecimiento de la obra pentecostal continuó su espiral ascendente. En una nota en *The Pentecostal Evangel* en marzo de 1950, Henry C. Ball, describe sucintamente el crecimiento de la Iglesia de Dios Pentecostal informado en la Conferencia de ese año. La nota dice lo siguiente:

> Muchos miembros de la iglesia en Puerto Rico se han movido a New York. Sin embargo, alrededor de 13,00 todavía

---

[217] Ibid., 12. La traducción es del autor.

[218] Ibid. La traducción es del autor.

[219] "T. L. Osborn – Man Crippled by Bullet Miraculously Healed - Testimonies Blog," accessed January 31, 2017, http://healingandrevival.com/testimonies/?p=152.

quedan en la Isla. Las Asambleas de Dios tienen el número mayor de miembros de todas las iglesias evangélicas en Puerto Rico. Tiene 175 ministros, 133 iglesias organizadas, 104 estructuras eclesiásticas, 300 misiones. El año pasado las Asambleas de Puerto Rico ofrendaron $3,000 para las misiones y enviaron el dinero a Cuba y la República Dominicana.[220]

En la edición de diciembre de 1952 de la revista *La Luz Apostólica* el evangelista Roberto Fierro hace un relato de su segunda visita a Puerto Rico y como Dios continúa bendiciendo la obra pentecostal en la Isla. Las palabras del evangelista Fierro son impresionantes:

Tenía que pararme aquí. Dios está abriendo grandes avenidas de oportunidades mucho más que lo que nuestros fundadores del ayer acariciaron en sus sueños. El avivamiento continúa en Puerto Rico.

Fui a la ciudad de Caguas donde el hno. Elías Chamorro es pastor. El Alcalde de la ciudad [Ángel Rivera Rodríguez] nos dio permiso para cerrar cuatro calles que dan frente al templo de nuestra Asamblea de Dios. Miles se apretaron en las calles. ¡Aquello era impresionante! Cientos vinieron buscando a Dios. Las estaciones de radio volvieron a darme tiempo gratis para predicar el mensaje pentecostal.

Después fui a Juncos, donde el hno. Luis C. Otero armó una plataforma en el centro del pueblo. El pueblo entero otra vez más llenó cuatro calles y cerró el tráfico por tres horas y media mientras la gloria de Dios descendía sobre nosotros. Me sentí guiado a orar por los enfermos. No podía menos que dar a Dios la gloria por los milagros que hubo. No hice llamamiento al altar; pero un hombre cuyas lágrimas rodaban sobre su cara vino corriendo a mi y me dijo en español: '¿No vas a dar lugar para buscar a Cristo?' El Hno. Otero me dijo: 'Hno. Fierro, la gente está pidiendo que haga llamamiento al altar.' Regresé corriendo a la plataforma para hacerlo, y cientos de manos se elevaron al cielo y lágrimas corrían por las mejillas llorando en alta

---

[220] Henry C. Ball, "West Indies Conventions," *The Pentecostal Evangel*, March 4, 1950, 11. La traducción es del autor.

voz: 'Señor Jesús, ten misericordia de nosotros y sálvanos por tu nombre.'[221]

En una nota de la revista, *The Bridegroom's Messenger* se menciona la visita del misionero estadounidense Leroy Cossey que habla sobre una corta visita a Puerto Rico. Lo más importante del breve informe sobre su visita a la Isla son las siguientes palabras:

> "El poder ciertamente cae en los servicios y los nativos llegan al altar buscando salvación en grandes números. La iglesia estaba repleta la noche pasada (asistieron como 200 personas).
>
> [...] El costo de vida es como el de los Estados Unidos. Hay más libertad para predicar en las calles aquí que allá. Tuvieron servicios [en Ponce] en las calles cada noche durante la convención. No hay mucha oposición de la Iglesia católica.[222]

Este mismo misionero Cassey, hablando en el siguiente número de la revista The Bridegroom's Messenger, informó sobre esta convención de la Iglesia de Dios Pentecostal en Ponce lo siguiente: "He sido informado que hay muy pocos misioneros en Puerto Rico; los pastores nativos llevan a cabo la obra de la iglesia y construyen sus propios templos. Puedo ver una gran necesidad de trabajo pionero, siendo que todavía hay mucho por hacer en esta preciosa Isla.

Conferencia de la Iglesia de Dios Pentecostal en 1954

La Conferencia anual de la Iglesia de Dios Pentecostal de 1954 se celebró en la ciudad de Guayama. Sobre esta Convención el reverendo Demetrio Bazán redacta lo siguiente:

> Visité la Isla de Puerto Rico, asistiendo a la Conferencia anual de nuestra obra, y predicando en algunas de las iglesias. Me gocé mucho en la comunión con aquellos hermanos. La

---

[221] Roberto Fierro, "Mi viaje a las Americas," *La Luz Apostólica*, December 1952, 5.

[222] "From the West Indies," *Bridegroom's Messenger*, March 1953, 5. La traducción es del autor.

El crecimiento de la obra

Conferencia se celebró en Guayama. Estuvo muy concurrida y bendecida. Nuestro hno. Pedro Juan Alvarado la ha venido presidiendo por varios años. *Entre otras cosas, arreglamos acuerdos que tienden a establecer mejores relaciones orgánicas entre ambos trabajos, a facilitar el intercambio de miembros y extender ayuda más práctica a toda la hermandad de ambos países.*[223] Ambas directivas han establecido eslabones más fuertes en los lazos de amor cristiano. Oremos por nuestro hno. Alvarado, y por toda la directiva de Puerto Rico.[224]

Espíritu de ofrendar del pueblo puertorriqueño

Hay una historia de la redacción de la revista *The Pentecostal Evangel*, en su edición del 28 de diciembre de 1954, que relata la misionera Trella Hall quien se encontraba en Puerto Rico porque su barco hizo escala en la Isla, por dos días, antes de seguir a su destino misionero en Colombia. Dijo la misionera Hall:

Estoy en Puerto Rico en mi viaje de regreso a Colombia y algo que ha sucedido hoy aquí me ha impresionado mucho y quiero compartirlo con ustedes. Mi barco hizo escala en San Juan por dos días y pude ponerme en contacto con mis hermanos que están afiliados con las Asambleas de Dios. Como ustedes saben no hay misioneros aquí en Puerto Rico. Fue mi privilegio visitar el Instituto Bíblico Mizpa esta mañana y hablar en la capilla y luego de escucharme decidieron enviar una ofrenda

---

[223] Esta oración -énfasis suplido por el autor- deja entrever la lucha estructural que la Iglesia de Dios Pentecostal tenía ya desde hacía varios años con el Concilio General de las Asambleas de Dios. La lucha inicial era porque la iglesia en Puerto Rico deseaba que se le declarara oficialmente a Puerto Rico un Distrito del Concilio General de las Asambleas de Dios y el Concilio General se había negado. Luego la disputa se trasladó al asunto de la obra de la Iglesia de Dios Pentecostal en el este de Estados Unidos, relacionado a sus miembros y ministros. Ya para esta época la Iglesia de Dios Pentecostal estaba acariciando la idea de separarse permanentemente del Concilio General de las Asambleas de Dios y el Concilio General está tratando de evitar que esto ocurriera. Demetrio Bazán, Superintendente del Distrito Hispano en Estados Unidos era en esta ocasión en una especie de embajador especial a la Conferencia de 1954. Más adelante analizaremos esta situación en detalles.

[224] Demetrio Bazán, "Concilio de Distrito," *La Luz Apostólica*, April 1954, 12.

de su propia voluntad para ayudar el instituto en Colombia. Los estudiantes y la facultad (no es una escuela grande, cerca de 40 personas) me dieron $41.16 de ofrenda. Esta noche fui a una iglesia que ni siquiera tiene un templo en donde adorar, pero que está en el proceso de construir uno. Adoramos en bancas rústicas bajo un techo temporero, pero al terminar el culto me dieron una ofrenda de $28.00. Los cristianos aquí parecen estar felices y en fuego y creo que sé el secreto. Ellos han descubierto que es mejor dar que recibir.[225]

Una vez más esta nota, de una visitante de sólo dos días en la Isla, revela el secreto del proyecto misionero pentecostal puertorriqueño. Fue un pueblo que aprendió muy bien desde sus inicios el secreto de dar desde su pobreza. Fue un pueblo que aprendió a buscar en su reciedumbre las fuerzas para hacer posible lo que parecía imposible. No fue un pueblo con las manos extendidas, pidiendo limosna; fue un pueblo capaz de meterse la mano en el bolsillo para construir sus templos y para bendecir la obra misionera en la Isla y fuera de la Isla. Este es otra de las grandes contribuciones del pueblo pentecostal a la sociedad puertorriqueña.

En el próximo capítulo examinaremos un tema muy escabroso y un tanto doloroso. Me refiero a la investigación minuciosa de la separación de la Iglesia de Dios Pentecostal, Inc. de su afiliación con el Concilio General de las Asambleas de Dios. Intento examinar la misma con la mayor objetividad posible. Espero, de igual modo, ofrecer un análisis respetuoso de lo que fue una experiencia muy traumática para ambos grupos eclesiásticos. Los invito a pasar la página y adentrarse conmigo en la exploración de esa experiencia borrascosa. ¡Prosigamos juntos!

---

[225] Trella Hall, "Missionary News Notes," *The Pentecostal Evangel*, December 28, 1954, 7.

Capítulo 8

Separación permanente de la Iglesia de Dios Pentecostal, Inc. del Concilio General de las Asambleas de Dios (1957)

La discusión de este capítulo de la historia del pentecostalismo puertorriqueño, lo abordo con delicadeza, sensibilidad y respeto reverente por lo trascendental del suceso. Además, porque las personas involucradas en un proceso que duró un poco más de diez años, lo hicieron con mucha gallardía, pero al mismo tiempo, con mucho sentido de responsabilidad y caballerosidad cristiana. Hago esta aclaración de entrada, porque de mi análisis de los documentos primarios y secundarios de este proceso de la comunicación entre los actores que participaron del mismo, se desprende un alto grado de civismo y responsabilidad, desde luego con sus excepciones, en el manejo de situaciones muy conflictivas. Fue, ciertamente, un proceso muy doloroso para ambas partes involucradas en el asunto, pero me parece que dentro de lo denso y pesado del trauma, los que participaron en la toma de decisiones en este espinoso asunto, en su gran mayoría, se crecieron como seres humanos y cristianos.

En mi caso como estudioso de estos eventos históricos, intento permitirles a los actores principales que nos conduzcan por el intrincado proceso y nos permitan atisbar un poco de sus luchas para buscarle una solución airosa al asunto. Tengo el compromiso solemne de permitir que sean ellos los que lleven la voz cantante en la descripción de lo que pasó. Naturalmente, desde mi perspectiva y el color de mis lentes, haré las observaciones eclesiásticas, políticas y teológicas que crea pertinentes. Este análisis lo haré con todo el rigor académico que amerita el estudio del evento histórico, pero al mismo tiempo, con un alto grado de respeto y sensibilidad por los que tuvieron que manejar un asunto muy complicado, que sacudía la raíz misma de la razón de ser de la Iglesia de Dios Pentecostal, Inc. y el Concilio General de las Asambleas de Dios. Espero tener éxito en los objetivos que me he trazado.

La decisión final de la separación permanente de la Iglesia de Dios Pentecostal, Inc. del Concilio General de las Asambleas de Dios, se tomó el sábado 24 de agosto de 1957 en Cleveland, Ohio. Estuvieron presentes en esta histórica reunión las siguientes personas: (1) Representando al Distrito Latinoamericano: Demetrio Bazán y José Girón; (2) por el Distrito Hispano del Este: Manuel T. Sánchez, Pedro Ríos, Vicente Ortiz y José Cruz; (3) representando a la Iglesia de Dios Pentecostal, Inc.: Andrés Ríos y Ramón Muñiz y (4) en representación del Concilio General de las Asambleas de Dios: J. R. Flower, Melvin Hodges y A. Adele Flower.[226] Esta es la fecha irrefutable del rompimiento de las relaciones estructurales eclesiásticas entre estos dos cuerpos pentecostales. Para llegar a esta dolorosa decisión hubo más de diez años de conversaciones infructuosas. Esas conversaciones y sus repercusiones son las que me propongo analizar en las páginas que siguen.

En palabras de Joseph R. Flower, Secretario General del Concilio General de la Asambleas de Dios, "el asunto sobre el reconocimiento pleno de la obra de Puerto Rico como un Distrito del Concilio General fue discutido ampliamente en la reunión del Presbiterio General del 6 de septiembre de 1947."[227]

La Minuta del Presbiterio General del sábado 7 de septiembre en la noche de 1947, recoge la siguiente entrada:

> El hermano Halloway presentó la petición de los hermanos de Puerto Rico para ser reconocidos como un Concilio de Distrito, sobre las mismas bases que cualquier Concilio de Distrito de Estados Unidos continentales. Los presbíteros fueron informados que el hermano [Luis C.] Otero y el hermano [Frank] Finkenbinder estaban en la audiencia para presentar el

---

[226] Joseph R. Flower, "Carta de Joseph R. Flower, Secretario General del Concilio General de las Asambleas de Dios a Roberto Domínguez Del 4 de Noviembre de 1983," n.d. La traducción es del autor. Esta extensa carta se encuentra en el anejo W como uno de los documentos históricos de esta obra.

[227] Ibid.

caso de Puerto Rico. El asunto fue dejado sobre la mesa hasta que los hermanos [H. C.] Ball y [Noel] Perkin pudieran estar presentes.

Después de discutir algunos negocios, el hermano Perkin compareció ante el Presbiterio y recomendó que el asunto de Puerto Rico fuera referido al Comité de Misiones Foráneas y que este comité buscara traer una recomendación al Presbiterio General tan pronto le fuera posible. El asunto fue referido a este comité, y en el apuro del último momento de la sesión de negocios el comité fracasó en traer su informe sobre el mismo.[228]

En un párrafo muy revelador de una Carta de Joseph R. Flower a Roberto Domínguez, aquel le dice a éste lo siguiente: "El asunto del Distrito de Puerto Rico surgía de tiempo en tiempo en las minutas de las reuniones del Presbiterio Ejecutivo del Concilio General." Luego de la presentación de este asunto en la reunión del Presbiterio General de 1947, nuevamente el asunto se discutió en la reunión del Presbiterio General de 1948. En la Minuta del Presbiterio General de 1948, hay una entrada el viernes 17 de diciembre que dice lo siguiente:

El asunto de darle pleno reconocimiento a la obra en Puerto Rico a la par con los distritos en Estados Unidos continentales fue presentado ante el Presbiterio por el hermano Noel Perkin. Se aprobó una moción que no parecía plausible considerar la obra de Puerto Rico como una rama de las Asambleas de Dios, sobre las mismas bases de los grupos de lenguas foráneas de Estados Unidos continentales, por las razones de estándares de ministerio diferentes y un idioma diferente.[229]

Joseph R. Flower continuó detallándole en su extensa carta a Roberto Domínguez el proceso de la relación entre la Iglesia de Dios Pentecostal y el Concilio General de las Asambleas de Dios. Su relato sigue de la siguiente manera:

---

[228] "Minuta Del Presbiterio General Del 7 de Septiembre de 1947," n.d. La traducción es del autor.

[229] "Minuta Del Presbiterio General Del 7 de Septiembre de 1947," n.d La traducción es del autor.

[El asunto] fue considerado en la reunión del 12 al 15 de julio de ese cuerpo, pero no se tomó ninguna decisión. En una reunión del 25 de julio de 1950, se le aprobó al hermano Noel Perkin que aceptara una invitación de los hermanos de Puerto Rico para asistir a su Conferencia. En la reunión de junio 12 al 15 de 1951, se autorizó informarle a los hermanos de Puerto Rico en el área de la ciudad de New York, que tendrían que conseguir permiso del Concilio del Distrito Latinoamericano para tener un Distrito separado, si ese era su deseo. En la reunión del 19 al 21 de mayo de 1954 se hizo referencia, en un informe de Misiones Foráneas, a una petición de D. Bazán, del Distrito Latinoamericano, para que se reconociera la obra de Puerto Rico como un Distrito de las Asambleas de Dios. Por medio de una moción, debidamente aprobada, se le debía informar al hermano Bazán que él tendría el privilegio de reabrir el asunto en la próxima reunión del Presbiterio General.²³⁰

Una entrada de la Minuta del Presbiterio Ejecutivo del 19 al 21 de mayo de 1954, específicamente señala lo siguiente:

El informe del Departamento de Misiones Foráneas incluyó la solicitud hecha por D. [Demetrio] Bazán del Distrito Latinoamericano para que se reconociera la obra de Puerto Rico como un Distrito de las Asambleas de Dios. Se recordó que este asunto se trajo a la atención del Presbiterio General en su reunión de septiembre de 1947 y se le dio consideración adicional en la reunión del Presbiterio Ejecutivo del 15 diciembre de 1948. En esa reunión se decidió que, debido a los diferentes estándares para el ministerio en Puerto Rico de los esquemas de Estados Unidos continentales, en adición, a las diferencias de idioma, no era aconsejable reconocer la obra de Puerto Rico a la par con los Distritos de Estados Unidos continentales. Por medio de una moción, debidamente aprobada, se le debía informar

²³⁰ Flower, "Carta de Joseph R. Flower, Secretario General Del Concilio General de Las Asambleas de Dios a Roberto Domínguez Del 4 de Noviembre de 1983." La traducción es del autor.

al hermano Bazán que él tendría el privilegio de reabrir el asunto en la próxima reunión del Presbiterio General.[231]

El secretario Joseph R. Flower continuó su relato, describiendo como se había desarrollado la obra hispana en Estado Unidos y Puerto Rico. Su recuento en la carta dirigida a Roberto Domínguez sigue de la siguiente manera:

Toda la obra hispana en Estados Unidos y Puerto Rico estu[v]o bajo la supervisión del Concilio del Distrito Latinoamericano hasta el 1957, cuando se formó el Concilio del Distrito Hispano del Este. Por un periodo antes de esta época, los hermanos de Puerto Rico habían expresado su deseo de que a la obra allá se le otorgara el estatus de un Concilio de Distrito. El principal obstáculo para otorgar esta petición estaba relacionado con la filosofía de la soberanía de la iglesia local. Otro factor estaba relacionado con la relación estructural de las iglesias en el área de la ciudad de New York con la Iglesia de Dios Pentecostal en Puerto Rico.[232] Con relación a este último asunto, se llegó a un acuerdo el 20 de enero de 1954 entre las Asambleas de Dios en

---

[231] "Minuta Del Presbiterio General Del 19 Al 21 de Mayo de 1954," n.d. La traducción es del autor.

[232] Estos dos asuntos mencionados por el Secretario General, Joseph R. Flower, en esta carta a Roberto Domínguez, apuntan a dos áreas álgidas entre estos dos cuerpos, que nunca pudieron encontrarle una solución satisfactoria. Por un lado, la Iglesia de Dios Pentecostal en Puerto Rico, por su empuje misionero con pastores y pastoras locales, había desarrollado un gobierno episcopal, donde el poder lo ejercía el cuerpo directivo del Concilio y no las iglesias locales. El grado de desarrollo autóctono de la obra en la Isla, le permitió crecer con un gobierno diferente dentro del Concilio General de las Asambleas de Dios. Por el contrario, el Concilio de las Asambleas de Dios, desde sus orígenes, había operado como una asociación de iglesias independientes y había desarrollado un gobierno congregacional muy eficiente. Interesantemente, el Concilio General de las Asambleas de Dios, no atendió este asunto del gobierno episcopal de la obra en la Isla a tiempo y cuando trató de corregirlo, ya la iglesia hija era demasiado poderosa e independiente. Por otro lado, la obra misionera de la Iglesia de Dios Pentecostal en el área de la ciudad de New York, comenzó a dar frutos desde el 1930. El trabajo misionero se hacía con recursos humanos vinculados a la iglesia de Puerto Rico. Por consiguiente, la obra desarrolló lazos sólidos y fraternos con la Iglesia de Dios Pentecostal del Concilio General Asambleas de Dios en Puerto Rico. Esta relación a pesar del acuerdo llegado en enero 20 de 1954 nunca se pudo eliminar. Cuando los dos grupos se separan en el 1957, la inmensa mayoría de estas iglesias, permanecieron con la Iglesia de Dios Pentecostal.

Puerto Rico y el Concilio del Distrito Latinoamericano. Una copia de este acuerdo está en nuestros archivos.[233]

En la reunión del Presbiterio General del 1 al 3 de septiembre de 1954, se autorizó "que se le extendiera una invitación a los hermanos de Puerto Rico para considerar *el privilegio* de convertirse en un Concilio de Distrito de las Asambleas de Dios, y, si se cumplían con todas las estipulaciones,[234] que al Concilio de Puerto Rico se le otorgue igual representación en el Presbiterio General con los Concilios de Distritos continentales, con el privilegio de seleccionar sus propios Presbíteros Generales, como otros Distritos hacen".[235]

Interesantemente, en la Minuta del Presbiterio General de 1 al 3 de septiembre de 1954, hay una entrada que identifica a Roberto Fierro como la persona que trajo ante la atención del Presbiterio General, el asunto de la Iglesia de Dios Pentecostal en Puerto Rico, La entrada dice lo siguiente:

> En este momento Roberto Fierro hizo la recomendación de que se reconociera a Puerto Rico como un Distrito debidamente organizado del Concilio General de las Asambleas de Dios en lugar de un campo foráneo. El asunto se discutió ampliamente, y aunque algunos consideraban que el mismo se debía investigar con más profundidad, aquellos que conocían mejor la situación de Puerto Rico, sentían que la posposición podría alienar aún más al campo de la comunión con el Concilio General y que, además, era necesario informar a los hermanos de Puerto Rico, sobre su situación antes de su reunión conciliar en febrero.[236]

---

[233] Una copia de este acuerdo también se incluye en el anejo C de esta obra.

[234] Estas "estipulaciones" incluían los dos puntos en controversia mencionados en párrafo anterior.

[235] Flower, "Carta de Joseph R. Flower, Secretario General Del Concilio General de Las Asambleas de Dios a Roberto Domínguez Del 4 de Noviembre de 1983."La traducción y énfasis suplido son del autor.

[236] Es mi entendimiento que esta referencia a "antes de su reunión conciliar en febrero", se refiere a la Conferencia Anual de la Iglesia de Dios Pentecostal, el próximo

Separación permanente

Se presentó, secundó y aprobó la moción de que se le extendiera una invitación a los hermanos de Puerto Rico para que consideraran el privilegio de convertirse en un Concilio de Distrito de las Asambleas de Dios, y, con el entendido de que se cumplan con todas las disposiciones, al Concilio de Puerto Rico se le otorgue representación igual en el Presbiterio General con todos los Concilios de Distrito continentales, con el privilegio de seleccionar sus propios Presbíteros Generales, como lo hacen otros Distritos.[237]

No fue hasta la reunión del Presbiterio Ejecutivo del 2 al 4 de noviembre de 1954 que finalmente se autorizó al Secretario de este cuerpo, Joseph R. Flower, a enviarle la carta que ya el Presbiterio General había aprobado en su reunión de los días 1 al 3 de septiembre de 1954. La entrada de la Minuta del Presbiterio Ejecutivo de la reunión del 2 al 4 noviembre de 1954 dice lo siguiente:

Se presentó y secundó la moción para que el secretario le escribiera a los oficiales de Puerto Rico, sobre la decisión del Presbiterio General, y, llamando la atención a nuestros artículos de reglamentos sobre los Distritos del Concilio y Ramas de Idiomas Extranjeros, con el fin de consumar la integración en relación orgánica de la obra de Puerto Rico con las Asambleas de Dios en Estados Unidos de América. La moción se adoptó.[238]

El secretario general , Joseph R. Flower, en su carta a Roberto Domínguez, narró con lujo de detalles admirables, todo el proceso de las tensiones de esta experiencia de las relaciones resquebrajadas entre la Iglesia de Dios Pentecostal, Inc. y el Concilio General de las Asambleas de Dios y relató minuciosamente las decisiones de los diferentes cuerpos de la estructura del Concilio de las Asambleas de Dios para, después del 1954, intentar retener la Iglesia de Dios Pentecostal dentro de la

febrero de 1955.

[237] "Minuta Del Presbiterio General Del 1 Al 3 de Septiembre de 1954," n.d. La traducción es del autor.

[238] "Minuta Del Presbiterio Ejecutivo Del 2 Al 4 de Noviembre de 1954," n.d. La traducción es del autor.

comunión del Concilio General de las Asambleas de Dios. Más adelante en su carta describió lo siguiente:

> En la reunión del 2 al 4 de noviembre de 1954, en el Presbiterio Ejecutivo se aprobó una moción relacionada a la incorporación del Distrito de Puerto Rico [al Concilio General] que decía lo siguiente: 'Que el secretario escriba a los oficiales de la Iglesia de Dios Pentecostal en Puerto Rico, citando la decisión del Presbiterio General y llamando la atención a nuestros artículos en los reglamentos de Concilios de Distritos y las obras en Lenguajes Foráneos, con el fin de consumar el propósito de traer a una relación orgánica a la obra de Puerto Rico con las Asambleas de Dios en Estados Unidos'.

> En la reunión del 14 de julio de 1955, el Presbiterio Ejecutivo autorizó enviar 'al Secretario General a Puerto Rico para representar al Concilio General en el asunto de otorgar reconocimiento a la obra en Puerto Rico como una rama del Concilio General o como un Distrito del Concilio General'.[239]

La entrada en la Minuta del Presbiterio Ejecutivo del 14 de julio de 1955, citada en el párrafo anterior de la carta de Joseph R. Flower, dice específicamente los siguiente:

> La decisión de enviar al Secretario General a Puerto Rico a representar al Concilio General en el asunto de otorgar reconocimiento a la obra en Puerto Rico como una rama del Concilio General, o como un Distrito del Concilio, fue confirmada por votación. Se entendió que el Secretario debía salir en la tarde del viernes 22 de julio por avión y arribar en San Juan, Puerto Rico el sábado 23 de julio en la tarde. La Conferencia ha sido convocada para el lunes 25 de julio y Melvin Hodges se reunirá con el Secretario en Puerto Rico.[240]

---

[239] Flower, "Carta de Joseph R. Flower, Secretario General Del Concilio General de Las Asambleas de Dios a Roberto Domínguez Del 4 de Noviembre de 1983." La traducción es del autor.

[240] "Minuta Del Presbiterio Ejecutivo Del 14 de Julio de 1955," n.d. La traducción es del autor.

Separación permanente

Continúo citando al secretario general, Joseph R. Flower, en su extensa y reveladora carta al historiador Roberto Domínguez el 4 de noviembre de 1983, veinte y ocho años después de los sucesos de 1955.

J. Roswell Flower, Secretario General, y Melvin Hodges, Secretario para America Latina, representaron al Concilio General en una reunión en Río Piedras, Puerto Rico el 25 de julio de 1955, donde el asunto de formar un Distrito de Puerto Rico del Concilio fue considerado y propuesto. Después de mucha consideración del asunto se tomó la decisión de no asumir el estatus de Concilio de Distrito por el momento.[241] Un informe de esta reunión le fue entregado al Presbiterio General del Concilio General en su reunión de 30 al 31 de agosto de 1955.[242]

Sobre la reunión del 30 y 31 de agosto de 1955 del Presbiterio General del Concilio General, hay una entrada en la minuta de esa reunión que dice lo siguiente:

J. R. Flower informó sobre la reunión que él y Melvin Hodges tuvieron con los hermanos puertorriqueños, relacionado a su incorporación como parte del Concilio General, como un Concilio de Distrito de las Asambleas de Dios. A pesar del hecho de que algunos individuos de Puerto Rico desean ser aceptados como un Distrito, parece que al presente no están preparados para la toma de esta decisión. Los estatutos de la obra en Puerto Rico son diferentes a los de Estados Unidos continentales. Sus iglesias no son soberanas y los ministros son dirigidos por el Ejecutivo. Esto, desde luego, está en contra de la

---

[241] Me llama la atención que en el momento en que Puerto Rico acababa de formalizar una relación con Estados Unidos, que llamó Estado Libre Asociado y que selló una relación colonial como si fuera una relación política digna, el liderato de la Iglesia de Dios Pentecostal mantuvo una postura digna al rechazar una oferta de convertirse en parte del Concilio de las Asambleas de Dios en una situación un tanto poco convencional. Interesantemente, creyeron en la capacidad para mantener su independencia en el manejo de sus asuntos sin la intervención de poderes ajenos a su realidad autóctona.

[242] Flower, "Carta de Joseph R. Flower, Secretario General Del Concilio General de Las Asambleas de Dios a Roberto Domínguez Del 4 de Noviembre de 1983." La traducción es del autor.

Constitución y los reglamentos del Concilio General. El informe fue aceptado por medio de la aprobación de una moción.

Hay, [también] malos entendidos entre los hermanos de Puerto Rico que vienen a residir en los Estados y el Distrito Latinoamericano, porque algunos de los puertorriqueños no quieren afiliarse con el Distrito. Sin embargo, el hermano Roberto Fierro propuso la siguiente moción:

Que este cuerpo le solicite al Secretario General escribirle[s] a los hermanos de Puerto Rico, exponiéndole que si es su verdadero deseo recibir los beneficios del Concilio General de las Asambleas de Dios y trabajar en total colaboración con nosotros, que cuando sus ministros vengan a establecer residencia en este país, éstos se afilien debidamente con el Distrito del Concilio Latinoamericano de las Asambleas de Dios; secundada y aprobada.[243]

Continúo, citando la carta de J. R. Flower a Roberto Domínguez:

En la reunión del Presbiterio Ejecutivo del 13 de marzo de 1956, en una carta del D. [Demetrio] Bazán, se informó que había cerca de 50 asambleas [iglesias] de hermanos de Puerto Rico en la Costa Este que podían tener gobierno propio. [Demetrio Bazán] recomendó que se autorizara a estas iglesias a separarse de la rama Latinoamericana y a formar una rama puertorriqueña en Estados Unidos. Este tema se discutió otra vez en la reunión del 17 de abril de 1956. En esta reunión se indicó que el Presbiterio Ejecutivo miraba 'con agrado dividir el Distrito [Latinoamericano] para formar un Distrito Puertorriqueño y un Distrito Latinoamericano, y que esperaríamos la decisión final para la ratificación'.[244]

---

[243] "Minuta Del Presbiterio General Del 30 Y 31 de Agosto de 1955," n.d. La traducción es del autor.

[244] Flower, "Carta de Joseph R. Flower, Secretario General Del Concilio General de Las Asambleas de Dios a Roberto Domínguez Del 4 de Noviembre de 1983." La traducción es del autor.

Todo parece indicar que el Distrito Hispano del Este se creó muy pronto después de la reunión del 17 de mayo de 1956. Ya, el Presbiterio General tenía la idea de que la Iglesia de Dios Pentecostal de Puerto Rico había tomado la decisión de separarse permanentemente del Concilio General de las Asambleas de Dios. Ante estos vientos de tempestad, los organizadores del Distrito Hispano del Este, acariciaban la idea de comenzar un Distrito de las Asambleas de Dios en Puerto Rico. En su carta a Roberto Domínguez, Joseph R. Flower relató lo siguiente:

El Comité Ejecutivo del Distrito Hispano del Este de las Asambleas de Dios solicitó que se abriera una obra de las Asambleas de Dios en Puerto Rico. En la reunión de marzo de 1957, se aprobó la siguiente moción: 'Que, como resultado de la acción tomada por la Iglesia de Dios Pentecostal de Puerto Rico, definitivamente desafiliándose del Concilio General de las Asambleas de Dios, se reconozca este hecho y que el Comité Ejecutivo (del Distrito Hispano del Este) sea así notificado y que esta notificación se le haga llegar, también, a los líderes de la obra en Cuba'. Además, fue aprobado que se difiriera la acción sobre la solicitud del Comité Ejecutivo del Distrito Hispano del Este de las Asambleas de Dios para que se abriera una obra de las Asambleas de Dios en Puerto Rico, hasta que se tuviera una conversación con los miembros del Comité y se recibiera un informe del Comité que sería enviado a Puerto Rico. Al mismo tiempo se decidió que el hermano Hodge debería reunirse con el hermano [Howard] Bush en Puerto Rico, para conversar con los líderes de la Iglesia de Dios Pentecostal en ese territorio.

En la reunión de abril de 1957 el hermano [Melvin] Hodges informó, luego de su visita a Puerto Rico que los hermanos de Puerto Rico no deseaban romper las relaciones con las Asambleas de Dios en Estados Unidos y que habían propuesto que se siguieran las conversaciones con intercambios de ideas de ambos lados. Buscando una solución satisfactoria para las presentes dificultades.

En la reunión de Presbiterio Ejecutivo de mayo de 1957, Melvin Hodges informó sobre su reciente visita a Puerto Rico. Se indicó que la obra en Puerto Rico se había desarrollado en la iglesia protestante autóctona más grande de la Isla, que miles de puertorriqueños se habían mudado al área de New York y que ya había 42 asambleas [iglesias] pentecostales puertorriqueñas en el área. Se hizo referencia a la diferencia en el gobierno eclesiástico entre las iglesias organizadas en Estados Unidos por los misioneros de la Iglesia de Dios Pentecostal de Puerto Rico y aquellas bajo la supervisión de los hermanos del Distrito Hispano del Este de Estados Unidos, afiliado con las Asambleas de Dios.

En repuesta de los hermanos puertorriqueños en New York, se autorizó que dos representantes de la Iglesia de Dios Pentecostal en Puerto Rico se invitaran a una reunión con el Concilio General en Cleveland [Ohio] el sábado 24 de agosto de 1957. Con 2 o 3 representantes del área de New York y representantes del Concilio General con el propósito de resolver las diferencias entre los dos grupos.

Mientras tanto, se decidió solicitar a los hermanos de Puerto Rico que se abstuvieran de iniciar obras auspiciadas por Puerto Rico en Estados Unidos hasta después de la conferencia de Cleveland. Se le enviaron cartas a los hermanos de Puerto Rico donde se le detallaban los puntos a discutir en la conferencia con el Presbiterio Ejecutivo y solicitándoles que el Presbiterio Ejecutivo fuera informado si había malentendido la posición de los hermanos de la Iglesia de Dios Pentecostal, relacionado al envío de misioneros de Puerto Rico a los campos misioneros y a la apertura y administración de iglesias en Estados Unidos continentales.

La conferencia con el Presbiterio Ejecutivo tomó lugar como se había agendado para el sábado 24 de agosto de 1957. D. Bazám y José Girón, representaron el Distrito Latinoamericano; Manuel T. Sánchez, Pedro Ríos y Vicente Ortiz y José Cruz, representaron el Distrito Hispano del Este; Andrés Ríos y Ramón Muñiz representaron la Iglesia de Dios Pentecostal de Puerto Rico. Melvin Hodges y A. Adela Flower [245] estuvieron también

---

[245] Adela Flower era la hija de Joseph Flower, quien había pasado algún tiempo

presentes [Y, desde luego, el que escribió esta carta, Joseph R. Flower].

En esta conferencia se confirmó definitivamente que la Iglesia de Dios Pentecostal de Puerto Rico, había decidido separarse de la afiliación con las Asambleas de Dios, que había asumido las prerrogativas de su propia administración y que continuaría enviando misioneros y ministros a abrir asambleas [iglesias] en Estados Unidos de América, bajo la sombrilla de la iglesia en Puerto Rico.[246]

Los hermanos, representando la Iglesia de Dios Pentecostal de Puerto Rico, se pusieron de acuerdo con los hermanos del Distrito Hispano de Este para hacer un esfuerzo por mantener una buena comunión entre las iglesias del Distrito Hispano del Este y la Iglesia de Dios Pentecostal de Puerto Rico y aquellas iglesias en Estados Unidos afiliadas con ésta; además, que la Iglesia de Puerto Rico se abstendría de aceptar iglesias dentro de su comunión que estuvieran afiliadas al Distrito Hispano del Este, a menos que se llegara a un acuerdo entre los oficiales de los dos grupos, mutuamente satisfactorio para ambos. Se entendió que los oficiales del Distrito Hispano del Este acatarían la misma política relacionada con la trasferencia de asambleas [iglesias] de Puerto Rico al Distrito Hispano del Este. El acuerdo también incluyó la trasferencia de ministros de uno a otro cuerpo.

---

como misionera en el Instituto Bíblico Mizpa, junto a Ida Sutherland en Puerto Rico, en el verano de 1954.

[246] Interesantemente hay una oración que Joseph R. Flower dejó fuera en su carta a Roberto Domínguez de la Minuta del Presbiterio Ejecutivo del 24 de agosto de 1957, relacionada a la intención de la Iglesia de Dios Pentecostal y su obra en Estados Unidos. La misma dice: "[Y] enviarán sus propios misioneros sin tomar en cuenta la necesidad y aparente conflicto con el trabajo ya comenzado por las Asambleas de Dios". Un asunto que he descubierto en el análisis de los documentos sobre este espinoso conflicto, es el esfuerzo de los representantes de ambos lados de la controversia por mantener un espíritu público de respeto mutuo. Esto es lo que los estadounidenses llaman en inglés ser: *politically correct*. Sin embargo, al interior de la controversia había mucha insatisfacción y resquemores "a ambos lados de la verja".

También se acordó que, si un miembro de la Iglesia de Dios Pentecostal en Puerto Rico se mudaba a vivir en Estados Unidos, la iglesia no insistiría en que ese miembro transfiriera su membresía a una congregación en Estado Unidos de la Iglesia de Dios Pentecostal, sino que le permitiría al miembro asistir a la iglesia de su preferencia.

Se llegó a otro acuerdo relacionado a los miembros disciplinados por cualquiera de las dos iglesias puertorriqueñas. Se acordó que, si un miembro bajo disciplina intentara transferir su membresía de uno a otro grupo, sería considerado como un miembro en disciplina y su aceptación en la comunión del otro grupo, dependería de un acuerdo logrado por los pastores de las dos congregaciones.

Relacionado con la petición de los hermanos de la Iglesia de Dios Pentecostal de Puerto Rico, para comprar la propiedad del Instituto Bíblico en Bayamón, los hermanos del Distrito Hispano del Este, indicaron que deseaban mantenerla para una escuela de las Asambleas de Dios para entrenar obreros para el ministerio de las Asambleas de Dios en Puerto Rico. Debido a la situación creada, se decidió posponer la acción sobre el futuro de las escuelas bíblicas y permitirle a la Iglesia de Dios Pentecostal de Puerto Rico, continuar usando las instalaciones por el próximo año escolar.[247] Finalmente se llegó a un acuerdo donde esta propiedad sería retenida por el Distrito Hispano del Este.

Por autorización del Presbiterio Ejecutivo se le escribió una carta a Andrés Ríos, Secretario de la Iglesia de Dios de Puerto Rico, fechada el 20 de septiembre de 1957, confirmando las decisiones que se habían logrado, que afectaban la cooperación con la Iglesia de Dios Pentecostal de Puerto Rico en lo relativo a la membresía y las relaciones ministeriales y eclesiásticas.

---

[247] Otra decisión que se tomó en la reunión del Presbiterio Ejecutivo del 24 de agosto de 1957, en Cleveland, Ohio, y que Joseph R. Flower no menciona en su carta a Roberto Dominguez, fue la siguiente: "Que se retire a A. Adela Flower [hija de Joseph R. Flower], quien ha estado ministrando en la escuela [Instituto Bíblico Mizpa] por el último año escolar y que cesen sus servicios a la Iglesia de Dios Pentecostal en Puerto Rico".

Separación permanente

Está perfectamente claro, por los hechos esbozados [en la carta de Joseph R. Flower a Roberto Domínguez], que desde el mismo comienzo la Iglesia de Dios Pentecostal de Puerto Rico, estuvo considerada en afiliación con el Concilio General de las Asambleas de Dios. Primero fue considerada como parte del Distrito del Concilio Latino Americano, que incluía toda la obra hispana en Estados Unidos y Puerto Rico. Posteriormente, en la década de los cuarenta se desarrolló un deseo para que fuera reconocida como un distrito independiente. Esta acción fue pospuesta, pero en el 1951, a los hermanos puertorriqueños en el área de New York, se les informó que necesitaban obtener una autorización del Distrito del Concilio Latinoamericano para tener un distrito separado, si ese era su deseo. Sin embargo, no fue hasta el 1957 que se formó el Distrito Hispano del Este.

Antes de la formación del Distrito Hispano del Este, en 1954, el Presbiterio General le había extendido una invitación a los hermanos de Puerto Rico para que se convirtieran en un Distrito del Concilio General. Como mencionamos previamente, esta oferta fue rechazada, por lo menos temporeramente, el 25 de julio de 1955. Había indicaciones que los hermanos de Puerto Rico no querían separarse del Concilio General. Otra vez en el 17 de mayo de 1956 el Presbiterio Ejecutivo aprobó formar un Distrito de Puerto Rico. Había todavía negociaciones que se movían en esta dirección, pero en la reunión con Concilio General en Cleveland [Ohio] en agosto de 1957 fue evidente que el rompimiento había llegado entre el Distrito Hispano del Este y los hermanos de Puerto Rico, que desembocó en la redacción de un acuerdo entre ellos. Éste aparenta ser el último intento serio de tratar de resolver el problema que se había creado.

Es cierto que la Iglesia de Dios Pentecostal de Puerto Rico nunca fue un Distrito oficial de las Asambleas de Dios de sí misma, pero era considerada como parte del Distrito Latinoamericano y también se le ofreció la oportunidad de convertirse en un distrito oficial aún antes de que el Distrito Hispano del Este fuera creado.[248]

Posterior a las decisiones tomadas en agosto de 1957, otra vez se crearon situaciones de desavenencias entre la Iglesia de Dios Pentecostal en Puerto Rico y el Distrito Hispano del Este. Esta vez, porque el Distrito Hispano del Este quería comenzar la obra de las Asambleas de Dios en Puerto Rico, como había planificado, luego de convencerse que la Iglesia de Dios Pentecostal se separaría de su afiliación con el Concilio General de las Asambleas de Dios. En la Minuta del Presbiterio General del 7 de noviembre de 1957 se detallan los acuerdos de una reunión para discutir los asuntos pertinentes a la situación en Puerto Rico, donde estuvieron presentes: Ralph M. Riggs, G. F. Lewis, J. R. Flower, Noel Perkin, Bert Webb, Thoa. F. Zimerman, Manuel T. Sánchez y José Cruz.

[En esa reunión] se hizo referencia a una declaración publicada por Luis Otero, editor del Evangelista Pentecostal de Puerto Rico, en la edición de octubre, atacando a las Asambleas de Dios por enviar representantes a Puerto Rico para organizar las Asambleas en la Isla.

Se acordó redactar una carta para ser entregada a los representantes del Distrito Hispano del Este para apoyarlos en sus esfuerzos para establecer iglesias en Puerto Rico, de acuerdo con el memorando convenido en Cleveland, Ohio, entre los dos grupos, el 24 de agosto de 1957.

Se acordó, además, redactar una declaración que podría utilizarse para ser publicada en los periódicos de Puerto Rico, para aclarar la impresión dada por Luis Otero[249] de que métodos

---

[248] Flower, "Carta de Joseph R. Flower, Secretario General Del Concilio General de Las Asambleas de Dios a Roberto Domínguez Del 4 de Noviembre de 1983."

[249] Suena un tanto difícil de creer, que el liderato de la Iglesia de Dios Pentecostal reclamara, por un lado, un lugar para enviar misioneros al área de New York y otras ciudades del este de Estados Unidos, donde las Asambleas de Dios ya tenían obra desarrollada, y, por otro lado, se opusieran a que las Asambleas de Dios reiniciaran su obra en Puerto Rico. Esta acción refleja que, aunque para consumo público había una intención de actuar con la mejor cordura posible, sin lugar a dudas, en lo profundo del asunto, quedaron sentimientos extremadamente lastimados.

antiéticos se estaban utilizando para organizar las Asambleas de Dios en la Isla.[250]

El artículo referido, Luis C. Otero lo tituló: "*A Dividir 'Sectas Religiosas' en la Isla de Puerto Rico Llegan Representantes Concilio General 'Asambleas de Dios'*". En el artículo Otero hacía referencia a un anuncio que publicaron los reverendo José Cruz y José (Joe) Caraballo el 26 de septiembre de 1957 en el periódico *El Imparcial*. El anuncio en *El Imparcial* decía lo siguiente:

"LLEGAN A PUERTO RICO REPRESENTANTES CONCILIO GENERAL ASAMBLEAS DE DIOS"

Han llegado procedentes de Estados Unidos representantes del Concilio General Asambleas de Dios, Springfield, MO, con el propósito de organizar trabajos de las Asambleas de Dios en la Isla de Puerto Rico.

Todos los ministros, obreros de iglesias interesados en la formación de esta organización religiosa en Puerto Rico, véanse con los reverendos José Cruz y José Caraballo, en la calle 8, Bloque P-25, Caserío San José, Río Piedras, Puerto Rico.[251]

El lenguaje que Luis C. Otero usó fue un tanto fuerte para referirse a los representantes de las Asambleas de Dios. En una parte de su artículo Luis C. Otero dijo: "No nos extraña el que las Asambleas de Dios vengan a organizarse en Puerto Rico, creo que a eso tiene el derecho a hacerlo, lo que nos extraña es que se apele a la bajeza de querer formar otra *secta* en Puerto Rico a costo de los ministros, obreros, y miembros de otras denominaciones".[252] De igual manera, me sorprende su uso de la palabra *secta* para referirse a la obra pentecostal. La palabra *secta* era usada por la Iglesia católica con frecuencia para referirse a los pentecostales; así que me tomó por sorpresa el uso que Otero le da a la palabra

---

[250] "Minuta Del Presbiterio Ejecutivo Del 7 de Noviembre de 1957," n.d. La traducción es del autor.

[251] *El Imparcial*, November 26, 1957.

[252] Luis C. Otero, "A dividir 'sectas religiosas' en la Isla de Puerto Rico llegan representantes Concilio General Asambleas de Dios," *El Evangelista Pentecostal*, October 1957, 4.

secta en este artículo. Más adelante en el artículo Otero hace la siguiente declaración: "No cabe duda que los caídos, los de faenas inmorales, y miembros raquíticos espiritualmente hablando, toman este anuncio -y otros que estén ansiosos por algún concilio- ya que en Puerto Rico ha sido rechazado por todos, pero los de integridad cristiana y firmeza de carácter no serán movidos."[253] Hacia el final de su artículo Otero vuelve arremeter contra los dos representantes del Concilio General señalando lo siguiente:

> Nos atrevemos asegurar que tan pronto el Concilio General se de cuenta del embrollo en que le han metido estos Pseudo representantes no la pasarán muy bien; ya que en ninguna manera y en ningún tiempo hemos conocido que el Concilio General de las Asambleas de Dios en Springfield, MO. apele a unos medios tan bajos para establecerse en país extranjero alguno.
>
> [...] Conocemos al Concilio General y reiteramos y nos aseguramos que estos pseudos representantes no tienen el apoyo de ese Concilio para trabajar así en Puerto Rico y mucho menos a coger su nombre para publicar anuncios que comprometen su dignidad y decoro como Concilio de seriedad y respeto.[254]

La verdad era que José Cruz y José (Joe) Caraballo eran enviados oficiales del Concilio General de las Asambleas de Dios por medio del Distrito Hispano del Este. Ya indicamos en los párrafos anteriores que el Presbiterio Ejecutivo "acordó, además, redactar una declaración que podría utilizarse para ser publicada en los periódicos de Puerto Rico..." Esta declaración se publicó en el diario *El Imparcial* el 23 de noviembre

---

[253] Luis C. Otero, "A dividir 'sectas religiosas' en la Isla de Puerto Rico llegan representantes Concilio General Asambleas de Dios," *El Evangelista Pentecostal*, October 1957, 4.

[254] Luis C. Otero, "A dividir 'sectas religiosas' en la Isla de Puerto Rico llegan representantes Concilio General Asambleas de Dios," *El Evangelista Pentecostal*, October 1957, 4.

de 1957, como un anuncio pagado en la página 12 y leía de la siguiente manera:

CORRIGIENDO UNA INJUSTICIA

Para corregir el daño hecho por la Iglesia de Dios Pentecostal, Inc., a nuestros ministros representantes y a toda nuestra organización por la falsa acusación lanzada en su artículo "A Dividir Sectas Religiosas En La Isla de Puerto Rico Llegan representantes Concilio General 'Asambleas de Dios'", en el cual nos acusa como pseudo (falsos) representantes, divisionarios y otras frases negativas de insulto publicamos el siguiente documento:

A quien pueda interesar:

Esta es para certificar que el Concilio General de las Asambleas de Dios ha, por medio de su Distrito Hispano del Este, debidamente autorizado y pedido al Rev. José Caraballo y Reverendo José Cruz visitar la isla de Puerto Rico y establecer obra Asambleas de Dios en esa isla.

Ellos están definitivamente instruidos para solicitar y recibir como miembros solamente aquellos individuos que se conformen a nuestra alta norma de membresía y que no estén bajo disciplina o hayan sido expulsados por cargos morales por cualquiera organización ahora existente en la isla. Es nuestro propósito que su obra sea en paz y armonía con las demás iglesias y en conformidad con la más alta norma de ética y cortesía cristiana.

Presbítero Ejecutivo-

Asamblea de Dios

J. ROSWELL FLOWER

Secretario General[255]

El anuncio arriba mencionado fue incluido en un artículo de Luis C. Otero, titulado: "TRATAN DE CORREGIR SUS PROPIOS ERRORES" y publicado en la edición de enero de 1958 de la revista El Evangelista Pentecostal. En este artículo Luis C. Otero dice entre otras cosas lo siguiente:

> No complacidos los representantes de las Asambleas de Dios de lo que ellos llaman Distrito Hispano del Este, con su primer anuncio pagado y publicado en el importante diario "El Imparcial" instando a todos los ministros, obreros e iglesia de otras denominaciones interesados en la formación de esta organización religiosa en Puerto Rico a que se una a ellos, ahora la emprenden contra la Iglesia de Dios Pentecostal, Inc. P. R. por dar el grito de alerta y publican en el mismo diario fechado el 23 de noviembre de 1957 otro anuncio pagado que publicamos a continuación.

> [...] Los que tuvieron la oportunidad de ver el primer anuncio que ellos tiraron a vuelo de pájaro podrán ver inmediatamente que lo que ellos están haciendo es tratar de corregir sus propios errores, cosa que estamos muy seguros publican, pero no llevan a la práctica.

> [...] En una entrevista que tuvieron estos representantes con el corresponsal del diario "El Imparcial", el Sr. Bienvenido Ortiz Otero, le manifestaron lo siguiente que fue publicado en la página 50 del mismo día:

>> Revelan estos representantes que ellos interesan entrevistarse con todos los que deseen ingresar en las 'Asambleas de Dios', incluyendo ministros, obreros, y miembros de todas las sectas religiosas, y que con tal

---

[255] November 26, 1957, 12.

Separación permanente

propósito se pasaran varios días en el bloque P-2[256] de la
calle 8 del Caserío San José de Río Piedras.

'El Concilio general (sic) de las Asambleas de
Dios' está establecido en Springfield, Missouri, termi-
nan diciendo los reverendos.[257]

Luis C. Otero concluyó su artículo con la siguiente declaración:
"No es la injusticia de la Iglesia de Dios Pentecostal, sino la de ellos".[258]

Hacia fines de 1957, comienza a tomar forma la organización de
la obra de las Asambleas de Dios, separada de la Iglesia de Dios Pentecostal en Puerto Rico. En una nota breve, enviada por los reverendos M.
Hodges, G. F. Lewis y Noel Perkin a Manuel T. Sánchez, el 30 de diciembre de 1957, le dicen lo siguiente:

Considerando el profundo deseo de afiliarse [deben referirse al nuevo proyecto de las Asambleas de Dios en Puerto
Rico] con el Concilio General, lamentamos la imposibilidad de
enviar a alguien de las oficinas generales a la convención en
enero. Recomiéndele al grupo que haga su solicitud a Springfield para la afiliación, expresando que desean se parte integral
del Concilio General, aceptando nuestros principios de administración y doctrinas, de manera que sus ministros se convier-
tan en ministros del Concilio General de Ministros o si prefieren
operar como una iglesia nacional de Puerto Rico en comunión
fraternal con el Concilio General, otorgando sus propias credenciales. En cualquiera de los casos es necesario que envíen la petición con la información relacionada al número de ministros e
iglesias y también copia de la constitución y reglamentos con los
nombres de los oficiales ejecutivos. En cualquier negociación

---

[256] En el anuncio publicado en el periódico el *El Imparcial* aparece la dirección
P-25 en lugar de P-2 como aparece en esta cita.

[257] Luis C. Otero, "Tratan de corregir sus propios errores," *El Evangelista Pentecostal*, January 1958, 6.

[258] Ibid.

que tenga con el grupo, no se comprometa con nada, sino someta las proposiciones a los cuarteles generales para su consideración.[259]

En la reunión del Presbiterio Ejecutivo del enero de 1958, se volvió a discutir el asunto de la nueva obra de las Asambleas de Dios en la Isla. En una entrada en la Minuta de Presbiterio Ejecutivo de esta reunión se señala lo siguiente:

> El hermano Lewis sometió un informe sobre su conversación telefónica con el Superintendente del Distrito Hispano del Este en New York [Manuel T. Sánchez] relacionada con la aceptación en la comunión [del Concilio General de las Asambleas de Dios] de iglesias y ministros en Puerto Rico.
>
> Se presentó una moción para autorizar al Distrito Hispano del Este a actuar en asuntos relacionados con la afiliación de iglesias y ministros ubicados en Puerto Rico de la misma manera en la que sirve en su área en Estados Unidos. La moción fue secundada y aprobada.[260]

La discusión del tema de la nueva obra de las Asambleas de Dios en Puerto Rico continuó durante los próximos meses. En cada discusión del "caso de Puerto Rico", el debate cobraba acentos más marcados sobre la firmeza de las decisiones complicadas, pero necesarias para establecer la obra de las Asambleas de Dios en la Isla. En una entrada de la Minuta del Presbiterio Ejecutivo del Concilio General de las Asambleas de Dios, de la reunión de marzo de 1957, se planteó lo siguiente:

> La primera hora de la tarde se ocupó en la discusión de la situación que existía en Puerto Rico. Se nos recordó que había llegado el tiempo para la toma de la decisión relacionada con la disposición de la propiedad de la Escuela Bíblica en Bayamón.

---

[259] "Carta de los reverendos M. Hdges, G. F. Lewis y Noel Perkin a Manuel T. Sánchez del 30 de diciembre de 1957," n.d.

[260] "Minuta Del Presbiterio Ejecutivo de Enero de 1958," n.d. La traducción es del autor.

Separación permanente

Se presentó la moción para que se autorizara a Noel Perkin y a G. F. Lewis para viajar a Puerto Rico, luego de su asistencia a la Convención de la N. A. E. [National Association of Evangelicals], saliendo de Chicago cerca del 17 de abril [de 1958].[261]

En la reunión de mayo de 1958 la Minuta del Presbiterio Ejecutivo recoge las siguientes decisiones de este cuerpo con relación a la obra en Puerto Rico:

El hermano G. F. Lewis ofreció un extenso informe sobre su reciente visita a Puerto Rico, en donde informó que las iglesias de la Iglesia Pentecostal de Jesucristo tomaron la decisión de afiliarse con las Asambleas de Dios. De acuerdo al informe podría haber hasta 100 iglesias afiliándose a las Asambleas de Dios a través del Distrito Hispano del Este de las Asambleas de Dios.

Se presentó la moción para autorizar al Departamento de Misiones Domésticas para que haga los arreglos necesarios para el uso de la propiedad de la escuela bíblica en Puerto Rico para el beneficio de la nueva obra establecida por las Asambleas de Dios. La moción fue secunda y aprobada.[262]

En la Minuta de la Conferencia de la Iglesia Pentecostal de Jesucristo, celebrada en la ciudad Mayagüez del 5 al 9 de enero de 1959, se informa que, ciertamente. la Iglesia Pentecostal de Jesucristo se había afiliado al Distrito Hispano del Este de las Asambleas de Dios en el mes de abril de 1958. Realmente, no se afiliaron "100 iglesias", como indicara Gayle F. Lewis, porque en el informe de la Conferencia de la Iglesia Pentecostal de Jesucristo en el 1959, sólo se informaron 43 iglesias. En esta Conferencia estuvieron presentes distinguidos ministros de Concilio General y del Distrito Hispano del Este de las Asambleas de Dios. Algunos de éstos, como Gayle F. Lewis, Ricardo Tañón, Joe Caraballo, fueron predicadores en las noches de la Conferencia y otras personalidades como, Andrés Rosa, Alejandro Pérez, Elba Caraballo, secretaria del

---

[261] "Minuta Del Presbiterio Ejecutivo de La Reunion de Marzo de 1958," n.d. La traducción es del autor.

[262] "Minuta Del Presbiterio Ejecutivo Del Mes de Mayo de 1958," n.d. La traducción es del autor.

181

Concilio Misionero Femenil de New York, Elsie Ortiz, presidenta de los jóvenes Embajadores de Cristo y Sabina Morales, participaron activamente en las sesiones de la Conferencia.[263]

Ya para el mes de junio de 1958 las relaciones entre el Comité Ejecutivo de la Iglesia de Dios Pentecostal en Puerto Rico y los oficiales del Concilio General de las Asambleas de Dios se habían puesto muy tensas. En este momento se añadía a las tensiones la disposición de la propiedad de Bayamón, que hasta ese momento ocupaba el Instituto Bíblico Mizpa. En la Minuta del Presbiterio Ejecutivo del Concilio General de las Asambleas de Dios de mayo de 1958 aparece la siguiente entrada:

> El hermano Riggs leyó la carta del hermano Andrés Ríos de la Iglesia de Dios Pentecostal, Inc. de Puerto Rico relacionada con la entrega [de la propiedad] del Instituto Bíblico Mizpa, localizado en Bayamón, Puerto Rico. La carta solicitaba que nosotros le reembolsemos la cantidad de $1,500.00, relacionados con un nuevo edificio que ellos reclaman que construyeron en la propiedad para ser usado como dormitorio y cocina. También solicitaron que se les diera seis meses para vaciar la propiedad. Se adoptó una moción a los efectos de que se defiriera cualquier acción para pagar el dinero requerido, hasta que el hermano Riggs regresara a la oficina y ofreciera su consejo sobre este asunto. Se presentó y secundó una moción que la petición para ocupar la propiedad por seis meses fuera denegada y que fueran informados [los oficiales de la Iglesia de Dios Pentecostal, Inc.] que la propiedad tenía que ser entregada al grupo de las Asambleas de Dios no más tarde del 31 de julio de 1958. La moción fue adoptada.[264]

---

[263] "Minuta de la Conferencia de La Iglesia Pentecostal de Jesucristo En Mayagüez Del 5 Al 9 de Enero de 1959," n.d. firmada por Marcelino Rivera, Secretario de Actas y Rafael Torres Rivera, Presidente. Mi gratitud al reverendo y amigo Gilberto Ramos que, desprendidamente, me compartió este documento el 22 de diciembre de 2016.

[264] "Minuta Del Presbiterio Ejecutivo Del Mes de Junio de 1958," n.d. La traducción es del autor.

Todo este recuento histórico nos deja bien claro varios asuntos en las relaciones entre la Iglesia de Dios Pentecostal, Inc. y el Concilio General de las Asambleas de Dios. Evidentemente, desde 1947 la Iglesia de Dios Pentecostal, Inc. hizo las gestiones para ser un Distrito de del Concilio General de las Asambleas de Dios. Pero el Concilio General ignoró el mismo por algún tiempo, posponiendo la decisión del mismo por las vías parlamentarias que tuvo a su disposición. A veces la solicitud se dejó sin considerar en un comité; en otras ocasiones se envió a otro comité para un estudio más a fondo.

Finalmente, un día le dijeron que había varias razones para no otorgar el pedido. En primer lugar, el gobierno episcopal de la Iglesia de Dios Pentecostal, Inc. violaba la soberanía de las iglesias locales en el gobierno congregacional de las Asambleas de Dios. En segundo lugar, la Iglesia de Dios Pentecostal, Inc. no podía desarrollar obra en el área este de Estados Unidos separada, primero del Distrito Latinoamericano del Concilio General y, luego, del Distrito Hispano del Este del Concilio General. En tercer lugar, otro punto de conflicto fue el manejo de cómo se otorgaban las credenciales ministeriales a los ministros de la Iglesia de Dios Pentecostal, Inc. Desde el mismo principio de la obra de la *misión pentecostal* en la Isla, el Concilio General señaló que sólo tendrían credenciales de Springfield, Mo. los misioneros como Juan L. Lugo, Francisco Ortiz, Padre; Francisco Ortiz, Hijo; Salomón Feliciano, Frank Finkenbinder, Lena S. Howe y los otros misioneros que venían de Estados Unidos. Los ministros locales recibían credenciales de la Iglesia de Dios Pentecostal, Inc. en Puerto Rico. En cuarto lugar, perturbaba al liderazgo del Concilio General la relación cercana de liderazgo de la obra en Puerto Rico con la Sinagoga de New York y su pastor Abelardo Berríos. Esta relación había levantado muchas ronchas con los líderes del Distrito Latinoamericano y luego con los del Distrito Hispano del Este y, por consiguiente, con los líderes del Concilio General de las Asambleas de Dios. Abelardo Berríos había comenzado a trabajar bastante independiente del Concilio General y la decisión de la Iglesia de Dios Pentecostal, Inc., de apoyar su trabajo en New York, incomodó al liderazgo del Concilio General.

En último lugar, otra razón subyacente, que se desprende de una mirada más cercana a este asunto, demuestra que el liderazgo del

¡Oh Poder Pentecostal!

Concilio General sentía que la obra de la Iglesia de Dios Pentecostal, Inc. en Puerto Rico, por la diferencia de idioma y por no ser parte de Estado Unidos continentales, no debía incorporarse a la obra del Concilio General de las Asambleas de Dios como un Distrito del Concilio General, de la misma manera que otros Distritos del Concilio General en Estados Unidos continentales. Esta conclusión la descubro en una transcripción de una carta personal que A. Adele Flower le envía desde Puerto Rico a su padre, Joseph R. Flower, Secretario General del Concilio General de las Asambleas de Dios, en el 1954. A. Adele Flower e Ida Sutherland, habían pasado el verano de 1954 en Puerto Rico, ayudando en el Instituto Bíblico Mizpa y viajaron extensamente por la Isla, visitando las iglesias en los diferentes distritos de la obra de la Iglesia de Dios Pentecostal. Deben recordar que en el 1954 las relaciones entre la Iglesia de Dios Pentecostal, Inc., y el Concilio General de las Asambleas de Dios estaban muy tensas.

Joseph R. Flower decide compartir algunos párrafos de la carta que su hija A. Adele Flower le había enviado en el verano de 1954, con los ejecutivos del Departamento de Misiones Foráneas del Concilio General de las Asambleas de Dios. Flower le dice a estos ejecutivos lo siguiente: "La información que sigue es parte de una carta personal de una hija a su padre. Ella, comprensiblemente, se sentía muy cómoda de expresarle estos pensamientos a su padre y nunca pensó que lo que le escribía a su padre sería compartido con los ejecutivos del Departamento de Misiones Foráneas".[265]

A. Adele Flower, le dice a su padre -como parte de una conversación escrita entre padre e hija, que se encuentra en el campo misionero- lo siguiente:

> Estuve muy interesada en el último párrafo de tu carta donde mencionas (la decisión del Presbiterio General) de otorgarle reconocimiento a nuestros hermanos puertorriqueños. Para tu beneficio hay algunas cosas que quisiera decirte sobre este asunto.

---

[265] Joseph R. Flower, "Informe sobre Puerto Rico," 1954. La traducción es del autor.

Primero que todo, Dios ha sido bueno conmigo al permitirme conocer esta gente más íntimamente que la mayoría de nuestra gente que viene de los 'estados'. Cuando te hospedas en los hogares de la gente, ayudas a las esposas de los ministros a lavar los platos y juegas con sus niños, finalmente éstos te tienen suficiente confianza para expresarte cómo piensan y se sienten. Dios me ha dado ese privilegio y siento que tengo amigos en toda la Isla. Matilde [Román] me dijo ayer (8 de septiembre) [1954]: 'Sabes, no siento que eres una visitante en mi casa, sino que eres parte de nosotros'. Realmente, no pudo decir algo que fuera más agradable a mis oídos que esa afirmación. Esa es la única forma en que puedo estar lo suficientemente cercana para ayudarlos.

No puedes separar la situación política de la Isla de la religión y todas las demás facetas de su vida. Todo está interrelacionado y debe ser considerado como un todo para realmente entender cómo se sienten. A este pueblo se le ha denegado la estadidad y al presente tienen un gobierno que se le llama, Estado Libre Asociado, pero todos aquellos con quienes he hablado sobre este estatus encogen los hombros y dicen, 'no sabemos lo que eso significa; no vemos diferencia en nuestro estatus, excepto que ahora tenemos nuestra bandera'. Sin embargo, sus muchachos fueron reclutados y enviados a Corea, junto con nuestros muchachos que están en Estados Unidos continentales. Miles de éstos murieron allá y todavía su gente aquí en la Isla no tiene derecho a votar y no forman parte del gobierno americano. Aquellos que regresaron, muchos de ellos, llegaron amargados. Al presente hay un movimiento hacia la independencia para convertirse en un estado independiente.[266] Matilde [Román] dice: 'Suena maravilloso, todos nosotros queremos ser

---

[266] Es interesante que esta misionera estadounidense, logró captar tan claramente la situación emocional y política del pueblo puertorriqueño en el 1954. Sostengo que su descripción de la mentalidad colonial del pueblo puertorriqueño es lastimosamente correcta. Ella logró detectar a dos años de la creación del Estado Libre Asociado, que el pueblo humilde de esta Isla, no tenía la menor idea de lo que ese status político representaba. Alcanzó, además, a identificar la profunda penetración de las luchas políco-partidistas en la vida cotidiana del pueblo puertorriqueño y, en general, su insatisfacción con el trato colonial que recibía de la nación estadounidense.

libres, pero sabemos lo que ocurriría si lo fuéramos. Por un lado, no podemos sostener nuestra población sin la cooperación de Estados Unidos. Por otro lado, nosotros los viejos sabemos que cuando tengamos libertad será el final de nuestra libertad religiosa, seguiremos el rumbo de las demás 'repúblicas' latinoamericanas y caeremos bajo el dominio de la Iglesia Católica. Aquellos que hablan acerca de la independencia, hablan lo suficientemente alto para ser escuchados, pero la mayoría de los puertorriqueños no la quieren. Muchos dicen: 'En el momento que seamos una nación independiente, entonces nos mudaremos a Estado Unidos, porque no deseamos permanecer en la Isla'.[267]

Ésta es sólo una manera de darte una idea de cómo ellos se sienten; y todavía, en lo profundo, hay un sentimiento de realmente no pertenecer a aquello que realmente les pertenece.

La misma cosa se transfiere hacia su sentimiento con relación al Concilio General. En lo profundo de su ser, ellos sienten que son 'hijos' del Concilio General. Nacieron bajo el ministerio de misioneros del Concilio General. Todos ellos quieren ser parte del Concilio General. Su relación es diferente de aquella de Venezuela o, quizás, Chile. Están conectados con nosotros

---

[267] Esta declaración de la reverenda Matilde Román, una líder indiscutible de la Iglesia de Dios Pentecostal, Inc., revela el nivel profundo de la mentalidad colonial del pueblo puertorriqueño, que ha prevalecido hasta nuestros días. Nos han repetido una y otra vez, hasta el cansancio, que somos un pueblo pequeño y sin recursos, que no podemos valernos por nosotros mismos sin la ayuda de Estados Unidos. Este discurso derrotista y de dependencia ha calado hondo en la mentalidad colonial de nuestro pueblo y una gran mayoría lo ha llegado a asimilar. Sin embargo, no hay nada más lejos de la verdad. Hay que avivar en este pueblo su capacidad para valerse por sí mismo como lo hizo la Iglesia de Dios Pentecostal, Inc. frente al Concilio General de las Asambleas de Dios. Las expresiones de Matilde Román, como la de muchos otros líderes religiosos desde entonces, son una contradicción a lo que logró hacer la Iglesia de Dios Pentecostal, Inc. como movimiento religioso. Esta misma lucha de este movimiento religioso se debe trasladar al mundo secular para demostrar que el pueblo puertorriqueño se puede valer por sí mismo como nación independiente y mantener relaciones fraternas con el concierto de naciones del mundo, incluyendo, desde luego, relaciones fraternas con Estado Unidos.

territorialmente; hay un sentido en el cual están conectados organizacionalmente con nosotros como ninguno de los concilios de Latino América.[268]

En otra parte de la comunicación de A. Adele Flower a su padre, le habla del reverendo Pedro Juan Alvarado (ver foto a la derecha), presidente de la Iglesia de Dios Pentecostal, Inc. en ese momento. Su fascinación por la persona y liderazgo de este hombre es impresionante. Las siguientes son sus palabras:

> Cuando vi a Pedro Juan Alvarado, por primera vez, me pregunté: '¿por qué escogieron a este hombre como superintendente?' Luego comencé a asociarme con él más de cerca. De sitio en sitio nos llevó en su carro a Ida y a mí, tirando puentes entre los ministros y nosotras; porque muchas veces, al principio, encontramos oposición. Nunca tendrás una idea de cuánto batallamos para hacernos amigas de los pastores en muchos de los lugares donde fuimos. Lo miré [a Pedro Juan Alvarado] muchas veces sentado en el frente [se refiere al banco en el frente del templo] sonriéndose y escuchando el mensaje como si fuera algo nuevo para él, cuando sabía que en el fondo estaba aburrido del contenido del mensaje.... Mientras observaba la manera tranquila y calmada en la que trataba a los pastores y sus problemas, jugaba con los niños y les daba consejo, [Pedro Juan Alvarado] crecía en estatura delante de mí, hasta que llegué a sentir un profundo respeto por su persona.... Ahora sé porque el hermano Alvarado ha estado en la posición por doce años. [É]l sirve como ancla a la impetuosidad y a veces inestabilidad de los otros hermanos.[269]

Más adelante en su carta A. Adele Flower le dice a su padre que ella no veía ningún impedimento para que la Iglesia de Dios Pentecostal, Inc. se convierta en un Distrito del Concilio General de las Asam-

---

[268] Flower, "Informe sobre Puerto Rico." La traducción es del autor.

[269] Ibid. La traducción es del autor.

bleas de Dios. Realmente, la capacidad analítica de esta misionera es impresionante. En mi investigación de este asunto no he encontrado que ningún otro misionero del Concilio General que se relacionó con la Iglesia de Dios Pentecostal, Inc. demostrara la habilidad de esta joven dama para manejar situaciones de conflictos de una forma tan constructiva. Con relación al tema de la inclusión de la obra en Puerto Rico como parte del Concilio General, sus palabras a su padre fueron las siguientes:

> Con relación a convertirse [la Iglesia de Dios Pentecostal, Inc.] en un distrito el Concilio General, ningún daño se hará al incluirlos. Por un lado, ellos tienen una barrera de idioma, pero esto no lo convertirá en un problema para afectarnos. Por otro lado, tienen una barrera territorial. Aquellos que realmente lleguen a nuestras convenciones serán muy pocos. En adición, hay un sentimiento subconsciente en ellos de que los norteamericanos somos un poco superiores. Eso, creo, es la razón por la evasiva que encontramos en los lugares que visitamos por primera vez, cuando arribamos al principio.... Pero hasta donde podemos ver, la posibilidad de que este grupo, en algún momento, se pueda convertir en un problema para nosotros es casi imposible.

> Su organización es un poco diferente a la nuestra. No doctrinalmente. En esto son simplemente iguales. Pedro Juan [Alvarado] me dice que sus iglesias no son soberanas, pero que, en su lugar, el Concilio es soberano. Fuera de eso, creo que hay poca diferencia en estructura organizacional. Pero, nuestros distritos en Estados Unidos son soberanos, ¿no es cierto? Sé que muchas veces cuando hay diferencias locales se les devuelven los asuntos a los oficiales de los distritos. El Concilio General no interviene en sus asuntos.[270]

A la altura de este diálogo con su padre, Adele, asume una posición muy firme relacionada a las diferencias de los oficiales del Concilio General con la Iglesia de Dios Pentecostal, Inc. y le dice a su padre:

---

[270] Ibid. La traducción es del autor.

Personalmente, no veo que daño puede surgir al admitirlos como un concilio de distrito, a pesar de que su organización administrativa sea un poco diferente. De otra parte, veo que mucho bien puede surgir si los admitimos. Ellos necesitan ayuda, instrucción y la influencia de nuestros hermanos del norte. Si los reconocemos como un distrito, estaríamos en una mejor posición para ayudarlos. Ahora, como se sienten como hijos bastardos, resienten la intervención del norte. Y yo no los culpo. Pero si fueran reconocidos como parte de nuestra familia, en igualdad de condiciones como el resto de nosotros, aceptarían cualquier instrucción que venga en forma de consejo y recomendación.[271]

Más adelante Joseph R. Flower cita unos párrafos interesantes de la carta de su hija a los oficiales del Departamento de Misiones Foráneas. Esta vez el foco de atención de Adele se fijó en la intervención del evangelista Roberto Fierro y Demetrio Bazán en el *asunto de Puerto Rico,* como solía llamarse la disputa entre la Iglesia de Dios Pentecostal Inc. y el Concilio General de las Asambleas de Dios.

¿Qué hace Roberto Fierro, metiendo la nariz en este asunto? Si no se mantiene fuera del mismo lo va a echar a perder todo. Este concilio no es parte integral del Distrito Latinoamericano del norte. Es un concilio separado con su propia organización. Tiene sus propias leyes y oficiales. No está bajo la sombrilla de otro grupo y a [sus oficiales] no les gusta cuando los oficiales del Distrito Latinoamericano en Norte América interfieren en sus asuntos. Esta es una cosa que sé que es muy cierta.

En la última reunión del concilio, el hermano Bazán vino aquí, representando el Concilio en Springfield; tenía una carta de introducción (esta es la historia como yo la entiendo) de los oficiales en Springfield. Pero a los hermanos aquí nos les agradó el asunto. Su sentimiento es que ellos quieren tratar directamente y no a través de intermediarios. Pedro Juan [Alva-

---

[271] Ibid. La traducción es del autor.

rado] no me mencionó a Bazán y yo no le pregunté. Escuché sobre esto por medio de otra fuente. Pero él si me dijo: 'Sentimos que tenemos la capacidad de tratar directamente con el Concilio General y esa es la manera como deseamos tratar este asunto'.

Ayer, después de recibir tu carta, Pedro Juan [Alvarado] vino a la casa y le pregunté de pasada si en alguna ocasión había solicitado el reconocimiento del Concilio General. Su contestación fue que lo hicieron hacía como cinco años, pero que había sido rechazada. En cuanto a él se refería pensaba que ese era el fin del asunto. No había razón para solicitar de nuevo, ya habían sido rechazado. Entonces le pregunté si le gustaría ser parte del Concilio General. ¡Hubieras visto como se le iluminó el rostro! En lo profundo de su corazón todos ellos piensan que son parte de nosotros; así como los puertorriqueños sienten que políticamente pertenecen a Estado Unidos. Ellos quisieran ser parte del Concilio General más que ninguna otra cosa en el mundo.

Yo no me hubiera molestado en escribirte esto, sino hubiera sido porque he tenido la oportunidad de comprender como ellos se siente internamente, mucho mejor que muchos de nuestros obreros visitantes del norte. Matilde [Román] sí me dijo esto los otros días: 'Muchos de los que vienen del norte son tan importante que sentimos que no los conocemos, por lo tanto, tenemos reparos en expresarles como realmente nos sentimos'.

Hace algunos años el hermano Steelberg estuvo aquí como visitante en una de sus convenciones. Éste les explicó las razones por las cuales el Concilio aquí no podía ser parte del Concilio General en Estados Unidos. No le pregunté lo que él les dijo. Preferí escucharla y dejar que hablara. Pero ella [Matilde Román] sí me dijo que tenían un sentimiento de abandono de aquella organización a la cual por años habían considerado como su madre. Ellos entendieron las cosas que él [Steelburg] les dijo, pero les dejó en la boca un sabor de abandono.[272]

---

[272] Ibid. La traducción es del autor.

Separación permanente

En el párrafo final del documento que Joseph R. Flower comparte con los ejecutivos del Departamento de Misiones Foráneas -de la carta que Adele, su hija le envía- incluyó una expresión de su hija que denota un sentimiento de desesperanza. Adele dice lo siguiente: "Al presente hay un resentimiento entre algunos hermanos aquí en contra del Concilio General en Springfield... Dios nos ayude a romper el mismo".[273]

Evidentemente, la nostalgia e incomprensión del liderazgo de la Iglesia de Dios Pentecostal, Inc., por el trato recibido del Concilio General de las Asambleas de Dios a lo largo de diez años, lo expresa magistralmente David Ramos Torres, historiador oficial de la Iglesia de Dios Pentecostal, M. I., con las siguientes palabras:

> Sin embargo, todavía Puerto Rico se cuestiona, el por qué, siendo la isla sólo el sexto lugar en toda Latinoamérica en recibir el impacto de Pentecostés en 1916, y ante su connotado desarrollo y madurez administrativa, el Concilio General no aceptara *su reiterada insistencia de 1947,* aún siendo el mejor conocedor del constante progreso y buen futuro de Pentecostés en Borinquen.[274]

Así concluyo el análisis de este espinoso capítulo de la relación de la Iglesia de Dios Pentecostal, Inc., con el Concilio General de las Asambleas de Dios. Desde mi punto de vista como investigador, no hay manera que se pueda negar que la obra de la Iglesia de Dios Pentecostal, Inc., fue el resultado directo de la obra misionera del Concilio de las Asambleas de Dios en Puerto Rico. De igual manera, no se puede negar que la obra misionera en Puerto Rico del Concilio General de las Asambleas de Dios fue diferente a los otros proyectos en América Latina y otros campos misioneros. Desde el mismo comienzo de la *misión pentecostal* en la Isla, los misioneros de este proyecto fueron puertorriqueños y puertorriqueñas. Éstos no dependieron para el desarrollo de la obra de los recursos humanos y financieros del Concilio General. Desde la arrancada los misioneros y misioneras del patio prepararon un gran número de ministros criollos que se encargaron de propagar el evangelio

---

[273] Ibid. La traducción es del autor.

[274] Ramos Torres, *Historia de la Iglesia de Dios Pentecostal M.I.,* 275.

por todos los rincones de la Isla. Este pueblo pobre de su pobreza ofrendó abundantemente para construir sus templos y capillas por toda la Isla. Es cierto, que hubo misioneros estadounidenses de la talla de Frank y Aura Finkenbinder y Lena S. Howe y otro núcleo muy reducido por un periodo corto, pero el peso del desarrollo de la *misión pentecostal* en la Isla estuvo en manos puertorriqueñas. También es cierto que hubo apoyo económico del Concilio General, pero éste fue un apoyo bastante reducido. El pueblo criollo fue enseñado a dar y a sostener la *misión pentecostal* con sus escasos recursos. Esa enseñanza fue y ha sido una enorme aportación de los pioneros de la *misión pentecostal* al desarrollo del pentecostalismo puertorriqueño.

Por ser una *misión pentecostal*, esencialmente autóctona, la Iglesia de Dios Pentecostal, Inc., desarrolló un gobierno episcopal a diferencia del gobierno congregacional del Concilio General de las Asambleas de Dios. Es interesante destacar que no encontré, en mi investigación, ningún esfuerzo del liderazgo del Concilio General para corregir a tiempo el desarrollo del gobierno episcopal de la Iglesia de Dios Pentecostal, Inc. Sabían que era un gobierno donde se soslayaba la soberanía de las iglesias locales, pero no intervinieron para atemperarlo con la estructura congregacional del Concilio General, sino que lo señalaron como un impedimento para aceptar la Iglesia de Dios Pentecostal como un Distrito del Concilio General de las Asambleas de Dios entre el 1947 al 1957.

Sí puedo decir, como lo he demostrado con documentos históricos, que para el 1954, el Concilio General de las Asambleas de Dios deseaba retener a la Iglesia de Dios Pentecostal, Inc., como uno de sus distritos, en igualdad de condiciones a los distritos en Estados Unidos continentales e hizo todo lo posible por lograrlo. Sin embargo, en ese momento, ya era demasiado tarde. Su rechazo reiterado a la petición del liderazgo de la Iglesia de Dios Pentecostal, Inc. por cerca de ocho años había calado muy hondo en el ánimo y sentimiento de estos líderes.

Puedo decir, además -con evidencia documental, como he demostrado en este capítulo- que hasta 1955 la Iglesia de Dios Pentecostal, Inc., albergaba la idea de ser un Distrito del Concilio General de las Asambleas de Dios. Pero luego de la reunión del 25 de julio de 1955 en la iglesia de Río Piedras, ya los campos entre ambas organizaciones estaban deslindados. La separación era irremediablemente una realidad.

Separación permanente

Como indiqué en el primer párrafo de este capítulo, esa separación culminó oficialmente el 24 de agosto de 1957.

Concluido el análisis del capítulo de la separación de la Iglesia de Dios Pentecostal, Inc. del Concilio General de las Asambleas de Dios, los invito a seguir el estudio del pentecostalismo puertorriqueño con el último capítulo de esta obra que concluye con la celebración del Cincuentenario de la obra pentecostal puertorriqueña en 1966. Acompáñenme a seguir esta intrincada tarea de la evangelización pentecostal al pueblo puertorriqueño.

Capítulo 9

Camino a la celebración del Cincuentenario 1960-1966

Con este periodo doy por terminado el relato que cubre este volumen de la historia del pentecostalismo puertorriqueño y su impacto en la sociedad. Más adelante, si así Dios lo dispone, continuaré analizando esta fascinante historia camino al Centenario de la obra pentecostal puertorriqueña.

La década de los años sesenta marcó el desarrollo de la Iglesia de Dios Pentecostal, Inc. como una iglesia totalmente independiente del Concilio General de las Asambleas de Dios. El crecimiento de la primera iglesia pentecostal puertorriqueña continuó su incremento y desarrollo vertiginoso, en Puerto Rico, Estados Unidos y Latinoamérica. En la Isla, tenía iglesias, capillas o puntos de predicación en casi todos sus pueblos y ciudades. En esta época comienza la Iglesia de Dios Pentecostal, Inc. a alcanzar también sectores amplios de la incipiente clase media puertorriqueña.

De igual modo, la juventud pentecostal puertorriqueña comienza a abrirse paso en el mundo universitario. En el 1957 se formó la Confraternidad Universitaria de Avivamiento (CONFRA) en la Universidad de Puerto Rico en Río Piedras, bajo el liderazgo de Alberto Martínez Lugo. Para los primeros años de la década de los sesenta está organización pentecostal universitaria, bajo el liderazgo de Leónidas Santos y Wilfredo Estrada Adorno, segundo y tercer presidente respectivamente, había desarrollado una imponente presencia pentecostal en la Universidad de Puerto Rico. Ciertamente, para esta época la gran mayoría de los miembros de la CONFRA eran miembros de la Iglesia de Dios Pentecostal, Inc. La misión de darle expresión pública a la fe pentecostal dentro de un contexto académico universitario, fue una extraordinaria aportación de la Confraternidad Universitaria de Avivamiento al movimiento pentecostal puertorriqueño. Este grupo de jóvenes universitarios comprendieron que no había ningún conflicto entre ser auténticamente pentecostal y universitario al mismo tiempo. Estos jóvenes universitarios, con su genuina convicción de pentecostales y universitarios, se ganaron el respeto de toda la comunidad universitaria. De esa manera, se prepararon para ingresar en el grupo de líderes profesionales en las distintas profesiones del Puerto Rico de la segunda parte de la década de los sesenta en adelante. Me parece que no se puede soslayar la importancia de la CONFRA en la preparación del liderazgo pentecostal que entendió y escogió su sacerdocio ministerial desde el servicio en las profesiones seculares en la Isla. A ese nutrido grupo de hombres y mujeres mi cariño y respeto por un trabajo bien hecho a favor de mi querida Borinquen.

Curiosamente, es durante este período que concluye el liderazgo de Pedro Juan Alvarado como presidente de la Iglesia de Dios Pentecostal, Inc. Éste fue el Presidente que por más tiempo dirigió los designios de esta organización. Su liderazgo se extendió por 24 años, desde 1945 hasta 1969. En mi investigación sobre este tema, cada vez que me encontré con una referencia al reverendo Pedro Juan Alvarado[275], se destacaba su enorme capacidad para mantener relaciones interpersonales muy agradables y positivas. Quizás por esto, no nos debe extrañar su prolongado liderazgo frente a la Iglesia de Dios Pentecostal, Inc. Su liderazgo carismático, su espiritualidad y su profunda dedicación ministerial, suplían por mucho su limitada educación formal. Sin lugar a dudas, fue un gigante en su época y sirvió magistralmente a una iglesia que se habría paso en el nuevo Puerto Rico.

Para este período se relanza el ministerio del Concilio General de las Asambleas de Dios, una vez concluía su relación con la Iglesia de Dios Pentecostal, Inc. Como indiqué en el capítulo anterior, luego de la separación de la Iglesia de Dios Pentecostal, Inc. del Concilio de las Asambleas de Dios, la tarea de relanzar el ministerio de éste Concilio en

---

[275] Conocí a la distancia el reverendo Pedro Juan Alvarado, nunca tuve la oportunidad de conversar con él. Siempre me impresionó como una figura imponente, no sólo por su constitución física, sino también, por su presencia física.

la Isla fue cuesta arriba. Hubo un esfuerzo concertado para reunir grupos independientes bajo la sombrilla del Concilio General de las Asambleas de Dios en Puerto Rico. Es dentro de este contexto (1957) que el Concilio del Distrito Hispano del Este del Concilio General de las Asambleas de Dios se da a la tarea de reiniciar el trabajo misionero nuevamente en Puerto Rico, luego de haber iniciado el mismo hacía cerca ya de cuarenta y tres años (1916).

Ya señalé en el capítulo anterior que el Concilio del Distrito Hispano del Este del Concilio General de las Asambleas de Dios -organizado el 6 de junio de 1957 en la iglesia "La Luz del Mundo" de Brooklyn, New York- recibió la encomienda del Concilio General de reiniciar la obra de las Asambleas de Dios en Puerto Rico. A las Asambleas de Dios sólo le quedaron la propiedad en el barrio Pájaros de Bayamón, que había sido el hogar del Instituto Bíblico Mizpa y un pequeño número de ministros. Entre este pequeño grupo de fieles al ministerio de las Asambleas de Dios se encontraban los esposos Crescencio y Aurora Santiago, quienes recientemente habían llegado de la ciudad de New York, donde asistían a la iglesia de las Asambleas de Dios que pastoreaba José (Joe) Caraballo. Crescencio y Aurora Santiago habían regresado a Puerto Rico por motivo de la enfermedad de la madre de Crescencio. Este matrimonio encontró un templo cerrado en el sector San José del pueblo de Toa Baja del concilio El Tabernáculo de Dios, dirigido por el licenciado Máximo Ortiz, y del cual era ministro ordenado el pastor Aniano Rivera Seda.[276] Los esposos Crescencio y Aurora Santiago apasionaron al pastor Aniano Rivera Seda con el nuevo proyecto misionero de las Asambleas de Dios. Rivera Seda, por su parte, entusiasmó a Herminio Isern, pastor de una congregación en el barrio Higuillar de Dorado. Ambos le manifestaron a los esposos Santiago, que en el viaje que este matrimonio haría a New York en las próximas semanas, le comunicarían a los ejecutivos del Concilio del Distrito Hispano del Este, su deseo de trabajar con la obra misionera de las Asambleas de Dios en Puerto Rico.

---

[276] El pastor Rivera Seda también estuvo relacionado con la Iglesia de los Defensores de la Fe.

Como resultado de las conversaciones de los esposos Santiago con el reverendo Vicente Ortiz, a la sazón superintendente del Concilio de Distrito Hispano del Este, los líderes del Concilio del Distrito Hispano del Este, mandaron a buscar el pastor Aniano Rivera Seda para que se reuniera con ellos en la Primera Iglesia Cristiana de Valle, pastoreada por Manuel A. Cordero en New York. En esa reunión el pastor Rivera Seda fue aceptado como ministro de las Asambleas de Dios y se le autorizó para que representara los trabajos de reconstrucción de las Asambleas de Dios en Puerto Rico. Inmediatamente Aniano Rivera Seda regresó a Puerto Rico y con la iglesia que pastoreaba en Cataño, la nueva obra de los esposos Santiago y la de Herminio Isern en el barrio Higuillar de Dorado, dio reinicio a la obra de las Asambleas de Dios en la Isla nuevamente.

Al regreso de Aniano Rivera Seda a Puerto Rico, el reverendo Manuel A. Cordero, quien se encontraba de visita en la Isla, inspeccionó con el pastor Rivera Seda los templos del concilio "El tabernáculo de Dios" que estaban cerrados o a punto de cerrar, para explorar la posibilidad de incorporarlos al trabajo misionero de las Asambleas de Dios. Otra obra que se unió en este momento al incipiente esfuerzo misionero de las Asambleas de Dios fue la Iglesia de Valle de Aguadilla, pastoreada por Manuel Pérez, quien era misionero de la Primera Iglesia Cristiana del Valle, pastoreada por Manuel A. Cordero.[277]

---

[277] Para la reconstrucción de estos datos históricos he usado programas de actividades de iglesias y documentos inéditos que no tienen nombre de autores. Revisé un borrador inédito de un trabajo preliminar del historiador Gastón Espinosa, "Las Asambleas de Dios En Puerto Rico" (Documento inédito, n.d.). Supongo que este borrador inédito sería, posteriormente, parte del trabajo final de Gastón Espinosa. Ver: Espinosa, *Latino Pentecostals in America*, 249–50; Miriam Urdaz, "Distrito de Puerto Rico de Las Asambleas de Dios" (Monografia, n.d.); Pérez Torres, *Poder desde lo alto*, 296–301.

El Imparcial, 27 de septiembre de 1957, p.57.

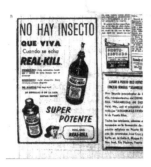

Luego de esta experiencia es que José (Joe) Caraballo y José Cruz llegan a la Isla como enviados especiales del Concilio del Distrito Hispano del Este. Dos anuncios publicados en el periódico *El imparcial,* uno bajo el título: "Llegan a Puerto Rico representantes Concilio General 'Asambleas de Dios'" en la página 57 del 27 de septiembre de 1957 y, otro, bajo el título: "Corrigiendo una injusticia", en la página 12 del 23 de noviembre de 1957, recogen los avisos hechos por los enviados del Concilio de Distrito Hispano del Este, José (Joe) Caraballo y José Cruz, para reiniciar la obra de las Asambleas de Dios en Puerto Rico. De la visita de estos dos destacados líderes del Concilio del Distrito Hispano del Este se desprendieron varias acciones afirmativas. Una de ellas fue la consolidación del grupo que se estaba organizando con el pastor Aniano Rivera Seda. Este grupo se reunió con Joe Caraballo y José Cruz a finales de 1957 en la Iglesia Cristiana Nazaret, pastoreada por Fabriciano Picón en el Residencial Público San José, Río Piedras. En esta reunión estuvieron presentes las siguientes personas: Aniano Rivera Seda, Fabriciano Picón, Pablo Clemente, Ibraim Rivera, Martín Padilla, Tony Fonseca y Manuel Pérez. En esa reunión se seleccionó la primera directiva del nuevo trabajo misionero de las Asambleas de Dios en la Isla y quedó compuesto de la siguiente manera: Fabriciano Picón, presidente; Aniano Rivera Seda, secretario-tesorero y Martín Padilla como vocal.

Otro de los resultados de la visita de José (Joe) Caraballo y José Cruz fue el inicio de la afiliación de la Iglesia Pentecostal de Jesucristo con cerca de 40 iglesias con las Asambleas de Dios en abril de 1958. Esta afiliación fue muy dolorosa desde el mismo principio. En una nota de un trabajo inédito de Gastón Espinosa, al cual tuve acceso, se dice lo siguiente:

> Para la misma fecha que salió el anuncio [en el periódico *El Imparcial*], había un concilio en Puerto Rico llamado 'Iglesia Pentecostal de Jesucristo', que supervisaban el hno. Rafael Torres Rivera y el hno. Félix Rivera Cardona. Estos se comunicaron directamente con el Distrito Hispano del Este para expresarle el deseo de unir su concilio de 40 iglesias a las Asambleas de Dios. El Revdo. Vicente Ortiz, quien era el superintendente del Distrito del Este se trasladó a la isla para dialogar con estos hermanos, sin avisarle al hno. Fabriciano Picón lo cual trajo cierto disgusto.[278]

Sobre esta experiencia Gilberto Ramos dice:

> Las Asambleas de Dios enviaron a diversos hermanos del Distrito Hispano del Este para continuar la obra de ese concilio en la Isla y entre las movidas que hicieron estuvo el de invitar a iglesias independientes a unirse a ellos. Realizaron acercamientos con la Iglesia Pentecostal de Jesucristo y en efecto, lograron un acuerdo de trabajo unido.

> [...] Los líderes de la Iglesia Pentecostal de Jesucristo en la Isla decidieron aceptar la propuesta de trabajo con las Asambleas de Dios, la cual entre otros ofrecimientos tenía la paridad de fondos para la edificación de templos. Por cada dólar que

---

[278] Espinosa, "Las Asambleas de Dios En Puerto Rico," 8.

¡Oh Poder Pentecostal!

aportara la Iglesia Pentecostal de
Jesucristo, las Asambleas de Dios
aportaría otro dólar.[279]

El Imparcial 23 de
noviemnre de 1957, p.12.

En la Conferencia de 1959 de la Iglesia Pentecostal de Jesucristo, celebrada en Mayagüez, y donde estuvieron presentes y activos los altos dignatarios de Concilio General y Concilio de Distrito Hispano del Este de las Asambleas de Dios, se seleccionaron los dirigentes de ambos Concilios. Según Gilberto Ramos:

[S]e "procedió a elegir una nueva directiva de la Iglesia Pentecostal de Jesucristo, que a su vez era la misma directiva de la llamada Conferencia de Puerto Rico [de las Asambleas de Dios]. La misma quedó integrada de la siguiente manera: Presidente, Rev. Rafael Torres Rivera; vice presidente, Rev. Carlos Lebrón; secretario, Frank Malavé; sub-secretario, Rev. Félix Rivera Cardona; tesorero, Rev. Jenaro Martínez; sub-tesorero, Rev. César Román" y sindico, Aniano Rivera Seda.

[...] Como era de esperar la mayoría de las personas elegidas pertenecían al grupo de la Iglesia Pentecostal de Jesucristo y las posiciones claves estaban en manos de ellos. La influencia de las Asambleas de Dios sería mucha, ya que las reuniones se llevarían a cabo en las facilidades del disputado Instituto en Bayamón.[280]

Sobre este mismo incidente, en el documento de Gastón Espinosa, al que ya he hecho referencia, se anota lo siguiente:

[279] Gilberto Ramos Granell, *Edificando muros, extendiendo fronteras: historia de la Iglesia Pentecostal de Jesucristo, Inc. 1938-2005* (Ponce, PR: Editorial IPJ, 2005), 89.

[280] Gilberto Ramos Granell, *Edificando muros, extendiendo fronteras: historia de la Iglesia Pentecostal de Jesucristo, Inc. 1938-2005* (Ponce, PR: Editorial IPJ, 2005), 90.

En el año 1959, la conferencia celebró su primera asamblea anual [en Mayagüez] y los pastores del concilio 'Iglesia Pentecostal de Jesucristo' salieron electos a todos los puestos ejecutivos ya que ellos eran mayoría. Esto provocó la renuncia de Fabriciano Picón y se retiró de la Conferencia. El hno. Rafael Torres Rivera salió electo presidente y éste presentó la moción para que se acepte al hno. Aniano como vocal, siendo este el único obrero [de las Asambleas de Dios] en la directiva del grupo de pastores que comenzó la reorganización del concilio en la isla.[281]

Para comienzo de 1960, la relación entre las Asambleas de Dios y la Iglesia Pentecostal de Jesucristo culminó abruptamente, luego de trabajar juntas por un limitado período de tiempo. Hay dos versiones sobre las razones para la separación tan temprana en la relación de estos dos concilios. Gastón Espinosa, por un lado, dice en su ensayo inédito, citado anteriormente, lo siguiente:

Aunque la 'Iglesia Pentecostal de Jesucristo' unió su concilio a las Asambleas de Dios, esto trajo muchos problemas, ya que estos hermanos, no estaban dispuestos a perder el control que ejercían sobre sus iglesias. Éstos a la vez que se unieron a las Asambleas de Dios, también celebraban sus propias actividades y convenciones como organización independiente para no perder su propia identidad de concilio.[282]

Sin embargo, por otro lado, el reverendo Gilberto Ramos, historiador de la Iglesia Pentecostal de Jesucristo, señala lo siguiente sobre el incidente: "la realidad fue que el intento de parte de las Asambleas de Dios por relegar el liderato de la Iglesia Pentecostal de Jesucristo y sustituirlo por líderes de su línea produjo la crisis que desembocó en la separación".[283]

Las circunstancias fueron que la afiliación repentina de Iglesia Pentecostal de Jesucristo con las Asambleas de Dios produjo profundas

[281] Espinosa, "Las Asambleas de Dios En Puerto Rico," 8–9.

[282] Espinosa, "Las Asambleas de Dios En Puerto Rico, 9.

[283] Ramos Granell, *Edificando muros-- extendiendo fronteras*, 90.

diferencias entre el ministerio de la Iglesia Pentecostal de Jesucristo. Gilberto Ramos señalo que "[a] raíz de esta unión la Iglesia Pentecostal de Jesucristo se dividió en dos bandos que eventualmente llegarían a tener su día en corte".[284] Por alguna razón, el proyecto de trabajo en conjunto de estos dos concilios, propició una honda separación entre lo que Gilberto Ramos llamó el grupo de los "rafaelistas" y el grupo de los "felixtas". "En este año [1960] el concilio estaba dividido en dos facciones, a saber: "los rafaelistas y los felixtas"; o sea, aquellos que estaban de acuerdo con el Rev. Rafael Torres Rivera y aquellos que apoyaban al Rev. Félix Rivera Cardona en relación a la integración del concilio a las Asambleas de Dios".[285]

Así las cosas, las Asambleas de Dios inician la ruta hacia la celebración del Cincuentenario de pentecostés, comenzando en cero nuevamente su trabajo misionero en la Isla. El relato de los párrafos anteriores parece confirmar que repitieron el mismo error con el concilio Iglesia Pentecostal de Jesucristo que habían cometido con la Iglesia de Dios Pentecostal, Inc. Ya la Iglesia Pentecostal de Jesucristo era un concilio con un gobierno episcopal centralizado como lo era el de la Iglesia de Dios Pentecostal, Inc. De hecho, el líder fundador de aquel concilio, Félix Rivera Cardona, había salido de la Iglesia de Dios Pentecostal, Inc. Por consiguiente, el liderazgo de las Asambleas de Dios debió haber entendido, desde los inicios de este intento de afiliación, que sería cuesta arriba la asimilación total del concilio Iglesia Pentecostal de Jesucristo dentro de la estructura administrativa de las Asambleas de Dios. Era más que imposible tratar de asimilar y tragarse a un concilio que ya tenía su propia estructura administrativa. El experimento no dio resultado.

Desde mi óptica, a la distancia, ambos concilios buscaron beneficios particulares, pero no prestaron atención a los peligros que enfrentaban en el intento de afiliarse. Por un lado, las Asambleas de Dios, luego del golpe recibido con la separación de la Iglesia de Dios Pentecostal de su familia eclesial, querían establecer un trabajo misionero en

---

[284] Ramos Granell, *Edificando muros-- extendiendo fronteras*, 89.

[285] Ramos Granell, *Edificando muros-- extendiendo fronteras*, 92. Interesantemente había una relación sanguínea entre Félix Rivera Cardona y Rafael Torres Rivera. El primero era tío del segundo.

Puerto Rico a la brevedad posible, para reponerse de tan dura y afrentosa experiencia. Me parece que su deseo por arrancar fuerte su obra misionera, nuevamente en la Isla, no le permitió examinar con más cuidado y detenimiento la realidad de que la Iglesia Pentecostal de Jesucristo, un concilio ya formado en una tradición de gobierno eclesial episcopal, se comportaría de la misma manera que la Iglesia de Dios Pentecostal. Por otro lado, me parece que la Iglesia Pentecostal de Jesucristo, en su deseo de conseguir ayuda económica para la construcción de sus templos, tampoco evaluó con detenimiento la autonomía eclesiástica que tenía que entregarle al Concilio del Distrito Hispano del Este de las Asambleas de Dios. Me parece que fue un intento interesante de trabajo unido, que no se estructuró adecuadamente y por eso, lamentablemente, fracasó.

Los tropiezos en el reinicio de la obra de las Asambleas de Dios tuvieron otros capítulos antes de la celebración del Cincuentenario de pentecostés. Luego de la experiencia de separación de la Iglesia Pentecostal de Jesucristo de las Asambleas de Dios, el superintendente del Concilio del Distrito Hispano del Este, Vicente Ortiz, tuvo serias dificultades en aglutinar adecuadamente la obra de las Asambleas de Dios que quedaba en Puerto Rico. Le correspondió al reverendo Rubén Nieves - como presidente de un *Comité Consejero Interino*, bajo la dirección del misionero Ralph Williams- reorganizar la Conferencia de las Asambleas de Dios en toda la Isla. Bajo la supervisión del misionero Ralph Williams este *Comité Consejero Interino* preparó una Constitución y Reglamento para celebrar una asamblea constituyente. Esta asamblea constituyente se llevó a cabo en enero de 1965 en la Iglesia Pueblo de Dios de las Asambleas de Dios en el residencial San José en Río Piedras. En esta asamblea constituyente se eligieron los siguientes oficiales para dirigir la obra de las Asambleas de Dios en la Isla: Aniano Rivera Seda, presidente; Bartolo Oliver, vicepresidente; César Román, secretario y Alfredo Granado, tesorero.

Con esta nueva estructura eclesiástica, las Asambleas de Dios se prepararon para celebrar el Cincuentenario de pentecostés en Puerto Rico. Sin lugar a dudas, a pesar de los reveses recibidos en eso primeros cincuenta años en su relación con los grupos que surgieron de su propio trabajo misionero en la Isla, no se le podía negar ni escatimar la realidad histórica de que la obra pentecostal puertorriqueña, se inició como resultado de la visión misionera del Concilio General de las Asambleas de Dios que apoyó a los primeros misioneros puertorriqueños, Juan L. Lugo, Francisco Ortiz, Panchito Ortiz, Lorenzo Lucena y Salomón Feliciano, entre otros, en su trabajo pionero en la Isla, en adición a Frank Otto y Aura Finkenbinder y Lena S. Smith.

Los demás concilios pentecostales camino al Cincuentenario

Además de los concilios pentecostales ya nombrados en las páginas anteriores, otros concilios pentecostales se preparaban para la celebración del Cincuentenario de pentecostés. Desde luego, la Iglesia de Dios Pentecostal, Inc. interpretaba que esencialmente este era su Cincuentenario y no realmente el Cincuentenario de la obra pentecostal en Puerto Rico. La planificación del evento fue realmente un evento de la Iglesia de Dios Pentecostal, Inc. y no el esfuerzo concertado de todo el pueblo pentecostal.[286] Sin embargo, es importante señalar que para el 1966, fecha de la celebración del Cincuentenario de pentecostés, el horizonte pentecostal puertorriqueño estaba iluminado por varios concilios, movimientos y grupos pentecostales. Lo que comenzó como una *misión pentecostal* de las Asambleas de Dios y se había desarrollado como la Iglesia de Dios Pentecostal, Inc. era ya una variada gama de grupos pentecostales. Para propósito de análisis, se mencionará los concilios, movimientos y grupos pentecostales que ya tenían obra en la Isla para el año 1966.

La Iglesia de Dios *Mission Board*. Para la llegada del Cincuentenario de pentecostés este concilio había solidificado su obra pentecostal

---

[286] Interesantemente cincuenta años después (2016), durante la celebración del Centenario de la obra pentecostal en Puerto Rico, la Iglesia de Dios Pentecostal asumió la misma actitud. El liderazgo de la iglesia vio la celebración del Centenario como una efeméride de la Iglesia de Dios Pentecostal, M. I. en lugar del Centenario de la obra pentecostal en la Isla. De hecho, se celebraron tres actividades del Centenario de la obra pentecostal por separadas. Una por la Iglesia de Dios Pentecostal el 29 de mayo de 2016 en Ponce; Otra por la Iglesia de Dios *Mission Board* del 17 al 19 de febrero de 2016 en Manatí y la tercera por las Asambleas de Dios el 25 de julio de 2016 en Bayamón. Creo que se desperdició una bonita oportunidad de presentar un frente unido en un momento donde el pueblo de Puerto Rico, en su noche más oscura, necesitaba desesperadamente un símbolo de unidad y afirmación de esperanza del liderazgo pentecostal puertorriqueño.

en la Isla. Estaba organizada en siete distritos eclesiástico, a saber, San Juan, Río Piedras, Caguas, Carolina-Fajardo, Manatí, Bayamón y Ponce. Llegó al Cincuentenario bajo la dirección de Ricardo González. Había desarrollado un sólido instituto bíblico conocido como el Instituto bíblico Interamericano, bajo la hábil dirección de Héctor y Loida Camacho. También había logrado reclutar estudiantes del este de Estado Unidos, de Latinoamérica y de la Isla. Además, la iglesia había desarrollado un agresivo proyecto evangelístico por toda la Isla con un ministerio relativamente joven.

La Asambleas de Iglesias Cristianas. Camino a la celebración del Cincuentenario el líder principalísimo de la Asamblea de Iglesias Cristianas lo fue el reverendo Joaquín Chico. Este líder logró consolidar la obra de este concilio de forma decidida. El reverendo Joaquín Chico adviene al liderazgo de este concilio en el año 1961. Durante su administración de veinte años, la obra de la Asamblea de Iglesia Cristianas se promovió por toda la Isla. El trabajo del reverendo Chico fue tan eficiente que, a su salida de la presidencia de la organización en el 1981, había dejado 112 iglesias y la obra en Puerto Rico organizada como el Cuarto Distrito del Concilio Asamblea de Iglesias Cristianas.[287]

La Iglesia Cristo Misionera. Este concilio entró a la celebración del Cincuentenario de pentecostés bajo la dirección del reverendo Florentino Figueroa. El reverendo Figueroa dirigió los destinos de este concilio por veintinueve años. Su extensa presidencia comenzó en 1940 y culminó en 1969. La obra de la Iglesia Cristo Misionera se extendió rápidamente por todo el noreste, sur este y este central de la Isla.

El Movimiento Defensores de la Fe. Luego de treinta años de ser dirigidos por su fundador, Dr. Juan F. Rodríguez, el Movimiento Defensores de la Fe entró a la celebración del Cincuentenario de pentecostés bajo el liderazgo del reverendo Licinio Rolón. El reverendo Rolón, hombre de personalidad agradable y hablar pausado, tuvo la responsabilidad de timonear esta organización por tiempos muy desafiantes durante la década de los sesenta. Su presidencia concluyó en el año 1972.

---

[287] Ver: Samuel Díaz, *¡Adelante en la carrera!: Historia del Concilio Asamblea de Iglesias Cristianas, Inc. y su red misionera a las naciones* (New York, NY: Concilio Asamblea de Iglesias Cristianas, Inc., 1997), 137–41.

➣ **La Iglesia de Dios, Inc.** Este concilio entró a la celebración del Cincuentenario de pentecostés capitaneado por el reverendo Benito Cintrón Santana. La obra de este concilio pentecostal estuvo dirigida por el reverendo Cintrón Santana por espacio de 31 años, desde 1948 al 1979. El desarrollo de este concilio también tiene su crecimiento más destacado en la zona norte central, sur este y este de la Isla. Este concilio se distingue por sostener y practicar la observancia del sábado y el uso del velo por sus féminas durante la adoración en el culto. Además, tiene un destacado uso del don de la profecía durante la expresión cúltica.

➣ **Movimiento Misionero Mundial.** Este movimiento pentecostal lo organizó su líder indiscutible, el reverendo Luis M. Ortiz Marrero, el 13 de febrero de 1963. Su fundador, ante serias diferencias con el liderazgo de la Iglesia de Dios Pentecostal, se separó de este concilio y fundó el Movimiento Misionero Mundial. Su inmensa obra para este tiempo era el trabajo que él y sus colaboradores habían desarrollado en la república de Cuba. De esta forma un nuevo grupo pentecostal se unió al concierto de iglesias pentecostales que se preparaban para la celebración del Cincuentenario de pentecostés.

➣ **Iglesia Cristo en las Antillas.** Este grupo, como hemos visto antes, se organizó en 1938. Como organización pentecostal entró a la celebración del Cincuentenario de pentecostés con este nombre y luego en el 1972 cambió su nombre por el Iglesia Universal de Jesucristo.

Con todos estos concilios pentecostales en el horizonte religioso puertorriqueño, la *misión pentecostal,* iniciada por Juan L. Lugo y sus colaboradores en el 1916, se lanzó a celebrar su Cincuentenario. En los párrafos que siguen examinaremos someramente lo ocurrido en esa memorable fecha.

La fecha seleccionada por la Iglesia de Dios Pentecostal, Inc. para la celebración del Cincuentenario de pentecostés fue el 18 de julio de 1966. El lugar fue el estadio Hiram Bithorn en San Juan. Se estima que ese día unas 20,000 personas abarrotaron este estadio de jugar béisbol. Connotados líderes del gobierno y del mundo religioso evangélico y pentecostal se dieron cita, en esa memorable fecha, para el mundo religioso pentecostal puertorriqueño.

Camino a la celebración

Para esa efeméride, se invitó a participar a Juan L. Lugo, pionero de la *misión pentecostal* en la Isla y Frank O, y Aura Finkenbinder, misioneros del Concilio General de las Asambleas de Dios desde 1921 hasta 1935 en Puerto Rico. Para Juan L. Lugo, que viajó desde New York, era su primera participación oficial en un evento planificado por la Iglesia de Dios Pentecostal, luego de la salida de su comunión en 1940. Los esposos Finkenbinder tuvieron un tedioso y dificultoso viaje desde Denver, Colorado, enfrentando las dificultades de una huelga aérea durante ese fin de semana. Salieron de Denver el sábado 16 de julio a las 4:00 de la mañana y llegaron a Puerto Rico el domingo 17 de julio a la 1:00 de la madrugada. Para esta pareja de misioneros fue una verdadera experiencia de gozo regresar a Puerto Rico, luego de haber salido de la Isla por ya cerca de treinta años.[288]

El Cincuentenario de pentecostés se celebró el lunes 18 de julio de 1966, día en que se celebraba el feriado del Día de Luis Muñoz Rivera. El día oficial del natalicio de Luis Muñoz Rivera es el 17 de julio, pero en el 1966, el 17 de julio era domingo y el feriado se celebró el lunes 18 de julio. Ese lunes las huestes de la Iglesia de Dios Pentecostal salieron en caravana en autobuses de todos los puntos de la Isla para abarrotar el estadio Hiram Bithorn en Hato Rey, San Juan. Uno de los líderes pentecostales de otro concilio pentecostal hermano que estuvo presente y se dirigió a la audiencia del Cincuentenario fue el reverendo Miguel Navas, Director del Instituto Bíblico Interamericano de la Iglesia de Dios *Mission Board*. Los reverendos Jorge Nehemías Cintrón y Antonio Rivera Rodríguez, presidente y secretario ejecutivo del Concilio Evangélico de Puerto Rico, respectivamente, hicieron uso de la palabra desde el proscenio del Cincuentenario de pentecostés. Otro incipiente líder evangélico puertorriqueño que estuvo presente en el proscenio lo fue el reverendo Efraín Santiago, pastor de la Iglesia Wesleyana de la urbanización Las Lomas de Río Piedras. De igual manera, el doctor Carlos J. Lastra, secretario de Estado de Puerto Rico, en la administración del gobernador Roberto Sánchez Vilella, hizo uso de la palabra a nombre del Gobernador y en el suyo propio.

---

[288] Frank O. Finkenbinder, "Gratísima visita a Borinquen," *El Evangelista Pentecostal*, October 1966, 6.

El reverendo Juan L. Lugo, dirigió un poderoso mensaje a la audiencia del Cincuentenario bajo el tema: ¿Qué es pentecostés?[289] En este mensaje el reverendo Lugo hizo una historia sobre Pentecostés desde los tiempos bíblicos hasta el día de su predicación en Ponce el 3 de noviembre de 1916 en la calle Acueducto esquina Intendente Ramírez en el sector Cantera en Ponce. Realmente, una joya de predicación histórica.[290] El mensaje principal del Cincuentenario de pentecostés lo presentó el reverendo Abelardo Berríos, pastor de la Iglesia pentecostal la "Sinagoga" del "Barrio" en Manhattan, New York. El tema que el reverendo Berríos abordó fue: "Y pentecostés sigue avanzando". Un coro de 260 voces, dirigido por Pío Gautier, ofreció la himnología especial del evento.

Ciertamente, la celebración del Cincuentenario de Pentecostés, con una sólida asistencia calculada en cerca de 20,000 personas en el estadio municipal Hiram Bithorm, fue un testimonio elocuente del crecimiento exponencial de un grupo que en sus comienzos -ni el gobierno, ni la Iglesia católica, ni la Iglesia evangélica- lo tomaron con seriedad. Cincuenta años después, demostraba que se había convertido en el movimiento evangélico más grande, pertinente y activo de la sociedad puertorriqueña. Su actividad evangelística había cambiado para siempre la visión y mañana de muchas de las masas puertorriqueñas empobrecidas. La fe pentecostal, con su ética del reino de Dios, había contribuido al desarrollo de un puertorriqueño trabajador, responsable con su familia, su iglesia y su país. El impacto de su mensaje transformador y lleno de convicción para poder realizar cambios, le dio esperanzas a cientos de comunidades resquebrajadas por los vicios sociales que destruían el capital social de las mismas.

De igual manera, en el seno del culto pentecostal se prepararon muchos líderes, hombres y mujeres, que luego se constituyeron en baluartes de nuestra sociedad puertorriqueña. El énfasis de una vida transformada del creyente en la fe pentecostal, va construyendo un muro de

---

[289] Una copia de este sermón se incluye en los anejos de esta obra.

[290] Juan L. Lugo, "¿Qué es pentecostés?," *El Evangelista Pentecostal*, October 1965, 10–25. En el anejo X de se incluye una copia de este sermón.

contención que le da reciedumbre de hombre y mujer de bien a los puertorriqueños y puertorriqueñas en general. Recuerdo, con gran satisfacción, a un banquero de la comunidad donde estaba enclavada la iglesia pentecostal que pastoreaba -en San José, Río Piedras- decirme: "Pastor, necesito que me envíe jóvenes de su iglesia para unas posiciones de pagador-recibidor que tengo disponibles. Sus jóvenes no roban y llegan los lunes sobrios y con puntualidad al trabajo". Esa vida de responsabilidad con el trabajo, servicio sacerdotal y respeto a lo ajeno fue uno de los más grandes activos que la fe pentecostal transfirió de la experiencia cúltica de sus fieles, a la cotidianidad de la vida en la sociedad secular. Para la fe pentecostal lo que ocurría en la celebración del culto pentecostal tenía que tener implicaciones prácticas para la vida en familia, la comunidad y el centro de trabajo. ¡Sí, esa fue, y sigue siendo, una extraordinaria contribución de la fe pentecostal a la sociedad puertorriqueña!

Con esas afirmaciones espectaculares del párrafo anterior, culmino mi relato de la *adolescencia y temprana madurez* del pentecostalismo puertorriqueño y su impacto en nuestra sociedad. Como es de esperarse, el mismo no agota todos los intrincados contornos de la historia de este período. Este es sólo mi relato y posee todas las virtudes y limitaciones de mi óptica personal. Espero que la lectura del mismo les haya abierto el deseo de investigar con mayor profundidad algunos de los temas aquí esbozados. Les animo de todo corazón a que lo hagan. Pero antes de dejarles ir, les incluyo una posdata a este trabajo. Pasen la página y prosigan.

Posdata

La investigación para la redacción de esta obra la hice durante los albores y la realidad de la celebración del Centenario de Pentecostés en Puerto Rico en el año 2016. Cien años después de la llegada de la *Misión Pentecostal* a la Isla, era claro que el movimiento pentecostal tenía una enorme influencia en la vida pública en Puerto Rico. En la celebración principal el 29 de mayo de 2016 en el estadio municipal Francisco Montaner de Ponce, se estimó que cerca de 20,000 personas se dieron cita en el lugar. Hubo otras dos celebraciones, la de la Iglesia de Dios, *Mission Board* en Manatí, del 17 al 19 de febrero de 2016 y la de las Asambleas de Dios en Bayamón, el 25 de julio de 2016, que pudieron haber añadido unas 10,000 personas adicionales a la celebración. Sin embargo, lastimosamente, no fue una celebración unida. Los principales concilios pentecostales decidieron celebrar sus propias conmemoraciones por separadas.

Cuando publiqué mi primer volumen sobre esta obra -titulado: *100 años después: La ruta del pentecostalismo puertorriqueño*- en el otoño de 2015, expresé en la posdata de ese volumen que anhelaba vivir una experiencia en la celebración del centenario de pentecostés semejante a la que tuve el 3 de julio de 2015 en el monumento a los caídos en Pearl Harbor, Hawái. Mis palabras fueron, entonces, las siguientes: "Creo, firmemente, que la llegada del centenario de pentecostés a Puerto Rico -2016- le ofrece al pueblo puertorriqueño una oportunidad de oro para honrar, celebrar, reverenciar y afirmar la vida del pionero de pentecostés en Puerto Rico".[291] Realmente, eso no ocurrió en la celebración de pentecostés el pasado año. Fue una celebración multitudinaria, pero marcada

---

[291] Estrada-Adorno, *100 años después*, 1:138.

por el distanciamiento y separación de los concilios que representaban las diferentes organizaciones pentecostales en la Isla. Desde luego, este no es el momento para analizar ese evento en detalles. Estamos muy cerca, históricamente, de la celebración del mismo y a las personas involucradas en su organización se les debe hacer muy difícil recibir críticas sobre la celebración del mismo. Con el paso de los años, a la distancia, se podrá analizar más constructivamente este evento y desempolvar algunas enseñanzas para todo el pueblo pentecostal.

Sin embargo, quería brevemente comparar el poder de la iglesia pentecostal en la celebración de su cincuentenario con su poder en la celebración de su centenario. Está muy claro que el poder que la iglesia pentecostal trae a la celebración de su cincuentenario fue su fortaleza para transformar vidas y comunidades con la autoridad de su evangelio transformador. Si hay algo que la iglesia pentecostal mostró, entre sus activos, al momento de la celebración de su cincuentenario, fue su fortaleza para transformar las vidas de sus fieles y de las comunidades donde estaban enclavadas sus capillas y sus templos. Los milagros que acompañaron al mensaje pentecostal en sus campañas evangelísticas en templos, lugares públicos y carpas eran una clara demostración de que este grupo poseía algo sobrenatural en sus reuniones. Como resultado, por variadas razones, las personas acudían a las reuniones de los pentecostales para saber qué era lo que ocurría en sus cultos y por qué la gente abarrotaba los mismos. Muchos, luego de presenciar lo que ocurría en estas reuniones, hacían pública confesión de fe y se unían a las iglesias pentecostales.

Aunque ya empezaba a fraguarse una conciencia de su poder político, como contraparte del Partido Popular Democrático y su líder máximo, Luis Muñoz Marín, todavía la iglesia veía su verdadero poder en la función transformadora del evangelio. Desde luego, esto veintiséis años de la adolescencia y temprana madurez del pentecostalismo puertorriqueño, se dan dentro del dominio político y gubernamental del Partido Popular Democrático. Gobierno y partido político, en el mejor sentido de las palabras, fueron una y la misma cosa por este espacio de tiempo. Al no haber alternancia de partido político en el gobierno, era muy fácil para algunas figuras pentecostales emergentes identificarse, a veces de forma solapada, otras no tan solapadas, con el gobierno y Partido Popular Democrático.

Sin embargo, cuando llegó la celebración del centenario de pentecostés, la iglesia pentecostal estaba muy consciente, no sólo del poder transformador del evangelio, sino, también, de su poder político. Desde esta nueva óptica, el pentecostalismo, debido a su número impresionante de feligreses en la Isla y a la participación activa de algunos de sus representantes más vocales en los asuntos públicos, había adquirido un poder en la vida pública puertorriqueña que los candidatos a puestos políticos le reconocían. Desde esa perspectiva, la iglesia pentecostal asumió una actitud más militante en los asuntos públicos de la Isla, especialmente, entre los grupos que se identificaron con lo que se conoce en Estados Unidos como la *derecha religiosa*.

Me parece que ese es uno de los más grandes desafíos que enfrenta la iglesia pentecostal en su responsabilidad como "sal" y "luz" del mundo en esta coyuntura histórica. Tiene que definir cómo va a usar su poder político y ajustarlo constructivamente con su poder sobrenatural. Por un lado, cuando celebró su cincuentenario sabía que tenía poder de lo alto, poder espiritual, pero todavía no había experimentado en su esplendor el poder político. Su impacto en la sociedad puertorriqueña estaba cimentado en el poder transformador real de su mensaje. La evidencia de vidas y comunidades transformadas era su mejor y más poderosa carta de presentación ante la sociedad secular. El respeto que recibía, aún de aquellos que no compartían su fe, se basaba en el resultado comprobado del testimonio de las vidas transformadas de los que compartían el mismo espacio con el resto de la comunidad. Por otro lado, cuando celebró su centenario, la iglesia pentecostal estaba muy consciente de su poder político. Sabía que el respeto que le propiciaban los candidatos a puestos políticos estaba cimentado en el poder de su voto más que en su poder para transformar vidas y comunidades. De hecho, en muchas ocasiones la iglesia pentecostal usó su poder político en forma coercitiva, para amedrentar a los que aspiraban a puestos políticos en el gobierno de Puerto Rico.

Les adelanto que el desarrollo y uso del poder político de la iglesia pentecostal, mencionado en el párrafo anterior, será objeto de análisis en el siguiente volumen histórico de esta obra. Por el momento, basta con su mención como punto de comparación con el poder para transformar vidas y comunidades, reflejado en el ministerio de la iglesia pentecostal para el momento de la celebración del cincuentenario de pentecostés. Espero que hayan disfrutado este viaje por estos cuarenta años de la adolescencia y temprana madurez de la iglesia pentecostal puertorriqueña.

Además, les invito a examinar los anejos que incluyo en este volumen, que le ofrecen alguna de la documentación histórica que sustenta los hechos históricos narrados en esta obra. Siempre me gusta compartir con mis lectores documentación que los ayude a entender por dónde he caminado en mi investigación, para darle un mejor atisbo de la hendedura histórica por donde he mirado para narrar mi historia de la historia. No tengo que indicarles que esa hendedura siempre tiene sus limitaciones y las del color de mi cristal por donde miro los acontecimientos históricos.

Finalmente, les confieso que espero encontrármelos nuevamente, en un futuro cercano, si así lo dispone el Altísimo, para llevar esta historia hasta su centenario. Mientras tanto, celebremos todos juntos y luchemos por reafirmar el poder transformador de vidas y comunidades del mensaje de la iglesia pentecostal. Estoy convencido que Puerto Rico necesita a una iglesia pentecostal que ondee elegantemente y sin timidez más su poder transformador que su poder político. Para mí el poder político de la iglesia pentecostal, poder sanador en los asuntos públicos, se debe desprender del poder del mensaje transformador en la vida comunitaria que contribuye a la realización de la justicia y la paz "así en la tierra como en el cielo" para todos los que comparten mi fe pentecostal y aquellos, que por las razones que sean, no la comparten.

Sí, creo en el poder político de la iglesia pentecostal, el poder para intervenir en los asuntos públicos de la sociedad desde la perspectiva del evangelio sanador de comunidades, pero no desde la perspectiva de la política de la partidocracia que define a un sector de la sociedad como bueno y otro como malo. Esa política que separa unos grupos de la sociedad de otros, nunca debe ser parte del mensaje sanador y redentor de la iglesia pentecostal. La iglesia pentecostal tiene una mejor opción para la sociedad puertorriqueña: El evangelio sanador y transformador para un pueblo que gime por ser redimido. ¡Qué Dios nos ayude a presentar esta opción con dignidad y elegancia!

Wilfredo Estrada Adorno
Orlando, Florida
2 de febrero de 2017
(En el santoral católico el 2 de febrero
se celebra la Fiesta de la Candelaria,
en recuerdo de la presentación del niño Jesús en el Templo).

Anejos

A. Informe sobre visita del reverendo Noel Perkin a Puerto Rico en el 1936

B. Extracto de una carta de A. Adele Flower a su padre Joseph R. Flower en 1954

C. Acuerdo entre La Iglesia de Dios Pentecostal, Inc. y el Concilio de Distrito Hispano del Este de los Estados Unidos

D. Carta de Demetrio Bazán a Joseph R. Flower de del 20 de septiembre de 1954

E. Carta de Andrés Ríos A Noel Perkin del 1ro de octubre de 1954

F. Carta de Noel Perkin a Andrés Ríos del 15 de octubre de 1954

G. Carta a Melvin L. Hodges de Demetrio Bazán del 9 de junio de 1955

H. Carta a H. C. Ball de Demetrio Bazán del 9 de junio de 1955

I. Carta a Joseph R. Flower de Demetrio Bazán del 8 de julio de 1955

J. Carta a Demetrio Bazán de Joseph R. Flower del 12 de octubre de 1954

K. Memorando M. L. Hodges a Noel Perkin del 23 de junio de 1955

L. Carta de M. L. Hodges a Demetrio Bazán del 15 de junio de 1955

M. Carta a Joseph R. Flower de del 10 de julio de 1955

N. Carta de Joseph R. Flower a Manuel T. Sánchez del 28 de julio de 1955

O. Carta de Joseph R. Flower a José Girón del 26 de agosto de 1955

P. Carta de José Girón a Joseph R. Flower del 22 de agosto de 1955

Q. Carta de Joseph R. Flower a Andrés Ríos del 3julio de 1957

R. Informe sobre la situación de Puerto Rico del Presbiterio General de los días 1-3 de septiembre de 1955

- 4 -

to work on the Cuban situation in the following manner: They would pass word to Luis Ortiz to discontinue the practice of causing division in churches. This was not categorically stated, but the idea was left that if he failed to do this, that it would be considered sufficient means for them to take severe measures of discipline against him. Further, they would go to work immediately on the Cuban situation and try to work out some agreement so that if possible, Luis Ortiz would bring back his work into fellowship with the assemblies in Cuba. They anticipate that it will be necessary for a couple of their brethren to take a trip to Cuba. They state that if they take a strong stand against Ortiz at this time it will not help, as Ortiz will continue his way and the difficulties will continue in Cuba, but that if they can be given time, they have hopes of bringing Brother Ortiz around to a place of agreement, and if not, then it is understood that they would be able to discipline him and at the same time defend their position in their home island. If their preliminary efforts in finding a solution to the problem in Cuba are not successful, they will ask for co-operative action by the Missions Department of Springfield and their own. Perhaps with two executives from Puerto Rico, two Cuban executives, and two representatives from Springfield, and they would hope in this way to find the proper solution by making every effort that could be made to bring Brother Ortiz in line, and then if this fails, their own course of action will be clearer. They state energetically that they have no thought of dividing the work in Cuba, and they lament this situation and that Brother Ortiz does not have their backing in his present attitude. Finally, they said that in view of the situation in Cuba, they have decided not to send more missionaries from Puerto Rico to that country nor to replace those who may return to Puerto Rico. They say that there are some members and workers that would desire to go to Cuba even though they are not sent as missionaries, and that if such go, that we should know that they do not have the backing of Puerto Rico. Comment: In our opinion, these last proposals concerning the difficulty in Cuba have their drawbacks in view of the fact that the Cuban brethren will be wanting more immediate action than this would indicate. However, on the other hand it does seem to be a reasonable procedure and one which we ourselves, would probably follow if we were in the place of the Puerto Rican executives. It is doubtful that we would be willing to cut off a missionary from support and recall him to the United States without having the privilege of making a complete investigation and doing everything in our power to bring about a reconciliation. Therefore, this does seem to be a reasonable basis for working on this problem.

We pointed out to the brethren that we were not authorized to come to any final agreement and that we anticipated no great difficulty in working out points one and three. Point #2 seemed to be more doubtful to us but that we would submit this at the first opportunity to the Missions Department and the Executive Presbytery to see what could be done. Brother Rios, the Secretary, expressed that should there be some area of disagreement that we should not consider the case closed, but to present our objections for their further study and see if something could not still be worked out. It was further suggested that should this matter of the relationship of the work in New York to the Puerto Rican brethren require more study, that a representative from Puerto Rico come to meet with the executive brethren and someone from the Latin American District. Brother Bush suggested that this might be worked out at the time of the General Council in Cleveland.

In view of the fact that the Puerto Rican brethren have left the door open for fellowship, and in fact, express great reluctance in removing from their official publications the statement that they are in fellowship with the General Council, the District merely renews the license rather than to grant ordination prematurely.

There are 44 assemblies in Puerto Rico that are regularly set in order and in addition there are quite a number of out-stations and 65 Sunday Schools. It is estimated that the number of Christians in general attendance at the Sunday meetings would average around 3500 for all the assemblies. The largest assembly is in Santurce which is a suburb of San Juan where they have between 500 and 600 at the night services. Most of the churches are self-supporting and a total of $13,040 was contributed last year by all the assemblies toward the support of the work. Headquarters is giving at the present time $100.00 a month to help needy workers in Puerto Rico and $50.00 for the development of the work in Santo Domingo. This is in addition to the support of the District Supt. who is the only missionary under appointment for Puerto Rico at the present time.

Many of the ministers are facing very trying circumstances owing to the fact that they have large families to care for and very little in the way of regular offerings. For example one pastor has eleven in his family and is receiving about $15.00 per month for their maintenance, and for their clothing. Nevertheless he seems to have a flourishing assembly and is happy in the blessing of the Lord. According to the estimate given by the committee on the field, they believe he ought to have at least $60.00 per month in order to properly provide for his needs.

Another of our brethren has been singled out by other denominations as an exceptional preacher and has been invited by this denomination to leave our work and go through their college and afterwards receive an appointment to one of their churches with all his expenses paid, but rather than to be untrue to the testimony he feels God has given us he prefers to continue on ministering where he is although he is only receiving from $3.00 to $4.00 per month while he has a family of eight children to care for. The assembly, in addition to the amount they are giving him for his support, pay around $20.00 per month for the rent of their hall.

There are many other similar cases which we could mention but these indicate the condition of quite a number. There is one other case to which we would like to refer, and that is regarding a man who is experienced as a well driller and was made an offer of $14,000 for four years' work in the island but he felt this would hinder his work in the ministry and preferred to continue just where he is, receiving very small support. According to the records given us he receives $15.00 per month and has five in the family. He has built his own little church and in addition has two or three other preaching appointments in the neighborhood. He asked us whether it might be possible for us to provide $25.00 to help in painting his church.

A VISIT TO SOME OF THE ASSEMBLIES IN PUERTO RICO

During the time we were in Puerto Rico we visited fourteen of the assemblies. These were carefully selected by the brethren on the field so as to enable us to get an idea of the work in the larger assemblies as well as in the country places. We were very agreeably surprised with what we saw of the Lord's working in the island but were very much touched by some of the needs which were presented to us. One could not help but wish that we had an unlimited supply of money to assist our brethren who seem to have been doing so splendidly and yet under such difficult circumstances.

SANTURCE

The church in Santurce is a very nice looking building or reinforced concrete and accommodates about 600 people. They still need around $200.00 to finish the building properly and it is very necessary for them to have a sidewalk before the church where at present there is just loose sand which does not give a very good appearance to the church from the outside as far as this part of it is concerned. The pastor is an energetic, consecrated man with a very deep insight into the Scriptures and is very much loved by his people.

HUMACAO

The church in Humacao has a membership of about 300 and a building in process of construction. The pastor, Brother Lucena, since deceased, came to Puerto Rico in 1931 from California. Although he is a native of Puerto Rico he had been away from the country for many years. He appears to be a deeply spiritual man and often spends several days at a time fasting and praying before the Lord. We were very conscious of the presence of the Spirit of God in his assembly and were most interested to hear something of the pastor's experience. It appears he was knocked down by an automobile in California, and the money that was given him as compensation was used by him to go to Puerto Rico in order that he might minister to his own people the full gospel message. He had a very trying time during his first year or so on the field and came back to New York quite discouraged and sick in body. He finally felt that he had failed the Lord by running away and asked God to heal him if it were His will that he should return to the field and immediately the Lord healed him and he returned to Puerto Rico and now has the flourishing church of nearly 300 members. We were interested to learn how that one individual from this assembly had gone to another community and testified of what God had done for her, and in due time another assembly was established.

MAYAGUEZ

The work in Mayaguez is also very encouraging, there is a general attendance of about 250 on the Lord's Day, but the property they are renting is most unsatisfactory for their purposes. They are paying at present $40.00 a month for their hall, but feel if they could only get the loan of $3000 or $4000 they could build a building and still pay the $40.00 a month as re-payment of the loan and have a far more suitable building for their purposes. The brethren in Puerto Rico are very anxious to establish a Bible School since there are large numbers of their young people who are desirous of getting further preparation for the ministry and it was the opinion of the Executive Committee on the field that as soon as a school could be established we would find that they would have all the students that could be accommodated. We pointed out to the brethren that inasmuch as Puerto Rico is not a very large field and we already have a very good work established it would not be long before, with the aid of a school, they would have all the ministers they need to evangelize their own field, and if we are going to cooperate in the establishing of a Bible School it would be with the thought in view that some of their young people could be used in helping to evangelize the neighboring islands such as Santo Domingo, Haiti and Cuba. They were very enthusiastic over the prospects of an enlarged ministry in this way, and one night when we put the test to the congregation to see how many young people would consecrate themselves for the ministry of evangelism in other countries, particularly in the West Indies, there were about 37 who came forward and who seemed to show a real earnestness and desire to give themselves unreservedly to God. We investigated some properties in Mayaguez and found that there was one there that was being offered which would make a very suitable location for the church and also it was thought that the building could be enlarged so as to accommodate the Bible School on the same lot. A rough estimation was made that it would require about $6000 to erect the church and Bible School. If this could be provided by the Missions Department it would be understood that whatever was used for the erection of the church would be repaid by the local body at the rate of $40.00 per month.

PONCE

The church in Ponce is very nice in appearance and has a very splendid congregation which is flourishing under the energetic leadership of the young pastor, Brother Louis Otero who is also acting as the secretary of the District Council. Furthermore, he is editing their paper which is entitled "El Evangelista Pentecostal." This young man has since felt called to Chile.

BAYAMON

The pastor of the work at Bayamon is Manuel Rivera. He has a family of eight children and is the one we referred to earlier on in this report as having been offered a position in another denomination. In addition to his work at Bayamon he has three out-stations where he has established Sunday Schools and also has preaching meetings. He is paying $23.00 rent on his building but can purchase a lot for $300.00 with $100.00 down and $14.00 per month. He has in the church treasury $275.00 but would like to borrow funds for the building. He thinks that $1000.00 would be sufficient to build themselves a church, but he feels it would be so much better if this could be arranged than to have to continue paying out so large a sum on rent and then have nothing in return as far as possession of the building is concerned. This man is really an exceptional preacher and one that we feel should have every encouragement we are able to give him.

There were interesting sidelights in practically all of the assemblies we visited but we think perhaps it would be better to make some general observation concerning the work as a whole.

CHARACTER OF THE PEOPLE

The people are generous, warm hearted and very responsive to gospel truth. They show real appreciation for the interest shown in their spiritual welfare and those who are saved manifest their appreciation to the Lord for the gift of His salvation in a whole hearted worship.

METHODS OF WORSHIP

The manner in which the people conduct their worship is simple, sincere and enthusiastic. Seldom is there a piano but it is not needed particularly since the people have learned by heart most of the tunes prayer. It is customary when the people come into the place of worship for them to go to the front and kneel at the altar for a time in prayer before taking their seat in the congregation. When prayer is offered in the assembly the people all join in in unison with real sincerity and earnestness.

On the Lord's Day it is the customary thing for a number of the believers to spend the entire day at the church in fasting and prayer. This naturally results in a good spirit developing in the meetings and it is unusual not to have a number seeking the Lord for salvation at the close of the evangelistic service in practically all of the assemblies.

SOCIEDAD DE DAMAS (LADIES SOCIETY)

The majority of the assemblies have societies composed of the ladies who hold their own meetings and assist in the work of the church in every way possible. This is similar to the organization of the Young People's societies except that it is composed of the older women in the church or those who are above the young people's age.

AMBAJADORES DE CRISTO (YOUNG PEOPLE'S SOCIETY)

The young people have their local and District organization with the local president and also the District president and other officers. They have decided to hold their election of officers and general business meeting at the regular conference of the District, and thus the two bodies composed of the District as a whole and that of the young people function together.

APPOINTMENT OF PREACHERS TO THE ASSEMBLIES

The appointment of the preachers to the various assemblies is arranged during the District Conferences by decision of the District Executive Committee. Changes may be made through the request of the pastor, the assembly or by the discretion of the Committee.

FURTHER STATISTICS

The total number of Sunday Schools conducted is 65, while the number of set in order assemblies is 44. The difference in number is due to the fact that many of the pastors conduct several Sunday Schools in different places which form the nucleus or beginning of new assemblies. The total general attendance at assemblies is 3409 and the attendance at Sunday School 2835. The increase in converts last year in all the churches was 708 and 548 were baptized in water. The total amount given by all the churches in 1935 was $13,040.39.

SYSTEM OF GIVING

The people are taught that it is their duty to give of their tithes to the Lord and in most assemblies a careful record of the tithes given is kept. These are all recorded in a book so that the pastor knows who are the regular contributors. This is additional to the regular free will offerings. It is apparently felt that the Lord knows all about it so why should we resent one brother also knowing what we are doing in regular tithing.

SUPPORT OF PASTORS

Most of the assemblies are self-supporting, although some receive a small amount of help from the general fund. Many of the brethren receive very small support, having to maintain large families on as little as $2.00 to $3.00 per week. The highest paid pastor does not receive above $15.00 per week.

EL EVANGELISTA PENTECOSTAL

This is the monthly periodical of the Porto Rican work and is gotten up in a very splendid style and has a real ministry in the island. It is being run at a loss and the deficit has to be made up from the District treasury funds. It would be considered a real help to the work if some little appropriation could be made to assist in the printing of this paper. We suggested to the brethren that they try sending out rolls just as we do with the "Pentecostal Evangel" believing that this might stimulate the circulation of the paper and also provide that those who are not able to subscribe for the paper on a yearly basis could at least secure single copies. The brethren seemed to think that those who could not pay for the yearly subscription of 50¢ would not be able to pay for single copies, but we encouraged them to try sending out the rolls and see what result they might get from this new system.

BIBLE SCHOOL

The Bible School question was one that is really very much alive with the brethren there since there are a number of their young people who would like to get more training in the Scriptures so that they may become effective ministers for God. It would hardly pay for them to pay their transportation to the Latin American Bible Institute in San Antonio, since those who feel they perhaps could raise sufficient money for their fare to the United States would seemingly prefer to come to Central Bible Institute. However, we felt like encouraging them to make some provision for the training of their young people in Puerto Rico rather than to send them abroad. We are satisfied that if it can be arranged to assist our brethren in Puerto Rico with the financing of the Bible School it would be a good investment. A splendid work has already been started there and we have good material to work on and feel confident that some of the young people who have been saved and are going on with God would make excellent missionaries of the gospel to some of the other Latin American lands. In making an appeal for our North China Bible School we found that we received quite an encouraging response in the way of donations for the maintenance of students going through school, and no doubt similar response could be gotten for the support of students in the Puerto Rican Bible School, so that our big problem would be the initial investment necessary in order to secure a proper building.

DISTRICT FINANCES

It is a rule of the District that the ministers shall pay all of their tithes into the District treasury. This money is placed into a fund with which needy ministers are helped or special needs of the work are met. This fund is administered by the Superintendent of the work or the Assistant Superintendent-Treasurer. A report of all funds disbursed is kept and a summarized report is given at the general conference of what has been paid out.

CUTTING THE TESTIMONY

One custom that is practiced in many of the assemblies of Puerto Rico is to restrict the testimonies given in a meeting to those who as far as is known are living right before the Lord. Whenever a person does things which are wrong and after being dealt with fails to repent, but still continues to practice these things, that person is requested to refrain from testifying until such time as he has put things right. One we found who owed money which he made no attempt to pay, and accordingly it was felt that it was a reproach to the work and that he should not be allowed to represent himself as in good standing in the work. Another woman was dealt with in this manner for stirring up trouble in the assembly.

A VISIT TO THE COUNTRY (Bo. Aibonito de Hatillo)

In order to get an idea of the work that is being carried on outside of the towns a visit was made to a little city known as Lares from which we drove by automobile up into the hills and finally left the automobile and travelled by horse for several miles over rocky mountain trails until finally we arrived at the little home of the preacher. The home was a wooden structure which let the wind through without much difficulty; nevertheless this was agreeable in view of the heat. Around the house was a grove of banana trees and the animal life consisting of all kinds of farm animals wandered where they wished. Chickens helped in keeping the house clean or dirty, just according as you look at it. They at any rate picked up much food which might have been left on the floor. The women and children in the home were barefooted and one could readily see that there was real poverty, although it is wonderful how the good people find food to eat, especially if they have guests. The guests are gladly given the very best even if the family goes short for a week. There were six preachers, a Christian brother and the preacher's wife and a large number of children; we did not discover how many. It reminded us of one of the other preachers in the District who, when asked how many children he had, replied he had forgotten. It turned out that in the one case there were fourteen but in the case we are interested in we do not know. The entire company were packed in three rooms to sleep after the night service, and most of us slept soundly though some were troubled by mosquitos, etc.

The night service was one of great interest since the people all come from the hills and mountains around, there being no streets leading to the little country church, only mountain trails. It was a very pretty sight to see the people trailing through the country carrying their lighted torches or lamps made from putting some kind of a wick in a bottle with a little kerosene in it. One man used a strip of old tire which he said made an excellent torch as well as smoke smudge to keep away insects. There must have been nearly 200 people who gathered and though they had worked hard through the day and walked in some cases long distances to the meeting they joined heartily in the service until late in the evening. In fact it was after 11 o'clock when the meeting was closed, and yet the people were ready for more. It was very beautiful to look out into the night and see the procession of little twinkling lights as the party started off home again. How blessed it is to know that God is reaching these people so wonderfully. We were told that in that particular region the people were all members of the Pentecostal church for miles around.

PROPERTY OWNED BY THE DISTRICT COUNCIL

All church property that has been purchased is held in the name of the District Council, and it is understood that any other properties that may be secured for the work of the Lord are to be held in the same manner. The following are the properties owned at the present time:

```
Ponce ..................................., valued at $7,000.00
Santurce ....................................    "    "  5,000.00
Playa de Ponce ..............................    "    "  1,000.00
Several smaller chapels .....................    "    "  2,000.00
Value as submitted to government ...................     18,000.00
```

There is a mortgage of $375.00 on the Ponce property otherwise the properties are clear.

RECOMMENDATIONS.

Puerto Rico

It would be our recommendation that in the work in Puerto Rico it would be well to try and keep at least one missionary representative under appointment from headquarters. Brother Finkenbinder is doubtful as to whether he can take his wife back there owing to the fact that her health is so poor and would like if possible to go to some other South American country. We are somewhat doubtful as to whether Mrs. Finkenbinder's health would improve in any other South American country since she has been if anything worse since she returned to the United States than she was when in Puerto Rico.

Brother Lugo would no doubt accept appointment in Brother Finkenbinder's place. He is very much beloved by the Puerto Rico people and would no doubt cooperate with headquarters if he were granted missionary appointment.

The need of a Bible School is a question that is much alive in the island and it might be that we could send Brother Lugo to put this project into effect. The question wouldthen arise as to how the school is to be financed, and governed.

We would recommend that in the matter of the Bible School that help be extended in order to equip one of the present church buildings. that it may be suitable for the conducting of Bible School rather than to go to the expense of erecting a new building at this time. The students could board out or in a house that is owned by Brother Lugo which we could no doubt rent from him for a small sum per month. This house is in two sections and is on the same lot as the Santurce church.

1954

REPORT ON PUERTO RICO

A. Adele Flower and Ida Sutherland spent some time in Puerto Rico during the summer of 1954. The following information was contained in a personal letter to her father. She, understandably, was more free to express herself to her father than to anyone else, and had no thought that what she had written would be passed on to the Foreign Missions Department. However, what she has written can be construed as a contribution to an understanding of the work in Puerto Rico, and I am, therefore, taking the liberty of copying portions of her letter for whatever value they may be.

J. R. Flower.

"I was very much interested in the last paragraph of your letter that mentions (the decision of the General Presbytery) to grant recognition to our Puertorican brethren. For your benefit, there are several things I would like to say on this matter.

"First of all, God has been good to me in giving me the opportunity to get to know them perhaps more intimately than the majority of our people that came here from the 'states'. When you stay in people's homes, help ministers' wives wash their dishes, play with their children, finally they come to have enough confidence in you to tell you what they think and feel. God has given me that privilege and I feel that I have close friends all over the whole island. Matilda said to me yesterday (Sept. 3), 'You know, I don't even feel as though you are a visitor in our home, but that rather you are one of us.' She couldn't have said anything that would please me more. That is the only way that I'll ever get close enough to them to help them.

"You can't separate the political situation on the island from their religion and every other phase of their life. It's all interrelated and must be considered together to really understand how they feel. They have been denied statehood -- at present they are called an associated free state, but everyone with whom I have talked about it shrugs their shoulders and says 'We still don't know what that means - we see no difference in our status, except that now we have a flag of our own.' -- Yet, their boys were conscripted and sent to Korea along with our boys who are in the territorial United States. Thousands of them died there -- and still their people at home had no right to vote, still had no integral place in the American government. Those that returned -- many of them -- came back bitter. At present there is a movement toward freedom and being an independent state. Matilde says, 'It sounds wonderful, all of us would like to be free, but we know what would happen if we were. For one thing, we are unable to sustain our population without the cooperation of the U.S.A. For another thing, we older folk know that when we have freedom, it will be the end of our religious freedom, and we will go the way of all the other Latin American 'free states', and come under the dominion of the Catholic Church. Those that talk about freedom talk aloud enough to be heard, but the bulk of the Puertoricans don't want it. Many of them say 'the moment they become free, then we are moving to the U.S.A., because we don't want to stay on the island.'

"That is just by way of giving you an idea of how they feel. And yet, underneath, there is such a feeling of not really belonging to anything that is really their own.

"The same thing transfers over into their feeling about the General Council. Deep in their hearts they feel that they are the 'sons' of the General Council. They were born under the ministry of missionaries from there. All of them would like to be a part of it. Their relationship is entirely different from that of Venezuela or perhaps Chile. They they are wedded to us territorially, there is a sense in which they are also wedded to us organizationally as none of the other councils in Latin America are.

(I had mentioned that Robert Fierro had made a plea to the General Presbyters for recognition of the Puerto Rican brethren as a district, and here is her reaction:)

"What in the world is Robert Fierro doing, by getting into this thing? If he doesn't stay out of it, he is going to queer everything. This council is not an integral part of the Latin American district in the north. They are a separate council with their own organization. They have their own laws and officers. They are not under the other group, and they don't appreciate it when the North American Latins interfere in their affairs. That is one thing I know to be true.

"At the last council meeting, Brother Bazan came here as representing the council in Springfield -- he had a letter of introduction (this is the story as nearly as I understand it) from the office in Springfield. But the brethren here didn't like it. The feeling is that they want to deal directly themselves and not through intermediaries. Pedro Juan didn't mention Bazan to me -- and I did not ask him about it. I had heard about that from another source. But he did say this much to me, 'We feel that we are capable of dealing directly with the General Council, and that is the way that we want to deal.'

"Yesterday, after I got your letter, Pedro Juan came here to the house, and I asked him in passing if they had ever applied for recognition from the General Council. His answer was that they had about five years ago -- but they had been refused. As far as he is concerned, that was the end of it. There was no use in applying any further. They had been refused. Then I asked him if they would like to be a part of the General Council. You should have seen his face light up! Deep in their hearts all of them feel that they belong to us -- just as the Puertoricans feel that if politically they belong to the United States. They would rather become a part of the General Council than anything else in the world.

"I wouldn't have bothered you with all of this, except that it may be that I have had the opportunity to come to an understanding of how they really feel inside -- more so than many of our visiting workers from the north. Matilde did say this to me the other day, 'Most of those who come from the north are so important that we never feel that we really know them, and we are reticent about expressing to them how we really feel.'

"Several years ago Brother Steelberg was here, for one of their conventions. He explained to them the reasons why the Council here could not become a part of the General Council in the U.S. I didn't ask her what he said, I preferred just listening and letting her talk. But she did say that they had the feeling of being abandoned by those to whom for years they had looked as parents. They understood the things that he told them, but it gave them an unrelated, a cut-off feeling.

"At present, there is resentment here among some of the brethren against the General Council in Springfield. We had a series of 7 regional conventions (one day each) to which the brethren in each of these districts were all invited by the superintendent himself. Pedro Juan went with us to give it more authority. All of them were supposed to be there. In some of them there was a wonderful attendance. But some of them were very poorly attended, and when we first arrived there was such a feeling of reticence about them. God helped us to break it down. There was only one presbyter in all of our travels, with whom we never really made friends. He was one of those fellows that was just 'agin it'. We never did phase him. But with all the rest, as far as we know, God helped us to make friends. But this resentment, unless I am very much mistaken, is a result of the fact that there is a rather universal feeling of being cut-off. Our experience has been that when we once got it over to them that we loved them and wanted them and were identifying ourselves with them, they almost turned their hearts inside out in response."

:3.

"When I first saw Pedro Juan Alvarado, I said to myself, 'What in the world did they choose him as superintendent, for?' Then I began to be closely associated with him. From place to place, he took Ida and me in his car, bridging the gap between us and the people -- for not infrequently we met opposition, at first. You'll never know how we fought to make friends with the pastors in some of the places where we went. But God helped us. I watched him sit down in the front and smile and respond to the message, just as though it were altogether new to him, when I knew good and well he was bored to death. Somehow, I forgot the tattered cuff of his right pant leg, and the thread three inches long that hung from his coat sleeve where a button has slipped off. These items ceased to be at all important. As I watched the calm, quiet way in which he dealt with the pastors and their problems, played with their children, gave them advice, he grew in stature until I have come to have profound respect for him, respect which I will never have for Luis Nuro with his dapper suits and polished manner and superiority over his brother-pastors. Now I know why Bro. Alvarado has been in office for twelve years. He serves as an anchor to the impetuosity and sometimes variableness of the other brethren -- for, after all, they are Latins.

"I have sat in their services, when they danced all over the place, and shook and yelled like hyenas. I didn't dance and yell, but I felt the very same thing that made them do it. I had my own personal way of responding to the presence of God that I felt in the service, but if I had had the emotional makeup of the Latins, probably I would have responded in the same way that they did. After all, that is a matter of difference in personality. And as far as that is concerned, we have seen some pretty fanatical demonstrations sometimes in the States. I have been in some groups where the people did not seem able to reason or follow you logically in your explanation -- they were like that in Caguas, where I spoke last night. All they seemed to be able to do with real abandon was to shout. But I have seen some groups like that in the states.

"As far as their becoming a district of the General Council is concerned, no harm could come from their being brought in. For one thing, they have a language barrier --they will never cross that to make trouble for the rest of us. For another thing, they have a territorial barrier. Those who would ever cross it to come to our conventions would be very few. In addition to that, there is a subconscious sense of the North Americans being a little superior to them. That, I believe, accounts for their reticence in some of the places we visited, when we first arrived. Afterwards, when they discovered that we also were Pentecostal and that we also loved them and their island, they blossomed out as a rose opens to the warming rays of the sunshine. But as far as we can see, the chance of their ever making any trouble for us is very very slim.

"Their organization is a little different from ours. Not doctrinally. There, they are just the same. Pedro Juan tells me that their churches are not sovereign, but rather that the Council is sovereign. Aside from that, I believe there is very little difference in their organizational set-up. But our districts at home are all sovereign, aren't they? I know that many times when there are local differences they are thrown back into the laps of the district officers. The General Council does not interfere in their affairs.

"Personally, I cannot see how any harm could come from our admitting them as a district council, even though their set-up may be a little different. On the other hand, a lot of good may come from it. They need help and instruction and the influence of our brethren in the north. If we recognized them as a district, we would be in a position to help them. Now, since they are in the position of being cast-off children, they resent interference from the north. And I don't blame them. But if they were once recognized as part of our family, on an equal basis with the rest of us, they would take anything in the way of counsel and advice that we would give them.

i. BALAS, Sup.
id. 2, HALL, Asst.Supt.
JOSÉ GIRON, Sec'y Treas.

LATIN AMERICAN DISTRICT COUNCIL
In the U. S. A. of the Assemblies of God, Inc.
1519 Los Tomases Drive NW
ALBUQUERQUE, NEW MEXICO

Executive Presbytery:
JOSUE SÁNCHEZ
SIMÓN R. FRANCO
MIGUEL RENAVID
MANUEL SANCHO

General Presbytery
ROBERT FIERRO
JOSÉ CRUZ

AGREEMENT BETWEEN THE ASSEMBLIES OF GOD IN PUERTO RICO AND THE LA-
TIN AMERICAN DISTRICT COUNCIL OF THE ASSEMBLIES OF GOD IN THE U.S.

—Jan. 20, 1954—

I. The Puerto Rican Council Promises:

1- To avoid establishing churches in the United States supervised directly by the Puerto Rican Council.

2- To avoid giving any support to any Puerto Rican minister who might wish
to extend his ministerial work to the United States if any such minister re-
fuses to be subject to the organization of the Latin American District Council in the United States.

3- To give to the lay-members of our Puerto Rican churches who became residents of the United States, letters of transfer with the understanding that
said letter will either be sent to the Eastern Convention of New York or to
the office of the Latin American District Council.

The enormous exodus of members leaving Puerto Rico for the United States
makes this agreement a necessity; but it is understood that the same is in
all respects binding on the Latin American District Council in the U.S.A.,
whenever their church members leave the United States to reside in Puerto Rico.

Brother Abelado Berrios case, pastor of "La Sinagoga" in New York, was
considered as an exceptional case due to the particular circumstances that
surround it.

**LATIN AMERICAN DISTRICT COUNCIL
IN THE U.S.A. OF THE ASSEMBLIES OF GOD**
1519 LOS TOMASES DR., NW   •   PHONE 3-0360
ALBUQUERQUE, NEW MEXICO

SEP 2? 1954

September 27, 1954

Rev. J. Roswell Flower,
434 West Pacific Street,
Springfield, Missouri.

Dear Brother Flower: Greetings in Jesus' Name!

Yours of the 11th was gladly received.

I am very sorry I was unable to attend the Presbyter's meeting.

I have not been feeling well for the last six months, and that was one of the reasons for my not being present, at the important meeting.

Praise God for the way in which the Porto Rican issue was settled. That is all they request, to have a representative at the Presbytery.

In their last conference, held last January in Ponce, we discussed the question of a representative or District Council, but we came to the conclusion that it is better for them to have a representative. In my opinion, they can not comply with the standards required for a District. It would take some years for them to attain that level. Anyhow, they are satisfied with having a representation.

As it has been suggested to them, the Executive brethren of the Conference will choose a minister as representative for the Board. It will be someone who can speak the English language well, and of a light complexion (on the order of Robert Fierro!!!).

In a recent letter to brother Alvarado, Superintendent of the Porto Rican Conference, I anticipated the decision of the General Presbytery, but a word from you to this respect would be considered officially.

As to sending a delegate to them, I considered it vital, and conducive to a good understanding between them and us, I would suggest that one of us attend of the next conference to be held in January of 1955 and inform this particular matter and give the privilege, with a convincing talk, of his representation.

Nov. 16-18 ?
1954

Published with permission of the Flower Pentecostal Heritage Center

229

D. h. BALL, Supt.
J. C. BALL, Asst. Supt.
JOSÉ GIRÓN, Secy-Treas.

Executive Presbytery:
JUNCY SÁNCHEZ
SIMON R. FRANCO
RUBEL BENAVIDEZ
MANUEL SÁNCHEZ

General Presbyters:
ROBERT FIERRO
JOSUÉ CRUZ

LATIN AMERICAN DISTRICT COUNCIL,
in the U. S. A. of the Assemblies of God, Inc.
1519 Las Tomasa Drive NW
ALBUQUERQUE, NEW MEXICO

II. The Latin American District Promises:

1.- To receive as members of its organization our Puerto Rican ministers who might want to continue their ministerial labors in the U.S. when they become residents of the said United States, if the Puerto Rican Council recommends them to the Latin American District Council. These ministers will be received with the same ministerial credentials which they possessed in their native soil and shall also retain their respective credentials with the Puerto Rican Council, subject to their yearly renewal for the proper identity with the said Council. The same proceeding applies to the Latin American District Council ministers who are transferred to Puerto Rico.

2.- To grant to the lay-members of the Puerto Rican Council when they become residents in the United States the right to continue their respective church affiliation in Puerto Rico for a period of six months.

May God help us all to work unitedly within the bonds of a more harmonious relationship for a better understanding in the promotion of God's Kingdom for His glory.

(Signed as follows):

Pedro J. Alvarado
Superintendent of the Council
Anglic   of Puerto Rico

Andrés Ríos
Secretary of the Council
of Puerto Rico

D. Bazán
Superintendent of the Latin
American District Council

Ricardo Tañón
Representative of the Spanish
Eastern Convention

José Eusebio Girón
Latin American Dist.
Secretary

D. Bazan

PUERTO RICO PARA CRISTO Y CRISTO PARA PUERTO RICO

The Pentecostal Church Of God, Inc
IN FELLOWSHIP WITH THE GENERAL COUNCIL OF THE ASSEMBLIES OF GOD

P. O. Box 1122 San Juan, Puerto Rico

October 1st, 1954

Rev. Noel Perkin
434 W. Pacific St.,
Springfield, Mo.

Dear Brother Perkin:

Greetings in the Name Of Jesus.

Recently brother Alvarado received a lovely letter from you in which you told him about the resolution of the General Presbytery unanimously deciding that Puerto Rico could and should have representation on the General Presbytery. Brother Alvarado brought this letter to a recent meeting of the Executive Committee and we felt very happy to hear about this fine resolution. We were planning to write you inquiring about the possibility for Puerto Rico to have representation on the General Presbytery. So we are very glad to know about the decision of the General Presbytery. We hope there will not be any hindrance in the study you are given as to make Puerto Rico qualify according to district standards.

We have not received any letter from the General Secretary, Bro. Flower, as you told in your letter, we have been waiting for it. We think it will be necessary to have a meeting with all the ministers to discuss everything regarding this matter, but we better wait what you have to tell us as a result of your study concerning this important step.

May the Lord lead us in the best way.

Very Sincerely Yours,

Andres Ríos
Secretary

LATIN AMERICA

S

Puerto Rico

October 15, 1954

Rev. Andres Rios
Box 156
Humacao, Puerto Rico

Dear Brother Rios:

Your letter of October first has been received, and I have talked with Brother J. R. Flower, our general secretary, and he was under the impression that what I had written would perhaps be adequate for the time being to advise you of the attitude of our General Presbytery.

It seems, however, that there may be some things that you would like to know as to just what will be required of you in the new relationship, and I am wondering if it might not be well to await a further session of our Executive Presbytery when the matter could be discussed and we could then write you more specifically. It is my understanding from the action taken in the General Presbytery meeting, that the thought was you would have a representative on the General Presbytery in the same manner as Puerto Rico has a representative in Congress. It would rest with the Assemblies in Puerto Rico to decide who should be the representative, whether you would send your Superintendent or appoint someone as a special delegate to attend the meetings of the General Presbytery whenever that body convenes.

It has not been the practice of the General Council to pay the travel expenses of our General Presbyters, but each district covers this cost. I assume, therefore, that it would be the responsibility of the assemblies in Puerto Rico to finance the fare and cost of accommodation for their representative. We shall be very happy to have such a representative in the official meetings and trust that this may result in a closer cementing of our fellowship with your great field.

God bless you,

Sincerely yours,

Executive Director

NP:mn

LATIN AMERICAN DISTRICT COUNCIL IN THE U. S. A.

OF THE ASSEMBLIES OF GOD

1519 LOS TOMASES DRIVE NW. — PHONE 3-0360

ALBUQUERQUE, N. MEXICO

EXECUTIVE PRESBYTERY:
D. BAZÁN, District Superintendent
M. C. BALL, Vice-Superintendent
JOSÉ GIRÓN, Secy.-Treasurer
JOSUE SÁNCHEZ, ROBER. RENAVIDEZ
SIMON FRANCO, M. J. SÁNCHEZ

GENERAL PRESBYTERS:
JOSUE CRUZ
ROBERTO FERRO

"Go ye into all the world and ... preach the gospel to every creature."

Juino 9, 1955

RECEIVED
JUN 10 1955
missions Dept.

Rev. Melvin L. Hodges
434 W. Pacific St.
Springfield, Mo.

Querido hno. Hodges: Paz de Dios.

No he estado en la oficina, por lo mismo estoy contestándole retra:

Siendo que el hno. Ball conoce bastante del asunto de Puerto Rico juzgué que sería más prudente y acertado que él le diera una inform: ción sobre el asunto. Además, yo le escribí a él haciéndolo otras ex; caciones y aclaraciones.

Yo quisiera de muy buena gana ir a Puerto Rico para la reunión que se ha preparado para el 25 de julio próximo, pero dado el caso qu nuestras entradas no son muy alagüeñas, tengo mis dudas de si podré ir. De todas maneras, estaré orando mucho por Uds., porque en gran parte, de los arreglos que se hagan en esta ocasión depende mucho nuestro trabajo entre los puertorriqueños del litoral del atlántico.

Si en caso no fuera yo, lo menos costoso sería que fuera a Spring field y tener una reunión con Uds. y considerar todo esto detenidamo

El hno. Ball tiene varios datos al respecto.

Espero que el Señor lo bendiga ricamente.

Su hermano que le aprecia,

D. Bazan

LATIN AMERICAN DISTRICT COUNCIL IN THE U. S. A.

of the Assemblies of God.

June 9, 1955.

Rev. H. C. Ball
434 W. Pacific Street
Springfield, Missouri.

Beloved Brother Ball: The peace of God!

God grant that this finds you well. Here, everything is going fine. It appears that the interests of the Lord are going forward.

Some days ago I received a letter from Brother Malvin L. Hodges regarding the matter of Puerto Rico, at the same time asking me if I was thinking about going; well, I believe that in those offices they are thinking about sending Brother Flower and Brother Hodges for that meeting in Puerto Rico, which will be the 25th of July, in which meeting it will be decided if Puerto Rico is to be a District Council.

Since there is very little possibility that I will go, because of the expenses, Brother Hodges suggests that I make clear the case of Puerto Rico. I thought it would be better to explain it to you and you can discuss it with them.

This is the way it is: Part 1.

1. We already have a firmed contract with Puerto Rico that they are not to open works in this country under their direction.

2. When we signed this pact, it was understood that the matter of the Sinagoga and Berríos. pastor of the same, were not included in this pact. But it was understood that they were not to give him any backing, but Berríos would remain independent. Now they are giving him backing.

Part 2.

1. They were going to determine if they were going to form a District Council, according to the decision of their conference. The 25th of July has been set to do it.

2. The alternative is this:

A. If they form a district, everything will be solved regarding this affair of opening works under their direction, because in such a case it would be like all the other districts, that whenever any of their ministers comes to the U. S. A. he would transfer to this district, and the matter of Berríos and the Sinagoga in New York would be straightened out — that is to say that Berríos would be under the New York Convention. otherwise he would be independent and would lose his backing and credentials with Puerto Rico. Berríos is a nuisance to our work in New York and backed by Puerto Rico it is worse.

B. If Puerto Rico decides not to become a district a̱ . . . .

But we will not allow them to continue to give the backing and credentials that they have given to him in the past. We did not insist on this when we came to the mutual agreement the last time, because we hoped that they would decide to form a district, as they wished to do. But if they do not form a district and desire to continue with their agreement with us, which we have only signed, then we will have to demand the same for Berríos as for their other ministers who come to this country, that is to say that when they come here they should work with us and that the churches they raise up belong under our council.

Part 3.

It seems to me, Brother Ball, that if Puerto Rico does not form a district and does not withdraw their official backing to Berríos and the Sinagoga, this will be an indication that they do not wish to cooperate with the Assemblies of God and in such a case, I believe that the General Council ought to cease to recognize them completely and withdraw so moral, economic and spirital backing and try to organize the Assemblies of God in Puerto Rico. There are many ministers in Puerto Rico that would unite quickly with us to organize the work of the Assemblies of God in Puerto Rico.

And finally, I believe that the work of God would advance among the Portorican- if we would organize our New York convention in a district council and that its territory include all the Atlantic coast. It could be called the Puerto Rico District Council in the U. S. A.

And last of all, I would prefer to go to Puerto Rico for this decision, but if i can't, I believe that I could go to Springfield and discuss with you or with those who are going to Puerto Rico, for I could answer many questions that would arise from these explanations.

It is important to decide about this matter of Puerto Rico and its relationship with us, important for the Latin work in this country, and from the arrangements that may be made now, depends much of the work which will be done in the future.

Since you are one of our officials, we would appreciate it very much if you had an interview with Brothers Flower and Hodges and you (plural) should decide something, or study the matter in view of the facts that I am giving you here.

I trust that the Lord will bless you (plural) richly.

Yours in Christ,

D. Bazán.

AT THE CIVIC CENTER

HOTEL WHITCOMB
San Francisco

MARKET STREET AT EIGHTH

July 18, 1955   JUL 20 1955

Rev. J. R. Flower,
434 W. Pacific Street,
Springfield, Missouri.

Dear Brother Flower: Greetings in Jesus' Name.
I am writing you, just like I promised you on the
phone today. I hope you will understand the arrangement of my thoughts, as I am in the middle of a Conference
without much time to meditate on what is being written.

For several years the Brethren in Puerto Rico have
complained that they have not been given the proper
recognition as members of the Assemblies of God, or of
the same faith as the General Council. Now it is rumored
that a meeting has been held in which they decided not
to organize as a District Council, but I have not as yet
been officially notified to that effect.

Since I first heard their complaints in their conferences
which I have attended for the last three or four years, I
promised them I would try to obtain an organic recognition,
and because of that we have asked last years' General
Presbytery to give them official recognition as a District
Council. Now that the General Presbytery has granted them
that privilege, we presented it to them in last years'
Conference. The Assembly was in favor of organizing as
a District Council, but from what has been seen, the
officials or some of the Executive brethren were not too
much in favor of doing so. A motion was passed to have
a meeting in June, but was postponed till July, for deciding
the matter.

We consider this a very important step, due to the
fact that the form of government they have is not to good
advantage and wouldn't provide proper principles to promote
the work among the young people and the rest of the work
on the Island.

Another factor that enters in this effort is that
they had been sending workers in to the Continental United
States with the intention of establishing a work under the
direction of Puerto Rico, and we from the Latin ...

District Council consider it as a hindrance and confusion and to a disadvantage for our people in the U.S.A. In view of that, we had an understanding with them for their ministers coming to the U.S. to be under the direction of our District Council. We made an agreement, a copy of which we sent you, where they promised not to establish work, if their ministers would come to the U.S. and transfer to the District Council, breaking relations with them with the sole exception of certain church in New York city which is under the direction of Reverend Berrios. I didn't try to have an understanding with them about the work in New York at the time we signed an agreement because I have in mind the formation of a District Council in Puerto Rico in which case the particular difficulty in N. Y. will be solved. For that reason I didn't press them too much.

In case they decide not to organize as a District they must stop all relations with Rev. Berrios at N. Y. and not cooperate with them in any form. Rev. Berrios and his work have been a hindrance and have been fighting our ministers there. So if they do not accept the offer the General Presbytery of the General Council has granted them to organize as a District Council, they must stop spiritual and moral support that has been given Berrios.

If they refuse to withdraw support, morally and organically, to that church, it seems to me they shouldn't expect anyone to give them support from Assembly of God work in the U.S. Because that causes dissension, and which will extend to other parts of the District Council where we have Puerto Rican churches, but should they approve and organize as a District Council, that automatically solves the problem. Brother Berrios then will either affiliate with our work in N. Y. or work independently, because Puerto Rico will not then give him any support whatsoever.

Also their organizing as a District Council will make unnecessary the agreement we had already made with them regarding the establishing work under their direction in the United States. In my opinion it is very necessary to urge them to organize as a District Council so the mother church, which would be the General Council, would have the upper hand on them, by helping them with their doctrines and practices in which they differ from us by a good margin.

The mother church in U.S. would be in a good position to help them spiritually, morally and organically.
They must not continue giving Berrios any support whatsoever because up till now all lay members moving to N. Y. have been recommended to Rev. Berrios' Church instead of to our churches in N. Y.

It is will to make them know that they were the ones who were asking to be given official recognition in the Assemblies of God.

If they refuse, they must be made to understand they will
never again be given the opportunity. In my opinion if
those brethren refuse or postpone the formation of a District Council, they should not be receiving any financial
help in for of gifts or loans.

I have a presentiment that if we can't help them to
organize as a District and have more to say in their form
of government, I believe there will be a great split or the
work will fall into a fanatic form of work ip like it was
in Chile with Dr. Hoover's work.

Now is the time for the Mother Church to step into
their affairs and save them from a major future catastrophe.

Hoping that this will supply the information desired,
I remain as ever. I expect to be home by Sunday the
29th. Sorry I was unable to go to Puerto Rico.

Yours in His Great work,

D. Eastan, District Superintendent.

ej

October 22, 1954

D. Bazan, Superintendent
Latin American Dist. Assemblies of God
1519 Los Tomases Dr., NW
Albuquerque, New Mexico

My dear Brother Bazan:

Greetings in Jesus' Name!

I did not reply immediately to your letter of September 27 because of the pressure of other matters which were demanding attention. However, we want you to know that we appreciated very much your interest in the work in Puerto Rico and also the interest shown by Brother Fiarro.

We are in touch with the brethren in Puerto Rico and have already purposed to them that a representative be named who will have the privilege of being seated in the General Presbytery at its next meeting.

Our Executive Presbytery will be meeting here on November 2 and it is possible this whole matter will be given further consideration at that time.

Any time you are traveling to the East and have opportunity to crop off here in Springfield we will be happy to see you. The Lord bless you abundantly.

Sincerely in Christ,

General Secretary

JRF:bn

FOREIGN MISSIONS DEPARTMENT
INTER-OFFICE COMMUNICATION

PUT IT IN WRITING *M.L.Flower*   AVOID ERRORS AND MISUNDERSTANDING

To ...... Noel Perkin ......   Date ...... June 13, 1955 ......

I have had a little talk with Brother Ball concerning the Puerto Rican situation.
Please find attached a copy of the letter from Brother Bazan which he wrote me
in answer to mine. Brother Ball thinks that it would be well for Brother Bazan
to come and explain some of these things to Brother Flower before he goes to
Puerto Rico.

Brother Ball also thinks that it would be well for Brother Bazan to go to
Puerto Rico, but he doesn't think it is right for us to pay all of his expenses since the Latin American District is deeply involved in this matter
and it is to their own interests to have a representative in Puerto Rico.
He does think that Brother Bazan might go if we would offer him half of his
expenses. If he doesn't go, a meeting with him here in Springfield would
be that much more important. The round trip from Miami to Puerto Rico is
only $86. I would suggest that we offer Brother Bazan $50 to help on his
expenses and let the Latin American District cover the rest.

Signed ...... M. L. Hodges ......   .fk

June 15, 1955

Rev. D. Bazan
1735 Aliso Drive
Albuquerque, New Mexico

Dear Brother Bazan:

Greetings in the Name of the Lord.

I have received your letter of June 9 and also I have been talking with Brother Ball and he has shown me your letter to him.

Brother Brother Perkin and Brother Flower are out of the office at the present time as they are visiting the World Pentecostal Fellowship meeting in Sweden. It so happens that I am leaving for Cuba before they return. Brother Perkin plans to return about the seventh of July. I am leaving a note for Brother Perkin suggesting that it might be well for you to come to the office and talk with him before Brother Flower leaves for Puerto Rico. It seems to me that it would be well for you to make every effort to attend the meeting since the Latin American District is quite deeply involved in this Puerto Rican affair. I hope that I shall see you in Puerto Rico, but in the meantime probably you will receive some communication from Brother Perkin.

May God richly bless you.

Sincerely yours in Christ,

Melvin L. Hodges

MLH:fk

LATIN AMERICAN DISTRICT COUNCIL IN THE U. S. A.
OF THE ASSEMBLIES OF GOD
1519 LOS TOMASES DRIVE NW. — PHONE 3-0360
ALBUQUERQUE, N. MEXICO

EXECUTIVE PRESBYTERY:
D. BAZAN, DISTRICT SUPERINTENDENTE
H. C. BALL, VICE-SUPERINTENDENTE
JOSE CHACH, SECT-THESORERO
JOSUE SANCHEZ, RUBEL BENAVIDEZ,
SIMON FRANCO, M. T. SANCHEZ

GENERAL PRESBYTERS:
JOSUE CRUZ
ROBERTO FIERRO

"Go ye into all the world and .... preach the gospel to every creature."

July 18, 1955   JUL 20 1955

Rev. J. R. Flower, General Secretary
434 West Pacific Street
Springfield 1, Missouri

Dear Bro. Flower:

Greetings in the Name of Jesus!

In view of the fact that you are soon to leave for Puerto Rico, my father suggested that I send you a copy of the agreement made between the Puerto Rico brethern and the Latin American District on January 20, 1954.

Yours in His Service,

David H. Bazán

David H. Bazan
(Assistant) Secretary

Encl. - 1

July 28, 1955

Rev. M. T. Sanchez
Iglesia Hispana Pentecostal
201 Clinton Street
Brooklyn 1, New York

My dear Brother Sanchez:

Greetings in Jesus' Name:

I am happy to report that your letter of July 21 reached us on the morning of July 22 and just before the writer left to take plane for Puerto Rico. We were, therefore, informed that Brother Tanon would be going to Puerto Rico to represent the Latin American problem in New York City.

Brother Tanon showed up in due time and was present at the conference on Monday, July 25. He was well received and respected by all the brethren of the Puerto Rican church and we appreciated very much his presence with us.

No doubt Brother Tanon will inform you of the outcome of that meeting so that I will not go into detail. We feel that while our Puerto Rican brethren decided not to identify the church as a District Council, the groundwork has been laid for a better understanding in the future. We intend to write to them that we expect them to abide by the agreements that were entered into with the Latin American District some time ago. The result of our going, we believe, will be to improve conditions and to create a better understanding. I believe that Brother Tanon will confirm this report.

With appreciation for the part that you were able to take in this matter and with greetings from all the brethren here, I remain

Sincerely in His service,

JRF:dvw

General Secretary

July 29, 1955

Rev. M. T. Sanchez
Iglesia Hispana Pentecostal
201 Clinton Street
Brooklyn 1, New York

My dear Brother Sanchez:

Greetings in Jesus' Name!

I am happy to report that your letter of July 21 reached us on the morning of July 22 and just before the writer left to take plane for Puerto Rico. We were, therefore, informed that Brother Tanon would be going to Puerto Rico to represent the Latin American problem in New York City.

Brother Tanon showed up in due time and was present at the conference on Monday, July 25. He was well received and respected by all the brethren of the Puerto Rican church and we appreciated very much his presence with us.

No doubt Brother Tanon will inform you of the outcome of that meeting so that I will not go into detail. We feel that while our Puerto Rican brethren decided not to identify the church as a District Council, the groundwork has been laid for a better understanding in the future. We intend to write to them that we expect them to abide by the agreements that were entered into with the Latin American District some time ago. The result of our going, we believe, will be to improve conditions and to create a better understanding. I believe that Brother Tanon will confirm this report.

With appreciation for the part that you were able to take in this matter and with greetings from all the brethren here, I remain

Sincerely in His service,

General Secretary

JRF:dvw

245

Rev. Luis C. Otero   -2-   7/29/35

With more personal regards to yourself and Mrs. Otero and with the request that you remember us to any of the brethren as you have opportunity, I remain

Faithfully yours in Christ,

General Secretary

RF:dw
Enc.

August 26, 1938

Rev. Jose Giron, Secretary
Latin American District Assemblies of God
1519 Los Tomases Drive, N.W.
Albuquerque, New Mexico

Dear Brother Giron:

Greetings in Jesus' Name!

This is to acknowledge receipt of your letter of August 19 in which you refer to the decision reached at the Puerto Rican convention that our Puerto Rican brethren decided not to become a district of the Assemblies of God.

Brother Hodges wrote a report to Brother Bazan on August 10. All we have here is a carbon copy of that letter and I have had a Verifax copy of the carbon letter which is none too good. If Brother Bazan did not receive the original then I believe you will be able to gather from this Verifax copy the information you will need for guidance in dealing with the Puerto Rican situation.

We trust that you and Brother Bazan will be with us at the General Council in Oklahoma City next week. The Lord bless you abundantly.

Sincerely in Christ,

General Secretary

JRF:dvw

Enc.

LATIN AMERICAN DISTRICT COUNCIL IN THE U. S. A.

OF THE ASSEMBLIES OF GOD

1519 Los Tomases Drive NW. — Phone 3-0360

Albuquerque, N. Mexico

EXECUTIVE PRESBYTERY:
D. BAZAN, District Superintendente
H. C. BALL, Vice-Superintendente
JOSE GIRON, Secy.-Treasurer
JOSUE SANCHEZ, SUNIL BENÁVIDEZ
SIMON FRANCO, M. T. SÁNCHEZ

GENERAL PRESBYTERS:
JOSUE CRUZ
ROBERTO FIERRO

"Go ye into all the world and...."   preach the gospel to every creature."

AUG 22 1955

Aug. 19, 1955

Rev. J. R. Flower
434 W. Pacific St.
Springfield, Missouri

Dear Brother Flower:

Christian Greetings!

Now that the Puerto Rican Convention is history and the issue concerning their organization as a district of the Assemblies of God, decided, we would like to know how this issue was settled when you and Bro. Melvin Hodges met with them last month.

Brother Sánchez, president of the N. York Eastern Convention, wrote to us giving us a little information to the effect that Puerto Rico had rejected the General Presbyter's invitation to become a District. It seems that the New York brothren(Puerto Ricans) have very much resented Puerto Rico's rejection to become a district. They seem to fear the future relations between their convention and the Puerto Rican movement in Puerto Rico. They've written to our office asking for counsel, but since we don't yet fully understand just how the "district issue" was settled, we have thus far resented to give them any advice. We would, therefore, greatly appreciate it if you as soon as you have time, give us the exact information about the matter. They've called brother Bazán for a meeting at N. York City next month to discuss this issue. So we would be grateful if we get your information before he goes.

May the Lord bless you richly and abundantly.

Yours in Christ,

Jose Girón, Secy.

July 3, 1967

Rev. Andres Rios, Secretary
Pentecostal Church of God of Puerto Rico
P.O. Box 156
Humacao, Puerto Rico

My dear Brother Rios:

Christian greetings to you and to the other members of the Executive Committee of the Pentecostal Church of God of Puerto Rico.

We are happy to report that Brother Howard Bush and Brother Melvin Hodges after their return home from Puerto Rico met with our Executive Presbyters and members of our Foreign Missions Board and reported to us the results of their meeting in the month of April. They reviewed the entire matter as they understood it and presented the points which you have offered as a basis of agreement between the Pentecostal Church of God of Puerto Rico and the General Council of the Assemblies of God in the U.S.A. We do appreciate the desire you have expressed to maintain fellowship with the Assemblies of God in the U.S.A. and the report presented by these brethren was well accepted.

There does remain a difficult problem to be worked out in relation to the second point which deals with the establishing of churches in the U. S. which would be under the administration of the Puerto Rican work. We do not see at the present time how this can be worked out harmoniously in view of the fact that the work of the Latin American work in the eastern section of the U. S. is under the supervision of the Eastern Convention of the Latin American Branch. In giving their report, the brethren pointed out that your committee had expressed the desire to continue consultation over these points should we meet obstacles that would hinder the acceptance of your proposals. It was suggested that the time of the General Council would be an ideal time to have such a conference.

In view of these difficulties, the Executive Presbytery has authorized to call for a special meeting on August 24 in Cleveland, Ohio. This will be a few days before the General Council itself begins. Our Executive Presbytery requests that two representatives from the Puerto Rican work and two representatives from the Eastern Convention of the Latin American work in the U. S. shall meet with members of the Executive Presbytery to see if it is possible by means of discussion to reach some understanding concerning this matter. We are therefore advising you of this proposed meeting and request you to name two officials authorized to speak for the Puerto Rican Pentecostal Church of God in this matter.

It has been reported to us that the Pentecostal Church of God of Puerto Rico has already taken steps to organize churches in the U. S. under the Puerto Rican administration. In view of the fact that there still exists hope of arriving at a peaceable settlement that will leave the Puerto Rican Pentecostal

Rev. Andres Rios   -2-   7/3/57

Church of God in fellowship with the General Council, it is requested that no further steps be taken along this line until after we have had a chance to meet with the representatives of the different groups in Cleveland. Otherwise we may find that steps have already been taken which might make impossible the unity which we hope to maintain.

We are aware that it will entail considerable expense for the sending of two of your brethren to Cleveland for this conference, but in view of the great importance attached to such a conference it is our feeling that the Pentecostal Church of God in Puerto Rico should not hesitate to send two brethren and to supply the money needed for their travel and other expenses. The brethren of the Eastern Convention of the Latin American work in the U.S.A. will no doubt make provision for the expense of sending representatives to Cleveland for this conference.

We shall be most happy to hear from you as to how you feel about this matter and we sincerely trust the decision will be made to send representatives as has been proposed. We will be very happy to receive the names of these brethren who will be meeting with our Executive Presbyters. In the meantime let us all pray that the will of God shall be done in this important matter of cooperative relationships.

Sincerely in His service,

J. ROSWELL FLOWER
General Secretary

JRF:dvw

1955

REPORT ON THE PUERTO RICAN SITUATION

Extract from the Minutes of the General Presbytery, of September 1-3, 1954:

The motion was made, seconded and carried that an invitation be extended to the brethren of Puerto Rico to consider the privilege of becoming a recognized District Council of the Assemblies of God, and, provided all conditions are complied with, the Council in Puerto Rico be granted equal representation on the General Presbytery with continental District Councils, with the privilege of selecting its own General Presbyters, as other Districts do.

- - - - - - -

It will be recalled, this motion was made following an impassioned appeal by Robert Fierro for in behalf of the work in Puerto Rico on the assumption the brethren in Puerto Rico desire the work there shall be granted the status of a District Council. It was contended, Puerto Rico is a United States commonwealth, and should not be considered on the same plane as other Latin American countries in Central America or South America. In these countries, the work has been organized as a national church, and the tie to the work in the United States is a fraternal one only.

Following the decision made by the General Presbytery, Brother D. Bazan, Superintendent of the Latin American District, visited the work in Puerto Rico in an effort to reach an agreement with the Puerto Rican brethren pertaining to harmony in the Latin American work in New York City. It was his recommendation that Puerto Rico be recognized as a District Council, in the hope that such recognition would affect favorably the situation in New York City.

As the result of correspondence between the officers of the Church in Puerto Rico and the Foreign Missions Department, it was finally decided a meeting would be scheduled to be held in the church in Rio Piedras, Puerto Rico on Monday, July 26th, and that this meeting would be attended by J. R. Flower, General Secretary and Melvin L. Hodges, Secretary for Latin America, of the Foreign Missions Department.

1955

The General Secretary journeyed by plane to San Juan, Puerto Rico, arriving on Saturday, July 23rd. He was met at the Airport by Brother Hodges, Brother Pedro J. Alvarado, Superintendent and Brother Andres Rios, Secretary of the Iglesia de Dios Pentecostal of Puerto Rico. Sunday afternoon was spent with the officers of the Puerto Rican work for consultation pertaining to all that was involved in a recognition of the work as a District Council. On Sunday night, both the general secretary and Brother Hodges ministered in separate churches.

The business meeting was opened on Monday Morning in the largest church Pentecostal Church in Puerto Rico located at Rio Piedras. Considerable time was taken in the recording of names of ministers and lay delegates on the roster. The meeting was somewhat slow in getting started, but broke off around one o'clock for the lunch hour. In the afternoon meeting, there was much disputing on the part of both ministers and laymen, some for and some against the proposal. Eloquent speeches were made, in Spanish of course, by both laymen, and pastors of churches and the executive officers. Some assistance was given to the General Secretary by translators, so that he was able to follow the trend of the arguments.

One of the first questions fired at the visitors was "Who proposed that the work in Puerto Rico become a District Council — was it Robert Fierro?"

#2

There seemed to be some resentment against the influence of the brethren of the Latin American District and there was a suspicion that the offer to Puerto Rico to become a District was forced by a Mexican, and that it was not voluntary on the part of the General Presbytery. On the other hand, they felt they had Puerto Rican brethren who are perfectly capable of representing the work in Puerto Rico and making its wants and needs known.

The visitors made it plain to the assembled group there are certain constitutional standards of the Assemblies of God which the brethren of Puerto Rico would need to recognize, such as the sovereignty of the local church, and the scriptural organization of the local congregation.

The work in Puerto Rico is purely indigenous, the American missionaries having been withdrawn from the field years ago. There are one hundred and fifty churches and nearly all the seventy odd villages or towns have been occupied and churchestablished there. The organization has developed along Methodist lines rather than Congregational, with the result the Executive Officers administer the affairs of the entire church, place ministers over congregations and remove them at will. The local congregations have not been permitted to organize and there are no church boards, no deacons or other officers, unless it be song leaders and church treasurers. The pastor is the sovereign head of the church. There are no congregational meetings for business of any kind - all decisions are made by the pastors. But the Executive Board can take the pastor out of the church at will and send him elsewhere.

Fears were expressed as to what might happen if the churches were permitted to organize, choose local church officers, etc. It was feared trouble would develop, trouble from which the church as a whole had been spared in the past. On the other hand, there were indications there is a rising tide of pressure for congregational participation in the administration of the local church. Some very fine speeches were made by laymen in behalf of this principle.

The pendulum seemed to swing back and forth, but as the afternoon wore on, it became increasingly apparent the Iglesia de Dios in Puerto Rico is not yet ready to conform to General Council standards and especially in the recognition of the congregational form of government for the local churches. The matter of missions was also considered. It became apparent the church wants to preserve its prerogative of sending out missionaries to other lands, without processing them through the General Council Foreign Missions Department. Finally the Superintendent himself threw the weight of influence on the side of the status quo, recommending that the present form of government be continued. Two important votes were taken which clinched the argument and the meeting was concluded.

The officers of the District were very gracious to the visiting brethren on the following day. In the morning, Brothers Otero, the church editor and Rios the Executive Secretary spent some time with us. Judging by their statements they both lean heavily toward the standards of the General Council. In the afternoon, Brother Bowman, pastor of a new church in Santurce drove us around the city and surrounding country and entertained us in his home at the evening meal. He also was sympathetic to the principle of the sovereignty *Bula* of the local church. Brother Alvarado, the superintendent and a pastor of one of the San Juan churches came to the airport to see us off for Rome.
Santurce

Even though the decision was made not to assume the status of a District Council at this time, the work in Puerto Rico is very much a child of the General Council and dependent upon the parent body for many things. It is

From Minutes of the General Presbytery Meeting of September 1-3, 1954

Puerto Rican Recognition

At this point Robert Fierro made a plea to have Puerto Rico recognized as a duly organized district of the General Council of the Assemblies of God instead of as a foreign field. Considerable discussion followed and, although some felt the matter should be investigated further, those more fully cognizant of the Puerto Rican situation felt that delay might further alienate the field from the General Council fellowship and that it will be necessary to inform our Puerto Rican brethren just where they stand prior to their next Council meeting in February.

The motion was then made, seconded and carried that an invitation be extended to the brethren of Puerto Rico to consider the priviledge of becoming a recognized District Council of the Assemblies of God, and, provided all conditions are complied with, the Council in Puerto Rico be granted equal representation on the General Presbytery with continental District Councils, with the priviledge of selecting its own General Presbyters, as other Districts do.

From Minutes of the Executive Presbytery Meeting of November 2-4, 1954

Recognition of Puerto Rican District

It was moved and seconded that the secretary write to the officers of the Pentecostal Church of God in Puerto quoting the decision of the General Presbytery and calling attention to our articles in the Bylaws on District Councils and Foreign Language branches, with a view to consummating the bringing into organic relationship of the Puerto Rican work with the Assemblies of God in the United States of America. The motion was adopted.

Andres Rios, Secretary
Box 156
Humacao, Puerto Rico

Dear Brother Rios:

Christian greetings to you and to the other members of the Executive Committee of the Pentecostal Church of God of Puerto Rico!

Brother Howard Bush and Brother Melvin Hodges recently met with our Executive Presbytery and members of our Foreign Missions Board and reported to us the results of their meeting with you brethren in April. They presented the points which you offer as a basis of agreement between the Pentecostal Church of God of Puerto Rico and the General Council of the Assemblies of God. We do appreciate your desire to maintain fellowship and the report in general was well accepted. There does remain a difficult problem to be worked out in relation to the second point which deals with the establishing of churches in the U. S. which will be under the administration of the Puerto Rican work. We do not see at the present time how this can be worked out harmoniously in view of the fact that the work of the Latin American work in the eastern section of the U. S. is under the supervision of the Eastern Convention of the Latin American branch. In giving their report, the brethren pointed out that your committee had expressed the desire to continue consultation over these points should we meet obstacles that would hinder the acceptance of your proposals. It was suggested that the time of the General Council would be an ideal time to have such a conference.

In view of these difficulties, the Executive Presbytery has authorized to call for a special meeting on August 24 in Cleveland, Ohio. This will be a few days before the General Council itself begins. Our Executive Presbytery requests that two representatives from the Puerto Rican work and two representatives from the Latin American work in the U. S. shall meet with members of the Executive Presbytery and to reach some understanding concerning this matter. We are therefore advising you of this proposed meeting and request you to name two officials authorized to speak for the Puerto Rican Pentecostal Church of God in this matter.

It has been reported to us that the Pentecostal Church of God of Puerto Rico has already taken steps to organize churches in the U. S. under the Puerto Rican administration. In view of the fact that there still exists hope of arriving at a peacable settlement that will leave the Puerto Rican Pentecostal Church of God in fellowship with the General Council, it is requested that no further steps be taken along this line until after we have had a chance to meet with the representatives of the different groups in Cleveland. Otherwise we may find that steps have already been taken which might make impossible the unity which we hope to maintain.

We shall be glad to hear from you about this and receive the names of the representatives who will be meeting with our Executives. In the meantime, let us pray that the will of God shall be done in this important matter.

Sincerely yours in Christ,

DECLARACIÓN, STATUS Y POSICIÓN DE LA IGLESIA DE DIOS PENTECOSTAL, INC. DE P.R

Nosotros, la iglesia de Dios Pentecostal, Inc. De Puerto Rico en comunicación con el CONCILIO GENERAL de las Asambleas de Dios, bajo la dirección del Señor, su JUNTA EJECUTIVA, el Cuerpo de Ministros, Pastores y Misioneras y debidamente representadas las respectivas CONGREGACIONES en Reunión Extraordinaria en Rio Piedras, P.R., 3 de sept. De 1956 DECLARAMOS:

I. RECONOCIMIENTO

   a. La iglesia de Dios Pentecostal ha tenido y tiene en muy alta estimación y valor al Concilio General de las Asambleas de Dios, cuyas oficinas radican en Springfield, Mo.

   b. Agradece y agradecerá con profunda gratitud el hecho de haber sido el Concilio General bastión de fortaleza para nuestro desarrollo.

   c. Su cooperación financiera en todos sus aspectos ha sido y será fuerza motriz a nuestra expansión.

II. STATUS DE LA IGLESIA DE DIOS PENTECOSTAL: Iglesia Nacional y soberana

   a. En presencia de dos altos dignatarios del CONCILIO general, Rvdos. J.R. Flower y Melvin Hodges, en reunión el 25 de Julio de 1955 en Rio Piedras, P.R. la Iglesia de Dios Pentecostal se reafirmó en la antigua declaración sobre su Status, Iglesia Nacional.

b. Esta reafirmación deja sin lugar la oferta hecha para ser la iglesia de Dios Pentecostal un Distrito más del Concilio General.

c. Reitera una vez más su STATUS de Iglesia Nacional y ofrece su respeto al CONCILIO GENERAL a través de su Concilio en Puerto Rico.

III. POSICION DE LA IGLESIA DE DIOS PENTECOSTAL
    a. Prorrogativas
       i. Acelerar la evangelización del suelo patrio.
      ii. Establecer, organizar y reconocer trabajo en y fuera de nuestras playas.
      iii. Establecer nuestra norma de trabajo fuera de P.R.
      iv. Enviar tantos misioneros como sea posible considerando lo limitado del tiempo.

IV. DECLARACION FINAL
    a. La Iglesia de Dios Pentecostal Inc. De P.R. luego de trazar su nueva política para los campos domésticos y foráneos; y después limitar el cuerpo misionero al campo misionero al señalado por San Marco Cap. 16:15 (El Mundo) hace enfática declaración:
       i. Que nada de lo dicho debe interpretarse como rompimiento de las relaciones de amistad y comunión con el CONCILIO GENERAL de las asambleas de Dios.
      ii. Que no se entenderá nada particular a lo que las palabras literalmente manifiestan.

REPORT ON CONFERENCE WITH PUERTO RICAN EXECUTIVE
COMMITTEE (BY HOWARD BUSH AND H. L. HODGES
April 16, 17, 1957

R.G. 19-41
Puerto Rico

Brother Bush and myself were very kindly received by the Puerto Rican brethren.
The general tone of our conferences was one of good will and the brethren expressed
appreciation of our coming to confer with them about the matters of mutual interest.

On the morning of the 16th Brother Bush and I had an informal conference with
four members of the executive committee including Brother Alvarado, the superintendent,
and Brother Rios, the secretary. We expressed to them our hope that we could find some
ground of understanding, since that it was not the desire of the brethren that the
Puerto Rican church break off from fellowship with the Assemblies of God. We explained that we felt that it was the Puerto Rican church that had taken the stand by de-
claring itself as an independent national body and had announced its purpose to establish churches even in areas where the Assemblies of God had already an established
work which had brought about the present situation in which a complete break was con-
templated. The brethren then explained that their position was not really so much
different than it had been for several years. They reviewed some of the history and
explained how that at one time they had wanted to have a closer tie with the American
Assemblies but had been refused. They stated that they had been repeatedly told that
they were a national church and as such they had begun to develop. In the course of
this conference and later conferences, we explained to them that the position they
were taking was rather more than that of a national church. We explained that heretofore
we had looked upon them as representing the Assemblies of God in the island of Puerto
Rico just as we considered that the Pentecostal Assemblies of Canada represent the
Assemblies of God in that land. The national churches in each country while not organically related to the church in the U. S. yet are considered as sister organizations
and are representatives. I explained to them that by taking the rather extreme stand
as indicated at present, they were in danger of not merely becoming a national church
but really becoming a separate denomination. We explained to them how that we were
not against their sending missionaries to any part of the world but that it was necessary to reach a basis for harmonious relationships. We explained how that Canada, for
example, sends out its own missionaries yet in each country where Canadian missionaries
and American missionaries work together, the effort is not to establish separate works
under the direction of each missionary body but rather to fuse the work so that one
national church will evolve. This discussion seemed to be quite helpful in clarifying
our position.

During this morning session the time was largely taken by Brother Alvarado who
gave a review of the history of the Puerto Rican work in relationship to the work in
the U. S. and especially in view of the situation in the New York area. A few points
seemed to be outstanding in their minds and perhaps are worthy of note:

1. The Puerto Rican brethren have felt that our brethren here have listened almost exclusively to reports of the representatives of the Latin American district and
that they have never really understood the Puerto Rican position.

2. They have resented the fact that they felt that Brother Bazan and some of the
other brethren representing the Latin American district have tried to use pressure to
bring them into line, threatening them with loss of financial support from the Missions
Department. They made it plain that they wanted to do what was right regardless of
financial support and that they resented the threats. In fact this matter of not being
dictated to by the Latin American district and forced into position seems to almost
have become a complex with them. There has been the feeling that the Latin American
district considered their Puerto Rican brethren and executives as inferior to themselves.
Of course whether this is true or not, the supposition caused considerable resentment.

3. There is a feeling that the Latin American district is somewhat to blame for

- 2 -

the situation in New York which surrounds the synagogue because of their unwise handling of the case. They state that when Brother Sanchez requested them to send a Puerto Rican pastor to take over the synagogue while it was still in harmony with the Eastern Convention that they recommended an older man but that he, Sanchez, insisted on a younger, inexperienced man by the name of Berrios, who later on came under the influence of a certain element in the church that wanted to separate from the convention. They felt that this trouble would have been avoided if their advice had been followed.

4. They state that they entered into the agreement with the brethren of the Latin American district in good faith. They state that when the brethren took the agreement back to the Eastern Convention, that the brethren there rejected the terms of the agreement because of the one point which stated that the synagogue would be considered an exception to the general agreement because of the peculiar circumstances which surrounded the case. However, they stated that they learned afterwards that the brethren rejected this clause and declared the whole agreement null and void but that they never notified the Puerto Rican brethren until two years later when the convention officially declared the agreement null and void and that ministers from Puerto Rico must be transferred into the New York convention and sever relationships with Puerto Rico. They felt that they had not been dealt with fairly on this point and as a consequence took this rather strong stand that they would send their workers where they chose.

In the afternoon of April 16 the entire Executive Committee met with us and the official session began. We went over some of the ground which was covered in the morning and talked about the Cuban situation, explaining as we understood it, how Luis Ortiz had failed to conduct himself properly in this case. At the end of a long discussion we brought the matter to a head by stating that our brethren did not wish for the Puerto Rican church to pull off from the fellowship but they considered that they had taken the initiative in this and that there was not much that we could do about it unless they would either explain their stand or take steps to modify it in such a way that it would leave the door open for some further negotiation. We mentioned that if they felt that their stand could not be altered, then there was nothing left for us to do but to go into a consideration as to what arrangements would be made for the Bible School property and the money which they owed to us on church buildings. On the other hand, if they could make a statement which would clarify their position on some of these points, we could spend the remainder of our time in seeing how we could work out the more difficult aspects that confronted us in our relationships. We suggested that they should study this matter without being present. They decided to do this the next morning. We therefore had no session with them on the morning of the 17th and continued our joint session in the afternoon. At that time they presented us with three major points which I will give here together with some of the verbal interpretation of the same:

1. General missionary work. The Puerto Ricans have announced their decision to send missionaries to any part where they deem it necessary and as their finances permit. In view of our discussion of missionary methods however, they agreed to the following points: First, before sending a missionary to a field where the Assemblies of God already have an established work, they will first consult with the Assemblies of God as to the manner which they will work into the field. They suggest two alternatives: (a) That they might work together with us without distinction of missions in order to work together forming one national church, or (b) they might take a section of the country where no work has been yet established and develop that section according to their own ability but would expect that the churches and workers raised up would become members of one national organization. It would be understood that each mission would have the right to investigate difficulties that affected its own missionaries, but it would not be expected that the mission would intervene in the affairs of the national church which would have its own organization and officers.

Comment: If we expect to work in harmony at all with the Puerto Rican brethren on the foreign fields, this would seem to be about all the concessions we could ask for.

Latin American
Evangelistic Association
842 SOUTH CLOVER AVENUE • SAN JOSE 21, CALIFORNIA

July 30, 1957

Rev. Ralph M. Riggs, General Superintendent
General Council - Assemblies of God
434 W. Pacific Street
Springfield 1, Missouri

My dear Brother Riggs:

I have been ministering in the Kentucky and Montana Camp Meetings and I am now at the New England District Camp where God has certainly met us in a most marvelous way.

I was in Puerto Rico during the months of January through April of this year. I have been going to that little country for about seventeen years now, and I feel that this year I had some of the greatest meetings in my life among those people. The Lord willing, I intend to move there with all of my family for a year or two, and possibly longer. I believe that the possibilities of evangelizing that land are greater than ever.

Brother Riggs, I am writing to you relative to the new Latin American District Council which is being formed with our New York brethren. As you know, for some years I have served as General Presbyter of the Latin American District, and I am greatly concerned, (with no personal interest whatsoever in mind) as to the development and progress of this new District.

When the matter was presented at our Latin American District Council Convention last November, I publicly stated that I was in favor of this new District being organized because they had elected a new administration which I felt was more capable in every respect than the former one. However, at their recent Convention held in New York City, my New York brethren elected Brother Manual Sanchez as their Superintendent, and he is a brother that for years had served as President of the Eastern Convention. Brother Sanchez resigned just prior to our Latin American District Council Convention and they elected Brother Belen Hernandez as President of that gathering. When a delegation came to our District Council headed by Brother Hernandez, I sincerely believed that they were more tactful, diplomatic, and a little more Christ-like in their attitude and spirit than Brother Sanchez has been in the past. I felt at the time, and I expressed my feelings to several of our ministers, that Brother Sanchez' resignation was more of a political move and, whether right or wrong, I questioned his sincerity. I had told Brother Bazan that I would be strongly opposed to the New York area becoming a District if Brother Sanchez were to spearhead it.

- 3 -

If we feel that because their governments and methods are so different from ours that we could not possibly form a united organization on the mission field, then there is really no use of trying to work out an agreement with them but rather permit each one to go his separate way.

2. Work in the United States. Puerto Rico would request equal rights of working in the U. S. A. as the Spanish districts enjoy to accomplish the following purposes: (a) To establish new works among the Puerto Ricans in the U. S. without entering into competition or disturbing the present Assemblies of God works. They explain that they have lost 5,000 members of their churches that have left Puerto Rico and moved to the U. S. and that they have many believers in different sections of the country outside of New York also, that have no one to care for them, and because of this situation a Puerto Rican group of Jesus Only people have been able to establish churches among their people in New York, Chicago and Milwaukee. They have more ministers in Puerto Rico than they can place and these Puerto Rican Christians members of their own churches in Puerto Rico, appeal to them for help and they feel that since the Latin American District cannot take care of them that they should do this. They also state that there is a difference in methods and manners of worship so that the Puerto Ricans feel more at home with their own ministers that have come from Puerto Rico rather than from the Latin American district. (b) They would want to recognize established independent churches that are not now connected with any organization but which hold their own Pentecostal doctrines and practices.

Comment: The Puerto Rican brethren claim that to date they have not recognized any such group in the U. S., but it is evident that they expect appeals to be made to them soon by certain churches, probably including the synagogue, which desires such recognition. They state that they have no objection to the Assemblies of God ministers coming into Puerto Rico. They state that there are already a couple of such ministers in the metropolitan area. We asked them the question whether they would object if as many as twenty ministers came for the U. S. and established an organization of their own quite apart from the Pentecostal Church of God of Puerto Rico. The answer given was that even though twenty would come it would be all right if they worked in harmony and did not try to destroy the already established work. In this way they would have no objection but that if even one would come with a bad spirit that it would be too many. Without doubt this is the most thorny problem which we have to deal with in the Puerto Rican situation. I am sorry that neither Brother Bush nor myself were sufficiently acquainted with the past history and details of the work in the New York area to enable us to ask questions which perhaps others with more knowledge of the situation would have been able to raise. We more or less had to accept their statements in their face value in this regard. We did wonder if some kind of a branch work arrangement could be worked out in view of the fact that the Puerto Ricans are quite distinct in their methods and do not seemingly get along too well with the brethren of the Latin American Convention.

3. Concerning the work in Cuba. We had explained to the brethren that Luis Ortiz, according to reports, had divided five churches in Cuba. They protested that Brother Ortiz was not being officially backed by them in making these divisions and that they really lamented the case. They explained that there were situations in the case of Brother Ortiz' relation to the Puerto Rican work which made it difficult for them to deal with the situation drastically and quickly because of the fact that it would have terrific repercussions in the work in Puerto Rico. We explained to the Puerto Rican brethren that the fact that they were continuing to support Brother Ortiz was backing enough in the minds of our Cuban brethren to say that they were helping to divide the work in Cuba. The executives of the Puerto Rican work, therefore, decided

- 4 -

to work on the Cuban situation in the following manner: They would pass word to Luis Ortiz to discontinue the practice of causing division in churches. This was not categorically stated, but the idea was left that if he failed to do this, that it would be considered sufficient means for them to take severe measures of discipline against him. Further, they would go to work immediately on the Cuban situation and try to work out some agreement so that if possible, Luis Ortiz would bring back his work into fellowship with the assemblies in Cuba. They anticipate that it will be necessary for a couple of their brethren to take a trip to Cuba. They state that if they take a strong stand against Ortiz at this time it will not help, as Ortiz will continue his way and the difficulties will continue in Cuba, but that if they can be given time, they have hopes of bringing Brother Ortiz around to a place of agreement, and if not, then it is understood that they would be able to discipline him and at the same time defend their position in their home island. If their preliminary efforts in finding a solution to the problem in Cuba are not successful, they will ask for co-operative action by the Missions Department of Springfield and their own. Perhaps with two executives from Puerto Rico, two Cuban executives, and two representatives from Springfield, and they would hope in this way to find the proper solution by making every effort that could be made to bring Brother Ortiz in line, and then if this fails, their own course of action will be clearer. They state energetically that they have no thought of dividing the work in Cuba, and they lament this situation and that Brother Ortiz does not have their backing in his present attitude. Finally, they said that in view of the situation in Cuba, they have decided not to send more missionaries from Puerto Rico to that country nor to replace those who may return to Puerto Rico. They say that there are some members and workers that would desire to go to Cuba even though they are not sent as missionaries, and that if such go, that we should know that they do not have the backing of Puerto Rico. Comment: In our opinion, these last proposals concerning the difficulty in Cuba have their drawbacks in view of the fact that the Cuban brethren will be wanting more immediate action than this would indicate. However, on the other hand it does seem to be a reasonable procedure and one which we ourselves, would probably follow if we were in the place of the Puerto Rican executives. It is doubtful that we would be willing to cut off a missionary from support and recall him to the United States without having the privilege of making a complete investigation and doing everything in our power to bring about a reconciliation. Therefore, this does seem to be reasonable basis for working on this problem.

We pointed out to the brethren that we were not authorized to come to any final agreement and that we anticipated no great difficulty in working out points one and three. Point #2 seemed to be more doubtful to us but that we would submit this at the first opportunity to the Missions Department and the Executive Presbytery to see what could be done. Brother Rios, the Secretary, expressed that should there be some area of disagreement that we should not consider the case closed, but to present our objections for their further study and see if something could not still be worked out. It was further suggested that should this matter of the relationship of the work in New York to the Puerto Rican brethren require more study, that a representative from Puerto Rico come to meet with the executive brethren and someone from the Latin American District. Brother Bush suggested that this might be worked out at the time of the General Council in Cleveland.

In view of the fact that the Puerto Rican brethren have left the door open for fellowship, and in fact, express great reluctance in removing from their official publications the statement that they are in fellowship with the General Council,

- 5 -

and in view of the fact that they feel they have, by making these propositions, gone at least half-way to meeting us, Brother Bush and I felt that we should not take any further steps at this time to come to an arrangement in regard to the property matters in Puerto Rico, but rather submit these proposals to the Executive Presbytery for their further study. It is an encouraging fact that the Puerto Rican brethren are not so much interested in the financial help as they are in maintaining a good spirit of fellowship. They stated to us that they wanted this matter decided quite apart from the matter of whether offerings would continue to be sent to Puerto Rico or not. We left them with a very good spirit of fellowship and with hopes that although not every problem would be solved immediately, that we did have some ground to continue to work things out with them. Adele Flower, who has been on the scene for several months now, considers that the brethren really have made some large concessions from their point of view in working out this plan of agreement with the General Council.

Respectfully submitted,

H. L. Hodges,
Secretary for Latin America and West Indies

MLH:mm

Brother Sanchez was almost forced to resign because he was having very serious trouble with some of his children. They had been charged with being drug addicts and responsible for the dissemination of drugs in New York. This was written up quite freely in the New York newspapers which certainly brought a reproach to our Spanish-speaking work. This has been the basis for some of the arguments presented by our brethren from Puerto Rico when they stated that we do not maintain a very high standard in the election of our officials in the New York area.

Brother Sanchez has instituted and followed some policies of his own making which I consider most unhealthy. He has been very egotistical and most severe on an individual or church that would not follow his policies. He has been very influential with our group of ministers in that area, but his influence has been mostly subtle and indirect.

My Brother Sanchez has not done a thing to improve our relationship with Puerto Rico. The fact of the matter is that his spirit and attitude have seriously hampered any reconciliation or definite understanding with Puerto Rico. I believe that the Puerto Rican brethren are partially responsible for some of the misunderstanding due to their nationalistic spirit, but I do not feel that they are totally at fault. I speak not from what I have been told, but from continuous observation over the past seventeen years.

I definitely feel that the formation of this new District will just make Brother Sanchez feel a lot more independent and I sincerely believe that he will even become a "headache" to our original Latin American District. Our original Latin American District has always had Brother Sanchez as an Executive Presbyter inasmuch as he was the President of what we called the Spanish Eastern Convention, (an integral part of the Latin American District) but Brother Sanchez never attended a Presbyters' meeting or a Convention, and, in all those years, he only sent a delegation to our Conventions twice, and then it was purely in the interest of the formation of their new District. They have never cooperated with our Latin American District. Even as a Convention, they were very independent. I feel that he has formed a little political machine of his own without the general interest of the kingdom of God in mind or at heart.

The other day on my way from the Montana District Camp to the New England Camp, I stopped at New York for a few hours, and I telephoned Brother Sanchez and talked with him for a few minutes. He told me that he felt that our Latin American District Council should give the Eastern Convention jurisdiction over the Chicago and Michigan area, stating that there are thousands of Puerto Ricans in that vicinity. The truth of the matter is that we have thousands of Puerto Ricans almost all over the United States now due to the heavy immigration. The thing that I notice is that Brother Sanchez is trying his best to build a Puerto Rican District Council. He accuses Puerto Rico of being very nationalistic in spirit, but I see no difference whatsoever in his spirit except his great desire to control the Puerto Ricans who come to the United States.

It is my sincere opinion that if the new District had an entirely different leadership, with no reproach whatsoever upon their lives or lack of administrative ability, that a basis of fellowship could be established which would be acceptable to the Puerto Ricans. Unless there are some very definite agreements made in writing which will serve as a basis of fellowship between our original District and the new District, I feel that the work of Jesus Christ among our Spanish-speaking people in the United States and Puerto Rico will suffer much through the political maneuvers and the unscrupulous attitude of Brother Sanchez. I am so troubled about his leadership of the new District that, as far as I am concerned, I feel that the formation of this new District is premature.

There are so many things which need explaining that it would take much of your time for me to put them down in writing, but at the Rocky Mountain Camp where I will be preaching next, Brother J. O. Savell will be the Bible Teacher. If we have the time, I will explain to him in detail my viewpoint and the reasons for being concerned and feeling as strongly as I do in this matter.

You will remember how hard I fought, (sometimes I think even contrary to your desire) to extend an invitation to Puerto Rico to become a District, and you fine brethren finally decided to do so. The invitation was declined by Puerto Rico due to injustices and the prejudices already created by Brother Sanchez' political diplomacy.

I wish I were a little better informed as to the progress of this new development, but I am not. For some reason, Brother Bazan has been very busy and has not informed any of the Presbyters whom I have consulted. Inasmuch as three of us are responsible to the Latin American District as well as to the Executive Presbytery and the General Presbytery, our task could be discharged much better if there had been more collaboration on this subject. I was in Puerto Rico when Brother Howard Bush and Brother Melvin Hodges, (two fine men who are sincerely interested in Latin America) came to discuss the relationship of Puerto Rico and New York and their position with the General Council. I was a little surprised and disappointed, when they knew that I was there and knew of the office that I hold, that they did not consider me worthy of participating in a discussion on this problem on which I feel I am well informed.

May God richly bless and strengthen you at this time when you need it so much as we approach the Presbyters' and General Council gatherings.

Sincerely yours,

Robert F. Fierro

Robert F. Fierro

RFF:vf
cc: J. Roswell Flower
    Noel Perkin
    D. Bazan

Latin American
Evangelistic Association

862 SOUTH CLOVER AVENUE • SAN JOSE 28, CALIFORNIA

P. O. Box 872
San Juan 4, Puerto Rico
January 29, 19..

Rev. Noel Perkin
Foreign Missions Secretary
Assemblies of God
Springfield 1, Missouri

Dear Brother Perkin:

Thank you for your gracious letter of January 2, which I did not
answer any sooner because I was in the process of adjusting myself to the new situation, looking for a house and taking care
of the matriculation of my children in a private school, and
then, I wanted to have several interviews with the brethren representing both groups, to convey to you my impressions about
their thinking.

I am delighted with the generous spirit of your letter and with
the attitude of conciliation and hope for re-integration, which
you show.

The following day after my arrival in Puerto Rico I had a conference with the Executive Committee of the Iglesia de Dios Pentecostal. I felt that there would be a larger number of them
for the occasion and that it would be to my advantage and pro-
tection of a possible misquote, if I should take someone with
me. I invited a close friend and adviser, Dr. J. A. Lebrón-
Velázquez, an attorney at law and clergymen, to be present with
me. After correcting some wrong impressions they had about the
General Council and my prolonged visit to Puerto Rico, they
officially stated they could cooperate in all my city-wide
efforts and the doors of their churches were open to my ministry.

The following day I had another conference with our Assemblies
of God brethren, who were here from New York. Brother Ricardo
Tañón was their spokesman. Brother Fabriciano Picón, the local
President, was also present. I offered them my services, but
persuaded them to use me in a way that would not bring about a
conflict with the Iglesia de Dios Pentecostal. I told them
that on the radio and wherever I move I would identify myself
as an Assemblies of God minister.

It seems to me that the problems which provoked the brethren
from the Iglesia de Dios Pentecostal to break their relations
with the General Council is one of pride. They seem to be
affected in their feelings by their interpretation of remarks
made by different leaders from the General Council. I am confident that if these people are not antagonized, there is a
good chance that they may come back. They are good people. Of
course, they have one or two prima-donnas, who play this question
of pride quite excessively. An appeal to them which will make
them feel their numerical importance and their vital need in
the common cause, will find a receptive reaction among them, I
believe.

The brethren from New York have taken an aggressive attitude,
which is not the best position at this moment. I do not think
that it was proper for them to come immediately or shortly after
the break, if harmony was intended. Some of them are definitely
seeking strife, motivated by old prejudices. Others are of much
spirit, genuinely interested in furthering the cause of the
Assemblies of God. If we could prevent those who are a little
biased from being too aggressive, something could be done in the
way of bringing an understanding, which finally could lead to
the return of the Iglesia de Dios Pentecostal to our fold. They
are having their annual meeting this week in Mayaguez and I plan
to be with them tomorrow and Friday.

Thank you for your kindness in allowing the churches credit for
any offering they may give to me to help in the fare of my family
and in the support of our radio work and myself. I am sure that
this will prove a great help.

I continue to broadcast each Sunday morning over the Blue Network.
As soon as offerings begin to come, I plan to expand this radio
work, to include other radio stations.

I will write you occasionally to report to you about my activities
here. Feel free to write me and to give me any advice or sug-
gestions that you may deem will further the cause of Christ.

May the Lord richly bless you in your wonderful work.

Cordially yours,

ROBERT F. FIERRO

THE GENERAL COUNCIL OF THE ASSEMBLIES OF GOD

1445 BOONVILLE AVENUE

SPRINGFIELD, MISSOURI 60802

JOSEPH R. FLOWER
General Secretary

February 25, 1984

TELEPHONE
(417) 862-2781

Reverend Roberto Dominguez
Literatura Evangelica
Calle 16 A A2-17 Rexville
Bayamon, Puerto Rico 00620

Dear Brother Dominguez:

Greetings in the name of Christ our Lord!

Thank you for letting us know that Brother Juan L. Lugo has gone to be with the Lord. He certainly has had a rich ministry through the years, and will surely have a great reward.

Thank you for your offer to send me a copy of your book, Pioneros De Pentecostes. I do not read Spanish real well, but I can get the gist of what is said. We thank God for the revival that has come to the Spanish people throughout North and South America.

May God's abundant blessing continue to rest upon your life and labors.

Sincerely in the fellowship of the Master,

Joseph R. Flower, General Secretary

JF:jw

¿QUE ES PENTECOSTES?

Por el Rvdo. Juan L. Lugo[292]

MENSAJE PREDICADO EN EL CINCUENTENARIO

DE PENTECOSTES

Algunas décadas pasadas pentecostés o pentecostal era un término que rara vez se oía. En años recientes pentecostés ha sido muy reconocido y todo el mundo está inquiriendo, ¿Que es pentecostés? Hay muchos variados puntos de vista. Siendo que el termino pentecostés ha ganado amplia circulación se hace muy importante que sea correctamente entendido.

Consideremos a pentecostés desde el punto de vista histórico. Era una de las tres grandes fiestas celebradas por Israel. Seguía a la pascua y precedía la fiesta del tabernáculo. Algunas de las características de esta ceremonia de Pentecostés eran: Se celebraba 50 días desde el día que se empezaba a coger la cosecha. (Deuteronomio 16:9). Era la dedicación de los primeros frutos de Dios. La dedicación consistía de los panes, como primeros frutos de la cosecha, mesidos delante de Él, y puestos delante de Él. Además aseguraba la posesión de la cosecha misma. Era un día de jubileo y regocijo y proclamación de nuevas. Para muchos, pentecostés no es más que la observación de este día de fiesta. Pentecostés es más que un día, es una dispensación en la cual nosotros actualmente vivimos.

Consideremos a pentecostés desde el punto de vista de dispensación. Precediendo al avivamiento de espíritu, el sacrificio en el Calvario, había sido hecho y la tierra había sido rociada con la sangre del Cordero Pascual que quita el pecado del mundo. Una nueva manera de vivir

---

[292] Creí conveniente compartir con mis lectores, en los anejos, una copia del mensaje que el reverendo Juan L. Lugo predicó el 18 de Julio de 1966, durante la celebración del Cincuentenario de Pentecostés en Puerto Rico. Me parece una joya de predicación. Una copia de este sermón se publicó en la edición de octubre de 1966 de la revista *El Evangelista Pentecostal*, October 1966, 10,11-25. El Evangelista Pentecostal, pp. 10,11 y 25.

había sido provista. Cristo prometió a sus discípulos que les enviaría el Espíritu. Cuando Pedro se puso en pie para explicar aquel fenómeno extraño el día de Pentecostés (y entre paréntesis no hay persona que pueda explicar a pentecostés hasta que haya recibido el pentecostés) dijo: "Así que exaltado por la diestra de Dios, y habiendo recibido del Padre la promesa del Espíritu Santo, ha derramado esto que vosotros veis y oís" (Hechos 2:33). El Espíritu Santo fue enviado en el nombre de Cristo. Dios escogió la fiesta de Pentecostés para el advenimiento del Espíritu Santo. La Biblia dice: "Cuando llego el día de Pentecostés estaban todos unánimes juntos. Y de repente vino del cielo un viento recio que soplaba, el cual llenó toda la casa donde estaban sentados; y se les aparecieron lenguas repartidas, como de fuego, asentándose sobre cada uno de ellos. Y fueron todos llenos del Espíritu Santo, y comenzaron a hablar en otras lenguas, según el Espíritu les daba que hablasen" (Hechos 2:1-4).

Alguien pregunta: "No estaba el Espíritu Santo en el mundo antes de la creación según dice el primer capítulo de la Biblia (Génesis 1:26). Faraón dijo a Jose: "Acaso hallaremos a otro hombre como éste, en quién esté el Espíritu de Dios?' (Génesis 41:38). Bezaleel y Ahiliad (Exodo31) y Eliseo, todos estos hombres de Dios fueron dotados con el Espíritu de Dios. Sin embargo, todavía no se había dado el Espíritu en toda su plenitud. Juan 7:39 dice: "Esto dijo del Espíritu que habían de recibir los que creyesen en él, pues aún no había venido el Espíritu Santo, porque Jesús no había sido aún glorificado." El descenso del Espíritu Santo dependía de la glorificación de Cristo. Él dijo: "Pero yo os digo la verdad: Os conviene que yo me vaya; porque si no me fuere, el Consolador no vendría a vosotros; más si me fuere, os lo enviare" (Juan 16:7). Mientras que en el Antiguo Testamento aparece habitar como consolador.

El profeta Joel había profetizado de ese derramamiento y Pedro verifica esa profecía cuando dice: "Más esto es lo dicho por el profeta Joel" (Hechos 2:16). El Espíritu había llegado y de momento se oye un ruido de un viento como el de un huracán, rugiendo por aquel aposento alto donde ellos estaban sentados. Los oídos y los ojos testificaban de aquella divina presencia, e inmediatamente les aparecen lenguas como de fuego. Y "fueron todos llenos del Espíritu Santo y comenzaron a hablar en lenguas, según el Espíritu les daba que hablasen". Una nueva dimensión en religión; una nueva experiencia no conocida antes. Aquella experiencia no era sólo para aquel grupo de personas, ni tampoco para una iglesia en particular. Leamos lo que dice la Biblia en Hechos 2:39: "Porque para vosotros es la promesa, y para vuestros hijos; y para todos los que están lejos, para cuantos el Señor nuestro Dios llamare." Además, el Espíritu viene para quedarse para siempre y para ser consolador. San Juan 14:16 dice: "Y yo rogaré al Padre, y os dará otro Consolador para que esté con vosotros para siempre."

Hay un gran número de cristianos equivocados en relación a lo que es Pentecostés. Cronológicamente están en el lado derecho. Pero experimentalmente, no han recibido la bendición. Conocen al Señor Jesús, le aman, le siguen, pero no pueden reclamar la experiencia personal de Pentecostés. El milagro de Pentecostés resulto como sucede hoy día, en asombro, perplejidad y mofa. Sin embargo, preparó el camino para el poderoso mensaje del Apóstol Pedro. Las señales y diversos milagros del Espíritu Santo fueron confirmados por la Palabra de Dios. San Marcos 16:20 dice: "Y ellos, saliendo, predicaron en todas partes, ayudándoles el Señor y confirmando la palabra con las señales que le seguían."

El resultado de aquel penetrante poder del Espíritu Santo en la vida de aquellos hombres, estableció el diseño para nosotros hoy día. Los que recibieron aquel poderoso bautismo del Espíritu Santo se sentían tan llenos que los burladores decían: "Estos hombres están llenos de vino nuevo." El YO soy esto y YO soy aquello desapareció de ellos. El Espíritu Santo tomo posesión de sus vidas y Cristo fue exaltado. Es evidente que la experiencia de Pentecostés produce alegría, buen humor y gozo en la vida del creyente. La Palabra de Dios habla del gozo en el Espíritu Santo. Los que recibieron esa gloriosa experiencia comían el pan con regocijo. Gozo es uno de los frutos del Espíritu Santo.

La Escritura no sanciona esa sequedad significada que muchas personas tienen, o adhieren hoy día a la religión. Llenos del gozo del Espíritu, las seductoras modas llamadas de los placeres mundanos, no tienen poder sobre nosotros. Orejas entonadas a la música del Espíritu Santo, son oídos sordos a la sirena de los cánticos mundanos. No tenemos que apelar a las cisternas rotas del mundo, para tener gozo.

Pentecostés produce poder. Cristo en su mensaje de despedida a sus discípulos dijo: "Pero recibirás poder, cuando haya venido sobre vosotros el Espíritu Santo, y me seréis testigos en Jerusalén, en toda Judea, en Samaria, y hasta lo último de la tierra" (Hechos 1:8). Salmo 62:11 dice: "... Dios es el poder". Dios transmite su poder por medio de nosotros. Venimos a ser trasmisores espirituales cuando recibimos ese poderoso bautismo. Pedro dijo al cojo: "... lo que tengo te doy" (Hechos 3:6). Pedro no tenía plata ni oro, pero si tenía el poderoso poder que le había sido dado en aquellos mismos días, y podía decir al cojo, "en el nombre de Jesucristo de Nazaret, levántate y anda".

Quiero mencionar unos cuantos pasajes del libro del profeta Ezequiel que hablan del Espíritu Santo." Entro el Espíritu en mí y me afirmo sobre mis pies, y oí al que me hablaba" (Ezequiel 2:2). "Y me levanto el Espíritu, y oí detrás de mí una voz de gran estruendo, que decía: Bendita sea la gloria de Jehová desde su lugar" (3:12). "Me levanto, pues, el Espíritu en mi me afirmo sobre mis pies (3.24). "Y el Espíritu me alzo sobre el cielo y la tierra, y me llevo por la puerta oriental, de la casa de Jehová (11:1). "Y vino sobre de mí el Espíritu de Jehová (v.5). "Luego me levanto el Espíritu y me volvió a llevar en visión del Espíritu de Jehová" (11.24)

Un derramamiento del Espíritu Santo en mí, decidió el resto de mi vida. Mientras estaba en el suelo tendido bajo el poder de Dios en una habitación que ocupaba con una familia cristiana en la ciudad de San Francisco, estado de California, el Señor me llevo en Espíritu a una alta colina a cuya falda se extendía una gran ciudad. Como había salido de Puerto Rico muy pequeño apenas recordaba al pueblo de Yauco, sin embargo, el Espíritu me hizo saber que la ciudad que ahorra contempla era Ponce, y el sitio donde me encontraba era el Vigía. Y fue Ponce y en el propio vigía que se predicó por mis labios el primer mensaje Pentecostal en la isla.

Bibliografía

Agosto Cintrón, Nélida. *Religión y cambio social en Puerto Rico, 1898-1940*. Río Piedras, PR: Ediciones Huracán, 1996.

Ball, Henry C. "Dios obrando en Las Antillas." *La Luz Apostólica*, April 1944.

———. "West Indies Conventions." *The Pentecostal Evangel*, March 4, 1950.

Bartra, Armando. "¡Tierra y libertad! Genealogía de una Consigna." *Revista Cuadrivio*, November 3, 2010. http://cuadrivio.net/dossier/%c2%a1tierra-y-libertad-genealogia-de-una-consigna/.

Bazán, Demetrio. "Concilio de Distrito." *La Luz Apostólica*, April 1954.

———. "Dios Visita a Puerto Rico." *La Luz Apostólica*, May 1950.

Betancourt, Esdras. *En el espíritu y poder de pentecostés: Historia de la iglesia de Dios hispana en Estados Unidos*. Cleveland, TN: CEL Publicaciones, 2016.

Blakeney, Mal. "When the Ambassador Was Dedicated and Initiated." *Christ's Ambassadors Herald*, April 1950.

Buxeda Díaz, Iván R. "Iglesias y modernidad en Puerto Rico: Conflictos entre la Iglesia católica romana y protestante, 1952-1968." PhD Dissertation, University of Puerto Rico, 2009.

Cancel Sepúlveda, Mario R. "El debate sobre la cultura hoy: Una opinión." Accessed December 3, 2017. https://historiapr.wordpress.com/tag/operacion-serenidad/.

———. "La Gran Depresión de 1929: Violencia y política." *Puerto Rico: Su transformación en el tiempo*, April 12, 2009. https://historiapr.wordpress.com/2009/04/12/la-gran-depresion-de-1929-violencia-y-politica/.

Cancel-Sepúlveda, Mario R. "Historia de Puerto Rico: Economía y cultura 1898-1917." Accessed December 9, 2016. https://historiapr.wordpress.com/category/madre-elenita-de-jesus/.

Carrión, María Elena. "Economía: Operación manos a la obra (1947)." Accessed January 4, 2017. http://enciclopediapr.org/esp/article.cfm?ref=06102003&page=4.

"Carta de los reverendos M. Hdges, G. F. Lewis y Noel Perkin a Manuel T. Sánchez Del 30 de Diciembre de 1957," n.d.

Collado Schwarz, Ángel. "Discurso con motivo de la conmemoración del natalicio del Dr. Antonio Fernós Isern." Accessed July 3, 2016. http://asociacionysoberania.blogspot.com/2009/05/discurso-con-motivo-de-la-conmemoracion.html.

"Constitución del Estado Libre Asociado de Puerto Rico." Accessed December 31, 2016. http://www.constitution.org/cons/puertoricospa.htm.

Díaz, Samuel. *¡Adelante en la carrera!: Historia del concilio Asamblea de Iglesias Cristianas, Inc. y su red misionera a las naciones*. New York, NY: Concilio Asamblea de Iglesias Cristianas, Inc., 1997.

Domínguez, Roberto. *Pioneros de pentecostés*. Vol. 1. Clie, Editorial, 1990.

Duprey Salgado, Néstor R. *A la vuelta de la esquina: El proyecto Tyding de independencia para Puerto Rico y el diseño de una política colonial estadounidense*. Humacao, PR: Model Offset Printing, 2015.

Espinosa, Gastón. "'El Azteca': Francisco Olazábal and Latino Pentecostal Charisma, Power, and Faith Healing in the Borderlands." *Journal of the American Academy of Religion* 67, no. 3 (1999): 597–616.

———. "Las Asambleas de Dios en Puerto Rico." Documento inédito, n.d.

————. *Latino Pentecostals in America: Faith and Politics in Action.* Cambridge, MA: Harvard University Press, 2014.

Espinoza, Efraim. "Hispanic Pentecostalism." Accessed November 19, 2016. http://enrichmentjournal.ag.org/199904/059_hispanic.cfm.

Estrada Adorno, Wilfredo. *Cántico borincano de esperanza: Historia de la distribución de la Biblia del 1898 Al 1998.* Bayamón, PR: Sociedades Bíblicas de Puerto Rico, 2000.

————. "The Reconciliation of Charismatic Pastors and Bible College Professors in the Service of Training for Future Ministry in the Pentecostal Bible College of the Church of God." DMin Disertation, Emory Univeristy, 1982.

Estrada-Adorno, Wilfredo. *100 años después: La ruta del pentecostalismo puertorriqueño.* Vol. 1. 100 años después. Cleveland, TN: CEL Publicaciones, 2015.

————. *El Fuego está encendido: Historia del pentecostalismo puertorriqueño y su impacto en la sociedad.* Vol. 2. 100 años después. Cleveland, TN: CEL Publicaciones, 2016.

Fierro, Roberto. "Mi viaje a las Americas." *La Luz Apostólica*, December 1952.

————. "The Sings Are Following." *The Pentecostal Evangel*, June 10, 1950.

"Finkenbinder Family Home." *The Pentecostal Evangel*, October 26, 1935.

Finkenbinder, Frank. "Glorious Conference in Porto Rico." *The Pentecostal Evangel*, January 4, 1933.

————. "Island Pearls." *The Pentecostal Evangel*, October 29, 1927.

————. "Labors Rewarded in Porto Rico." *The Pentecostal Evangel*, May 24, 1930.

————. "Martyr in the Pentecostal Work in Porto Rico." *The Pentecostal Evangel*, November 7, 1931.

————. "Notes from Correspondence." *The Pentecostal Evangel*, November 23, 1929.

———. "Porto Rico." *Christ's Ambassadors Herald*, August 1930.

———. "Porto Rico District Conference." *The Pentecostal Evangel*, May 4, 1935.

Finkenbinder, Frank O. "Gratísima Visita a Borinquen." *El Evangelista Pentecostal*, October 1966.

———. "Tenth Annual Conference the Assemblies of God in Porto Rico." *The Pentecostal Evangel*, March 21, 1931.

"Flashes from Our Missionary Lighthouses." *The Pentecostal Evangel*, May 29, 1943.

Flower, Joseph R. "Carta de Joseph R. Flower, Secretario General del Concilio General de Las Asambleas de Dios a Roberto Domínguez Del 4 de Noviembre de 1983," n.d.

———. "Informe Sobre Puerto Rico," 1954.

"From the West Indies." *Bridegroom's Messenger*, March 1953.

Gotay, Samuel Silva. *Protestantismo y política en Puerto Rico, 1898-1930: Hacia una historia del protestantismo evangélico en Puerto Rico*. La Editorial, UPR, 1998.

Hall, Trella. "Missionary News Notes." *The Pentecostal Evangel*, December 28, 1954.

Hanson, Earl Parker. *Transformation: The Story of Modern Puerto Rico*. New York: Simon and Schuster, 1955.

"Historia – Asamblea de Iglesias Cristianas Internacional." Accessed November 20, 2016. http://www.aicinternacional.org/?page_id=96.

Hoey, Elwood. "Nota de la redacción." *The Pentecostal Evangel*, June 13, 1942.

Howe, Lena S. "A Voice from Porto Rico." *The Pentecostal Evangel*, January 26, 1929.

———. "Arrives in Porto Rico." *The Pentecostal Evangel*, September 8, 1923.

———. "Back in Porto Rico." *The Pentecostal Evangel*, November 9, 1929.

————. "Santurce, Porto Rico." *The Pentecostal Evangel*, April 30, 1921.

"Iglesia de Dios INC." Accessed November 25, 2016. http://www.laiglesiadediosinc.com/historia.htm.

"Iglesia Universal de Jesucristo." Accessed November 20, 2016. https://vegacomplete.wordpress.com/2008/05/02/15/.

"La Isla Del Cordero." *Scribd.* Accessed November 12, 2016. https://www.scribd.com/doc/206309602/La-Isla-del-Cordero.

León, Víctor De. *The Silent Pentecostals: A Biographical History of the Pentecostal Movement among the Hispanics in the Twentieth Century.* Taylor, SC: Faith Printing Company, 1979.

"Ley Pública 600 Del 3 de Julio de 1950 de Puerto Rico En www.LexJuris.com." Accessed December 30, 2016. http://www.lexjuris.com/LEXLEX/lexotras/lexleypublica600.htm.

Lugo, John L. "Revival in Puerto Rico." *The Pentecostal Evangel*, April 2, 1927.

Lugo, Juan L. "Bible School Begins Second Year." *The Pentecostal Evangel*, December 3, 1938.

————. "New Bible School, Puerto Rico." *The Pentecostal Evangel*, January 15, 1938.

————. *Pentecostés en Puerto Rico: La vida de un misionero.* San Juan, PR: Puerto Rico Gospel Press, 1951.

————. "¿Qué es pentecostés?" *El Evangelista Pentecostal*, October 1965.

————. "Ten Students to Graduate." *The Pentecostal Evangel*, March 16, 1940.

————. "The Hurricane in Porto Rico." *The Pentecostal Evangel*, November 17, 1928.

Milk, Mary. "Prayer Request." *Bridegroom's Messenger*, March 1931.

"Minuta de la Conferencia de la Iglesia Pentecostal de Jesucristo en Mayagüez del 5 al 9 de enero de 1959," n.d.

"Minuta del Presbiterio Ejecutivo de Enero de 1958," n.d.

"Minuta del Presbiterio Ejecutivo de la reunion de Marzo de 1958," n.d.

"Minuta del Presbiterio Ejecutivo del 2 al 4 de Noviembre de 1954," n.d.

"Minuta del Presbiterio Ejecutivo del 7 de Noviembre de 1957," n.d.

"Minuta del Presbiterio Ejecutivo del 14 de Julio de 1955," n.d.

"Minuta del Presbiterio Ejecutivo del Mes de Junio de 1958," n.d.

"Minuta del Presbiterio Ejecutivo del Mes de Mayo de 1958," n.d.

"Minuta del Presbiterio General del 1 al 3 de Septiembre de 1954," n.d.

"Minuta del Presbiterio General del 7 de Septiembre de 1947," n.d.

"Minuta del Presbiterio General del 19 al 21 de Mayo de 1954," n.d.

"Minuta del Presbiterio General del 30 y 31 de Agosto de 1955," n.d.

Moore, Donald T. *Puerto Rico Para Cristo: A History of the Progress of the Evangelical Missions on the Island of Puerto Rico*. Sondeos 43. Cuernavaca, México: Cidoc, 1969.

"New Missionaries for Puerto Rico." *The Pentecostal Evangel*, February 20, 1937.

"Nuevo redentor que cura los enfermos en Río Piedras." *El Imparcial*, May 5, 1934.

Otero, Louis. "Many Blessed in Porto Rico." *The Pentecostal Evangel*, August 16, 1930.

Otero, Louis C. "Annual Convention of the Puerto Rico District Council." *The Pentecostal Evangel*, May 15, 1937.

———. "Called to Colombia." *The Pentecostal Evangel*, June 5, 1933.

———. "Changes in Louis Otero's Plans." *The Pentecostal Evangel*, July 15, 1933.

———. "Juncos, Puerto Rico." *The Pentecostal Evangel*, April 20, 1940.

———. "More Laborers for the Harvest in Puerto Rico." *The Pentecostal Evangel*, July 25, 1942.

———. "Nota de la redacción." *The Pentecostal Evangel*, April 21, 1942.

———. "Puerto Rican Work Prospers." *The Pentecostal Evangel*, April 4, 1942.

———. "Puerto Rico Annual Conference." *The Pentecostal Evangel*, April 5, 1941.

———. "Rain in Puerto Rico." *The Pentecostal Evangel*, August 3, 1940.

Otero, Luis C. "A dividir 'sectas religiosas' en la Isla de Puerto Rico llegan representantes Concilio General Asambleas de Dios." *El Evangelista Pentecostal*, October 1957.

———. "Tratan de Corregir Sus Propios Errores." *El Evangelista Pentecostal*, January 1958.

"Our Fields of Greatest Opportunities." *The Pentecostal Evangel*, January 18, 1941.

Pagán, Bolivar. "Historia de los partidos políticos puertorriqueños (1898-1956)." Accessed April 19, 2016. http://www.estado51prusa.com/?p=506.

Pérez, Benjamín. "Johnny Pérez (1913-1949)." Notas biográficas sobre Johnny Pérez sin publicar, 2013.

Pérez Torres, Rubén. *Poder desde lo alto: Historia, sociología y contribuciones del pentecostalismo en Puerto Rico, el Caribe y los Estados Unidos.* Terrassa, Barcelona: Editorial CLIE, 2004.

"Por la Junta Fiscal." Accessed January 2, 2017. http://www.porlajuntafiscal.com/promesa-ndash-iexclnueva-versioacuten-en-espantildeol.html.

Ramirez, Daniel. *Migrating Faith: Pentecostalism in the United States and Mexico in the Twentieth Century.* Chapel Hill: NC: The University of North Carolina Press, 2016.

Ramos Granell, Gilberto. *Edificando muros, extendiendo fronteras: Historia de la Iglesia Pentecostal de Jesucristo, Inc. 1938-2005.* Ponce, PR: Editorial IPJ, 2005.

Ramos Torres, David. *Historia de la Iglesia de Dios Pentecostal M.I.: Una iglesia ungida para hacer misión.* San Juan, PR: Editorial Pentecostal, 1996.

Reyes, Jaime. "La santa montaña de San Lorenzo, Puerto Rico y el misterio de Elenita de Jesús 1899-1909." Accessed September 11, 2016. http://nuestramadre.org/libro-padre-jaime.pdf.

Ríos Quiles, Danny. *La nación desheredada: Orígenes y desarrollo del pentecostalismo en Puerto Rico (1916-1990.* Kindle., 2014.

Rivera, Luz M. *Historia de la Iglesia de Dios en Puerto Rico.* Trujillo Alto, PR: Colegio Bíblico Pentecostal, 2006.

Santaella Rivera, P. Esteban. "Historia de los Hermanos Cheo: Recopilación de escritos y relatos." Master thesis, MB Publishers de Puerto Rico, 2003.

Santiago, Helen. *El pentecostalismo de Puerto Rico: Al compás de una fe autóctona (1916-1956).* Trujillo Alto, PR: Helen Santiago, 2015.

Silva Gotay, Samuel. *Catolicismo y política en Puerto Rico: Bajo España y Estados Unidos, siglos XIX y XX.* La Editorial, UPR, 2005.

Simpson, W. W. "Brief Notes from Here and There." *The Pentecostal Evangel,* June 24, 1933.

Stoppe, Henry G. "A Short Biography of Brother Collazo: Missionary and Assistant Overseer of Puerto Rico." *The Lighted Pathway,* October 1945.

"T. L. Osborn – Man Crippled by Bullet Miraculously Healed - Testimonies Blog." Accessed January 31, 2017. http://healingandrevival.com/testimonies/?p=152.

"The Islands of the Sea." *The Pentecostal Evangel,* September 2, 1929.

Torres Oliver, Luis J. *Estampas de nuestra iglesia.* San Germán, P.R.: L.J. Torres Oliver, 1989.

Trías Monge, José. *Puerto Rico: Las penas de la colonia más antigua del mundo.* San Juan, PR: La Editorial, UPR, 1999.

Tugwell, Rexford G. *Stricken Land: The Story of Puerto Rico.* Garden City, NY: Doubleday & Company, Inc., 1947.

Urdaz, Miriam. "Distrito de Puerto Rico de Las Asambleas de Dios." Monografia, n.d.

Villaronga, Luís. "El evangelista Olazábal en Río Piedras." *El Mundo*, May 5, 1934.

Wegner, Mrs. A. "Our Visit to Porto Rico." *The Pentecostal Evangel*, April 9, 1932.

Zapata-Vázquez, Jonathan Washu. "Historia de la publicidad del Partido Popular Democrático; Logos y diseños." Accessed November 25, 2016. http://verguenza-contra-dinero.blogspot.com/.

Christ's Ambassadors Herald, May 1930. https://ifphc.org/index.cfm?fuseaction=publicationsGuide.caherald.

The Pentecostal Evangel, May 13, 1939.

El Imparcial, November 26, 1957.

El Evangelista Pentecostal, October 1966.

86938574R00157

Made in the USA
Middletown, DE
31 August 2018